5 STEPS TO A 5
AP Spanish Language
2010-2011

Other books in McGraw-Hill's **FIVE STEPS TO A 5** series include:

AP Biology

AP Calculus AB

AP Chemistry

AP English Language

AP English Literature

AP Environmental Science

AP European History

AP Microeconomics/Macroeconomics

AP Physics B and C

AP Psychology

AP Statistics

AP U.S. Government and Politics

AP U.S. History

AP World History

11 Practice Tests for the AP Exams

Writing the AP English Essay

5 STEPS TO A 5

AP Spanish Language

2010-2011

Dennis Lavoie

New York Chicago San Francisco Lisbon London Madrid Mexico City
Milan New Delhi San Juan Seoul Singapore Sydney Toronto

1 2 3 4 5 6 7 8 9 10 11 12 13 14 15 16 17 18 19 20   WDQ/WDQ 0 9

ISBN 978-0-07-162445-9 (book and MP3 disk set)
MHID   0-07-162445-7 (book and MP3 disk set)
ISSN   1949-1654 (book and MP3 disk set)

ISBN 978-0-07-162446-6 (book for set)
MHID   0-07-162446-5 (book for set)

Series editor was Grace Freedson, and the project editor was Don Reis.
Series design by Jane Tenenbaum.

McGraw-Hill books are available at special quantity discounts to use as premiums and sales promotions or for use in corporate training programs. To contact a representative, please e-mail us at bulksales@mcgraw-hill.com.

AP, *Advanced Placement Program*, and *College Board* are registered trademarks of the College Entrance Examination Board, which was not involved in the production of, and does not endorse, this product.

CONTENTS

STEP 5 Build Your Test-Taking Confidence

PREFACE

Welcome to the AP Spanish Language review book. If you let yourself, you will learn a lot. This book contains the major concepts and ideas to which you were exposed over the past year in your AP Spanish class, as well as the concepts that you have been working with since you started your study of the Spanish language.

There are many books in the market that contain the same information as this one. However, I have approached the material a bit differently. Rather than providing you with endless "drill and kill" types of activities in isolation, to review the thousands of grammatical concepts you have studied over the past four to five years, I am giving you the opportunity to practice with questions just like those you will find on the various parts of the AP Spanish Language Examination. And, instead of giving you a simple answer key, I have tried to provide you with a brief and easily understood explanation of each answer given.

Both the design and content of this new edition have been extensively revised. The explanations, which are given in simple terms, are derived from my own analysis as well as from observations that my students have made with regard to the various types of questions.

There is definitely a lot to learn and review to prepare you for the AP exam; remember how long you have been studying the Spanish language! Also remember that a course that might lead to college credit has to be tough. I am not going to say that you do not need to study to do well on this exam; you actually need to prepare quite a bit. This book will walk you through step-by-step, section-by-section, and question type-by-question type. As you practice and correct your errors, you may wish to make notes based on the explanations given. Be sure to try to use as many of the study tips as possible provided at the beginning of each chapter. These tips come from my many years of experience as both a teacher and a student. They also come from students just like you who have taken this examination over the years. Be sure to take the two practice tests. Do not take them just to see how you will do; take them also to see what types of questions you particularly need to practice. Do the practice essays that I have included to be well prepared for the essays on test day. Also, get used to the format of the essays as well as the types of test questions you will encounter on the examination.

Now it's time to begin! First, take the diagnostic exam in Step 2. After taking it, look through the answers and explanations to see where you stand before you dive into the practice-review process. Be sure to look carefully at the hints at the beginning of each chapter; these will help you become more comfortable and successful at answering the types of questions you will be asked. Finally, you might want to consider forming a study group with some friends. Working together is more fun, and it *sometimes* helps to discuss out loud possible answers to the questions. **¡Buena suerte!**

ACKNOWLEDGMENTS

I would like to thank those who made this book possible: my wife, Allegra Beahan-Lavoie; my parents, Jim and Mary, for always believing in and supporting me; Grace Freedson and Grace Freedson's Publishing Network for giving me this opportunity; Don Reis, my editor, for his insights and kind guiding hand. I would also like to thank the reviewers, for their insights and professionalism, and Rita Soto and Marie Metzger, who introduced me to the language and culture of the Hispanic world. Finally, I would like to thank my colleagues, students, and administrators at Fairport Central School for their friendship, understanding, and all they have taught me, especially Patricia Impson, Kathleen Newcomb, Edward Wackerle, David Paddock, Elaine Damelio, Bob Reiter, Lyman Cook, Gary DeBolt, and Bill Cala. I would also like to thank Andrea Ferscey, Nancy Anderson, David Baum, June Phillips, Mimi Met, and all with whom I have worked and learned through various curriculum and test development projects. Special thanks too to Alice Matulić without whose help, careful eye, wisdom, and encouragement this book would not have been possible. In addition, many thanks to Michael Kaseman, math instructor extraordinaire, for his help with the guides to scoring. And last, but certainly not least, my thanks to José Diaz, who made this foray into my professional growth possible.

ABOUT THE AUTHOR

DENNIS LAVOIE has taught AP Language and other college-level courses at Fairport High School in Fairport, New York, a suburb of Rochester, New York, for 32 years. He worked with the College Board's Pacesetter Spanish program from 1993 to 2002 as a trainer, writer, and member of the test development and teacher certification committees. He has also presented workshops and taught at summer institutes at the local, state, and national levels on Pacesetter Spanish and Advanced Placement Spanish Language. Mr. Lavoie has served on the NAEP (National Assessment of Educational Programs) Foreign Languages Standing Committee and also on its item-writing committee. He has been a mentor teacher in the Fairport Central School District and a cooperating teacher with college foreign language teacher training programs.

After earning his bachelor's degree from Saint John Fisher College (Rochester, New York) and his master's degree from Middlebury College (Vermont), Mr. Lavoie received his C.A.S. from the State University College at Brockport (Brockport, New York) in Public Administration. He also holds professional certification in French and is a certified trainer in 4MAT Lesson Development and Smart Board technology. In December, 2007, Mr. Lavoie received his certificate in World Languages Other than English (WLOE) from the National Board of Professional Teaching Standards (NBPTS). In addition, he has studied at the Universities of Madrid, Granada, Santiago de Compostela, and Salamanca, and l'Université Catholique de l'Ouest (Angers, France).

INTRODUCTION: THE 5-STEP PROGRAM

The Basics

Not too long ago, you agreed to enroll in AP Spanish Language. Maybe the allure of becoming fluent in Spanish was just too much to resist, or maybe a respected teacher encouraged you to challenge yourself and you took the bait. Either way, you find yourself here, flipping through a book that promises to help you culminate this enriching experience with the highest of honors, a 5 in AP Spanish Language. Can it be done without this book? Sure—there are many excellent teachers of Spanish out there who teach, coax, and cajole their students into a 5 every year. But I am here to tell you that, for the majority of students in your shoes, the comprehensive review and practice exams in this book will make it much easier for you to achieve that goal.

Introducing the 5-Step Preparation Program

This book is organized as a 5-step program to prepare you for success on the exams. These steps are designed to provide you with the skills and strategies vital to taking the exam and the practice that can lead you to that perfect 5. Each of the five steps will provide you with the opportunity to get closer and closer to that prize trophy 5. Here are the 5 steps.

Step 1: Set Up Your Study Program

In this step you'll read a brief overview of the AP Spanish Language exam, including the number and types of questions that will be used to test your level of achievement in Spanish. You will also follow a process to help determine which of the following preparation programs is right for you:

- Full school year: September through May
- One semester: January through May
- Basic training: Six weeks prior to the exam

Step 2: Determine Your Test Readiness

In this step you'll take a diagnostic exam in Spanish. This pre-test should give you an idea of how prepared you are to take the real exam. It will also help you identify your weaknesses before you begin to study for the real exam.

- Go through the diagnostic exam step-by-step and question-by-question to build your confidence level.
- Review the correct answers and explanations to gauge where you are and to determine what you need to work on.

Step 3: Develop Strategies for Success

In this step you'll learn strategies that will help you do your best on the multiple-choice and free-response sections of the exam.

- Learn how to read multiple-choice questions.
- Learn how to answer multiple-choice questions, including whether or not to guess.
- Learn how to plan and write effective interpersonal and presentational essays.
- Learn how to participate effectively in interpersonal conversations and prepare for presentational speaking.

Step 4: Review the Knowledge You Need to Score High

In this step you'll review the knowledge and learn the strategies that will help you do your best on the exam. These strategies cover various types of reading and listening, as well as written and oral presentation. This step, which takes up the bulk of this book, contains:

- Short dialogue and short narrative practice
- Longer listening practice
- Listening scripts for short dialogues, short narratives, and longer passages with answers highlighted in the text
- Reading comprehension practice with answers and explanations
- Interpersonal writing
- Presentational writing
- Interpersonal speaking
- Presentational speaking

Step 5: Build Your Test-Taking Confidence

In this step you'll check your preparation by testing yourself on practice exams. I have provided you with *two* complete exams, solutions, and (sometimes more important) ways to avoid common mistakes. Once again, the third edition of this book is updated to reflect more accurately the types of questions tested on recent AP exams. Be aware that these practice exams are *not* reproduced questions from actual AP Spanish Language exams, but they mirror the types of questions you will see on the actual exam.

Finally, at the back of this book you'll find additional resources to aid your preparation. These include:

- A list of words to help you write and speak more fluently
- Common errors English speakers make in Spanish
- Common verbal expressions
- Expressions for convincing, persuading, giving information, getting information, expressing preference, and expressing opinion
- Spanish verbs that require prepositions; verbs that require prepositions in English but not in Spanish; and common prepositional phrases
- Useful expressions for writing
- A list of websites related to the AP Spanish Language exam

The Graphics Used in This Book

To emphasize particular skills and strategies, we use several distinctive arrows throughout this book. An arrow in the margin will alert you that you need to pay particular attention to the accompanying text. We use these five arrows:

 This icon indicates a very important concept or fact that you should not pass over.

 This icon calls your attention to a strategy that you may want to try.

 This icon alerts you to a tip that you might find useful.

 This icon indicates a listening passage that someone should read aloud to you.

 This icon indicates a listening passage that is provided on the accompanying recording.

Throughout the book you will also find marginal notes, boxes, and starred areas. Pay close attention to these areas because they can provide tips, hints, strategies, and further explanations to help you reach your full potential.

5 STEPS TO A 5

AP Spanish Language

2010-2011

Set Up Your Study Program

CHAPTER 1

What You Need to Know About the AP Spanish Language Exam

IN THIS CHAPTER

Summary: Learn how you will be tested, how the test is scored, and basic test-taking information.

KEY IDEA

Key Ideas

✪ Most colleges will award credit for a score of 4 or 5.
✪ Multiple-choice questions account for half of your final score.
✪ An additional third of a point is deducted for each wrong answer on multiple-choice questions.
✪ Free-response questions account for half of your final score.
✪ Your composite score on the two test sections is converted to a score on the 1–5 scale.

Background Information

The AP Spanish Language exam that you are taking was first offered by the College Board in 1956. In 1956 only 1,229 students took any AP examination. Since then, the number of students taking the test has grown rapidly, and by 2008 the number of students taking the Spanish Language exam alone had increased to 101,584.

Some Frequently Asked Questions About the AP Spanish Language Exam

Why Take the AP Spanish Language Exam?

Most of you take the AP Spanish Language exam because you are seeking college credit. The majority of colleges and universities regard a 4 or 5 as acceptable credit for their Spanish language course. A small number of schools will sometimes accept a 3 on the exam. This means you are one course closer to graduation before you even begin. Even if you do not score high enough to earn college credit, the fact that you elected to enroll in AP courses tells admission committees that you are a high achiever and serious about your education. In 2008, 68.7 percent of students taking the Spanish Language exam scored a 3 or higher.

What Is the Format of the Exam?

The examination is divided into two sections: Section I (listening and reading) is multiple choice; Section II (writing and speaking) is free response. Listening and speaking are each worth 20 percent of the examination; reading and writing are each worth 30 percent of the total. If you complete Section I before time is called, you may go back and check any part of it that you wish. When time is called, you will turn in the booklet and have a short break. You will then move on to Section II and will not be able to look at Section I again.

The following table summarizes the format of the AP Spanish Language exam.

AP Spanish Language

SECTION I MULTIPLE CHOICE	NUMBER OF QUESTIONS	TIME LIMIT
A. *Listening comprehension:* Based on short taped dialogues, narratives, and two longer selections (approximately 5 minutes each), which may be interviews, cultural communications, or broadcasts.	34	30 minutes
B. *Reading comprehension:* Several passages followed by multiple-choice items.	36	45 minutes

Total time for Section I: Approximately 75 minutes

SECTION II FREE RESPONSE	NUMBER OF QUESTIONS	TIME LIMIT
A. *Writing*		
1. Interpersonal writing: responding to an e-mail, a letter, or a postcard.	1 prompt	Approximately 10 minutes

SECTION II FREE RESPONSE	NUMBER OF QUESTIONS	TIME LIMIT
2. Presentational writing: document-based writing, which involves reading two texts, listening to a related passage, and using these three sources to respond to a question.	1 prompt	Approximately 55 minutes (about 10 minutes for reading and listening, about 5 minutes for planning, and about 40 minutes for writing your response)
	Total time for Part A	Approximately 65 minutes
B. *Speaking* 1. Interpersonal speaking: based on a role-playing situation, you will read an outline of the simulated conversation and hear some background information.	5–6 prompts	Approximately 10 minutes (with 20 seconds to respond to each prompt)
2. Presentational speaking: you will read one document and listen to one recording, both of which you must refer to in your responses.	Prepare an oral presentation based on the sources.	Approximately 10 minutes
	Total time for Part B	Approximately 20 minutes

Total time for Section II: Approximately 85 minutes

Who Writes the AP Spanish Exam?

Development of each AP exam is a multi-year effort that involves many education and testing professionals and students. At the heart of the effort is the AP Spanish Development Committee, a group of college and high school Spanish teachers who are typically asked to serve for three years. Their job is to ensure that the annual AP Spanish examination reflects what is being taught and studied in college-level Spanish language classes at high schools.

The committee and other college professors create a large pool of multiple-choice questions. These questions are then pre-tested with college students enrolled in third-year Spanish courses for accuracy, appropriateness, clarity, and assurance that there is only one possible answer.

The free-response essay questions, presentational and interpersonal, that make up Section II go through a similar process of creation, modification, pre-testing, and final refinement so that the questions are at an appropriate level of difficulty and clarity.

At the conclusion of each AP reading and scoring of exams, the exam itself and the results are thoroughly evaluated by the committee and by ETS (Education Testing Service, of Princeton, New Jersey, developers of the actual exam). In this way, the College Board can use the results to make suggestions for course development in high schools and to plan future exams.

Who Grades My AP Spanish Exam?

Every June a group of Spanish teachers and college professors gather for a week to assign grades to your hard work. Each of these "Faculty Consultants" spends a day or so getting trained on one question and one question only. Because each reader becomes an expert on that question, and because each exam book is anonymous, this process provides a very consistent and unbiased scoring of that question. During a typical day of grading, a random sample of each reader's scores is selected and cross-checked by other experienced "Table Leaders" to insure that consistency is maintained throughout the day and the week. Each reader's scores on a given question are also statistically analyzed to make sure that they are not giving scores that are significantly higher or lower than the mean scores given by other readers of that question. All measures are taken to maintain consistency and fairness for your benefit.

Will My Exam Remain Anonymous?

Absolutely. Even if your high school teacher happens to randomly read your booklet, there is virtually no way he or she will know it is you. To the reader, each student is a number and to the computer, each student is a bar code.

What About That Permission Box on the Back?

The College Board uses some exams to help train high school teachers so that they can help the next generation of Spanish language students avoid common mistakes. If you check this box, you simply give permission to use your exam in this way. Even if you give permission, your anonymity is still maintained.

How Is My Multiple-Choice Exam Scored?

The multiple-choice section of each exam is 70 questions and is worth half of your final score. Your answer sheet is run through the computer, which adds up your correct responses and subtracts a fraction for each incorrect response. The number of wrong answers is multiplied by 0.33 and subtracted from the number of correct answers. The resulting score is then multiplied by statistically determined factors for the two different question types (listening and reading comprehension). The two numbers are then added and rounded to the nearest whole number. This sum becomes the weighted score for Section I.

How Is My Free-Response Exam Scored?

Your performance on the free-response section is worth half of your final score. The interpersonal and presentational writing are scored on a scale of 0–5, with 5 being the highest possible score. This score is multiplied by 3.000. The 0–5 scale is a rubric. A sample rubric is provided at the end of Chapters 7 and 8.

Interpersonal and presentational speaking are also graded on a scale of 0–5, Then, that score is multiplied by 2.000. The 0–5 scale is a rubric. A sample rubric appears at the end of Chapters 9 and 10.

The two oral sections are evaluated in the same manner as the essays.

How Is My Final Grade Determined and What Does It Mean?

The weighted scores from Sections I and II are added together and rounded to the nearest whole number. (Remember that each section is 50 percent of the examination.) This is the composite score.

The following table gives you a very rough example of a conversion, and as you complete the practice exams, you may use this to give yourself a hypothetical grade. Keep in mind that the conversion changes slightly every year to adjust for the difficulty of the questions. You should receive your grade in early July.

Spanish Language

COMPOSITE SCORE RANGE	AP SCORE	INTERPRETATION	EQUIVALENT COLLEGE GRADE
134–180	5	Extremely Well Qualified for College Credit	A
114–133	4	Well Qualified	B
86–113	3	Qualified	C
63–85	2	Possibly Qualified	D
0–62	1	No Recommendation	-

How Do I Register and How Much Does It Cost?

You do not have to enroll in the AP course to register for and complete the AP exam. When in doubt, the best source of information is the College Board's website: www.collegeboard.com.

The fee for taking the Spanish Language exams is $86 for each exam. Students who demonstrate financial need may receive a $22 refund to help offset the cost of testing. In addition, for each fee-reduced exam, schools forgo their $8 rebate, so the final fee for these students is $56 per exam. Finally, most states offer exam subsidies to cover all or part of the cost. You can learn more about fee reductions and subsidies from the coordinator of your AP program, or by checking specific information on the official website: www.collegeboard.com.

There are also several optional fees that must be paid if you want your scores rushed to you or if you wish to receive multiple grade reports.

The coordinator of the AP program at your school will inform you where and when you will take the exam. If you live in a small community, your exam may not be administered at your school, so be sure to get this information.

What Should I Bring to the Exam?

On exam day, it is a good idea to bring the following items:

- Several pencils and an eraser that doesn't leave smudges
- Black or blue colored pens for the free-response section
- A watch so that you can monitor your time. You never know if the exam room will, or will not, have a clock on the wall. Make sure you turn off the beep that goes off on the hour
- Your school code
- Your photo identification and social security number
- Tissues

What Should I NOT Bring to the Exam?

It's probably a good idea to leave the following items at home:

- A cell phone, beeper, PDA, or walkie-talkie
- Books, a dictionary, study notes, flash cards, highlighting pens, correction fluid, a ruler, or any other office supplies
- Portable music of any kind. No CD players, MP3 players, or iPods
- Clothing with any Spanish on it

CHAPTER 2

How to Plan Your Time

IN THIS CHAPTER

Summary: The right preparation plan for you depends on your study habits and the amount of time you have before the test.

Key Idea
✪ Choose the study plan that's right for you.

Three Approaches to Preparing for AP Exams

What kind of preparation program for the AP exam is right for you? Should you carefully follow every step, or are there perhaps some steps you can bypass? That depends not only on how much time you have, but also on what kind of student you are. No one knows your study habits, likes, and dislikes better than you do. So you are the only one who can decide which approach you want and/or need to adopt. This chapter presents three possible study plans, labeled A, B, and C. Look at the brief profiles below. They should help you determine which of these three plans is right for you.

You're a full-school-year prep student if:

1. You are the kind of person who likes to plan for a vacation or the prom a year in advance.
2. You're always early for appointments.
3. You like detailed planning and everything in its place.
4. You feel that you must be thoroughly prepared.

5. You hate surprises.
6. You have been studying Spanish for four years or less.

If you fit this profile, consider **Plan A**.

You're a one-semester prep student if:

1. You begin to plan for your vacation or the prom four to five months before the event.
2. You are willing to plan ahead to feel comfortable in stressful situations, but are okay with skipping some details.
3. You feel more comfortable when you know what to expect, but a surprise or two is okay.
4. You're always on time for appointments.
5. You've been studying Spanish for four to five years.

If you fit this profile, consider **Plan B**.

You're a six-week prep student if:

1. You accept or find a date for the prom a week before the big day.
2. You work best under pressure and tight deadlines.
3. You feel very confident with the skills and background you've learned in your AP Spanish Language class.
4. You decided late in the year to take the exam.
5. You like surprises.
6. You feel okay if you arrive 10–15 minutes late for an appointment.
7. You've been studying Spanish for six or more years.
8. You are a heritage or native speaker of Spanish.

If you fit this profile, consider **Plan C**.

Overview of the Three Different Study Plans

MONTH	PLAN A: FULL SCHOOL YEAR	PLAN B: ONE SEMESTER	PLAN C: SIX WEEKS
September	*Diagnostic Exam* *Chapter 5*: Short dialogues 1–6 Short narratives 1–3 Longer listening 1–2 *Chapter 8*: Presentational writing 1	—	—
October	*Chapter 6*: Reading comprehension 1–10 *Chapter 5*: Short narratives 4–6 *Chapter 8*: Presentational writing 2	—	—
November	*Chapter 5*: Longer listening 3–4 *Chapter 8*: Presentational writing 3	—	—

MONTH	PLAN A: FULL SCHOOL YEAR	PLAN B: ONE SEMESTER	PLAN C: SIX WEEKS
December	*Chapter 5:* Short dialogues 7–10 *Chapter 8:* Presentational writing 4–5		—
January	*Chapter 7:* Interpersonal writing 1–10 *Chapter 5:* Short narratives 7–10 *Chapter 8:* Presentational writing 6 *Practice Exam* 1	*Diagnostic Exam* *Chapter 5:* Short dialogues 1–3 Short narratives 1–3 Longer listening 1–2 *Chapter 6:* Reading comprehension 1–6 *Chapter 5:* Short dialogues 4–6 *Chapter 8:* Presentational writing 1–3	—
February	*Chapter 9:* Interpersonal speaking 1–10 *Chapter 5:* Longer listening 5–6 *Chapter 8:* Presentational writing 7	*Chapter 6:* Reading comprehension 7–10 Longer listening 3–4 *Chapter 4:* Short narratives 4–6 *Chapter 8:* Presentational writing 4–6	—
March	*Chapter 10:* Presentational speaking 1–6 *Chapter 8:* Presentational writing 8–9	*Practice Exam 1* *Chapter 5:* Short dialogues 7–10 *Chapter 8:* Presentational writing 7–9	

MONTH	PLAN A: FULL SCHOOL YEAR	PLAN B: ONE SEMESTER	PLAN C: 6 WEEKS
April–May 10	*Chapter 10*: Presentational speaking 7–10 *Chapter 8*: Presentational writing 10 *Practice Exam 2*	*Chapter 5*: Short narratives 7–10 *Chapter 9*: Interpersonal speaking 1–5 *Chapter 8*: Presentational writing 10 *Chapter 7*: Interpersonal writing 1–3 *Chapter 10*: Presentational speaking 1–5 *Chapter 9*: Interpersonal speaking 6–10 *Chapter 7*: Interpersonal writing 4–6 *Chapter 10*: Presentational speaking 6–10 *Chapter 5*: Longer listening 5–6 *Chapter 7*: Interpersonal writing 7–10 *Practice Exam 2*	**Week 1** *Diagnostic Exam* *Chapter 5*: Listening comprehension *Chapter 7*: Interpersonal writing 1–2 *Chapter 8*: Presentational writing 1–2 *Chapter 9*: Interpersonal speaking 1–2 **Week 2** *Chapter 6*: Reading comprehension *Chapter 7*: Interpersonal writing 3–4 *Chapter 8*: Presentational writing 3–4 *Chapter 9*: Interpersonal speaking 3–4 **Week 3** *Chapter 7*: Interpersonal writing 5–6 *Chapter 8*: Presentational writing 5–6 *Chapter 9*: Interpersonal speaking 5–6 *Practice Exam 1* **Week 4** *Chapter 7*: Interpersonal writing 7–8 *Chapter 8*: Presentational writing 7–8 *Chapter 9*: Interpersonal speaking 7–8 **Week 5** *Chapter 7*: Interpersonal writing 9–10 *Chapter 8*: Presentational writing 9–10 *Chapter 9*: Interpersonal speaking 9–10 *Chapter 10*: Presentational speaking 1–5 **Week 6** *Chapter 10*: Presentational speaking 6–10 *Practice Exam 2*

Calendar for Each Plan

Plan A: You Have a Full School Year to Prepare

SEPTEMBER (Check off the activities as you complete them.)
— Take the Diagnostic Exam
— Week 1: Short dialogues 1–3 (Ch. 5)
— Week 2: Short narratives 1–3 (Ch.5)
— Week 3: Longer listening 1–2 (Ch.5)
— Week 4: Short dialogues 4–6 (Ch. 5)
— Also: Presentational writing 1 (Ch. 8)

OCTOBER
— Week 1: Reading comprehension 1–3 (Ch. 6)
— Week 2: Reading comprehension 4–6 (Ch. 6)
— Week 3: Reading comprehension 7–8 (Ch. 6)
— Week 4: Reading comprehension 9–10 (Ch. 6)
— Also: Short narratives 4–6 (Ch. 5); Presentational writing 2 (Ch. 8)

NOVEMBER
— Longer listening 3–4 (Ch. 5)
— Presentational writing 3 (Ch. 8)

DECEMBER
— Short dialogues 7–10 (Ch. 5)
— Presentational writing 4–5 (Ch. 8)

JANUARY
— Week 1: Interpersonal writing 1–3 (Ch. 7)
— Week 2: Interpersonal writing 4–6 (Ch. 7)
— Week 3: Interpersonal writing 7–8 (Ch. 7)
— Week 4: Interpersonal writing 9–10 (Ch. 7)
— Also: Short narratives 7–10 (Ch. 5); Presentational writing 6 (Ch. 8)
— Take Practice Exam 1

FEBRUARY
— Week 1: Interpersonal speaking 1–3 (Ch. 9)
— Week 2: Interpersonal speaking 4–6 (Ch. 9)
— Week 3: Interpersonal speaking 7–8 (Ch. 9)
— Week 4: Interpersonal speaking 9–10 (Ch. 9)
— Also: Longer dialogues 5–6 (Ch. 5); Presentational writing 7 (Ch. 8)

MARCH
— Presentational speaking 1–2 (Ch. 10)
— Presentational speaking 3 (Ch. 10)
— Presentational speaking 4–5 (Ch. 10)
— Presentational speaking 6 (Ch. 10)
— Also: Presentational writing 8–9 (Ch. 8)

APRIL–MAY
— Presentational speaking 7 (Ch. 10)
— Presentational speaking 8 (Ch. 10)
— Presentational speaking 9 (Ch. 10)
— Presentational speaking 10 (Ch. 10)
— Also: Presentational writing 10 (Ch. 8)
— Take Practice Exam 2
  Get a good night's sleep before the exam.

GOOD LUCK ON THE TEST!!

Plan A: Each month, beginning in September, concentrate on one area of the exam and one type of question. Each month after September, remember to go back and review one activity type from the prior month. As you practice, it is a good idea to use a separate piece of paper, instead of writing your answers in the book, so that you can go back and redo the exercises.

In addition, for each month of the plan, you should write one to three of the essays and have a friend, parent, tutor, or teacher critique your work. In February, March, and April, you should time your essay writing, giving yourself only 45 minutes (5 minutes to outline and 40 minutes to write)—after having spent 7 minutes reading the two sources, listening to the third source, and taking notes on each.

You should look at the vocabularies provided in the Appendixes of this book (the connecting word list; the common mistakes list; the list of common verbal expressions; the list of expressions for convincing/persuading, giving/receiving information, and expressing feelings; the list of verbs and verbal expressions requiring prepositions; and the useful expressions). Divide the number of words in each list by the number of weeks between the beginning of school and the exam, and take that many words from each list to study each week. Make flash cards to hang on your bathroom mirror, bedroom mirror, or bedroom door, where you can take a quick look at them a couple of times each day. You might wish to record them to listen to on the way to school.

Plan B: You Have One Semester to Prepare

JANUARY
— Take the Diagnostic Exam
— Week 1: Short dialogues 1–3 (Ch. 5)
— Week 2: Short narratives 1–3 (Ch. 5)
— Also: Longer listening 1–2 (Ch. 5)
— Week 3: Reading comprehension 1–3 (Ch. 6)
— Week 4: Reading comprehension 4–6 (Ch. 6)
— Also: Short dialogues 4–6 (Ch. 4); Presentational writing 1–3 (Ch. 8)

FEBRUARY
— Reading comprehension 7–10 (Ch. 6)
— Short narratives 4–6 (Ch. 4)
— Longer listening 3–4 (Ch. 6)
— Presentational writing 4–6 (Ch. 8)

MARCH
— Take Practice Exam 1
— Short dialogues 7–10 (Ch. 5)
— Presentational writing 7–9 (Ch. 8)
— Short dialogues 7–10 (Ch. 5)

APRIL
— Week 1: Short narratives 7–10 (Ch. 5)
— Week 2: Interpersonal speaking 1–5 (Ch. 9)
— Also: Presentational writing 10 (Ch.8); Interpersonal writing 1–3 (Ch. 7)
— Week 3: Presentational speaking 1–5 (Ch. 10)
— Week 4: Interpersonal speaking 6–10 (Ch. 9)
— Also: Interpersonal writing 4–6 (Ch. 7)

MAY
— Presentational speaking 6–10 (Ch. 10)
— Longer listening 5–6 (Ch. 5)
— Interpersonal writing 7–10 (Ch. 7)
— Take Practice Exam 2
Get a good night's sleep before the exam.

GOOD LUCK ON THE TEST!!

Plan B: Starting in January, you have 16 to 17 weeks to prepare. Every 2 weeks, concentrate on one area of the examination and one type of question. Every 2 weeks, starting the end of January, remember to go back and practice one activity type from the prior month.

In addition, for each month of the plan, you should write one to two of the essays and have a friend, parent, tutor, or teacher critique your work. In February, March, and April, you should time your essay writing, giving yourself only 45 minutes (5 minutes to outline and 40 minutes to write)—after having spent 7 minutes reading the two sources and listening to the third source, taking notes on each.

You should look at the vocabularies provided in the Appendixes of this book (the connecting word list; the common mistakes list; the section on verbal expressions; the list of expressions for convincing/persuading, giving/receiving information, and expressing feelings; the list of verbs and verbal expressions requiring prepositions, and the useful expressions). Divide the number of words in each list by the number of weeks between the beginning of January and the examination and take that many words from each list to study each week. Make flash cards to hang on your bathroom mirror, bedroom mirror, or bedroom door where you can take a quick look at them a couple of times a day. You might wish to record them to listen to on the way to school.

Plan C: You Have Six Weeks to Prepare

WEEK 1
— Take the Diagnostic Exam
— Chapter 5: Listening comprehension
— Chapter 7: Interpersonal writing 1–2
— Chapter 8: Presentational writing 1–2
— Chapter 9: Interpersonal speaking 1–2

WEEK 2
— Chapter 6: Reading comprehension
— Chapter 7: Interpersonal writing 3–4
— Chapter 8: Presentational writing 3–4
— Chapter 9: Interpersonal speaking 3–4

WEEK 3
— Chapter 7: Interpersonal writing 5–6
— Chapter 8: Presentational writing 5–6
— Chapter 9: Interpersonal speaking 5–6
— Take Practice Exam 1

WEEK 4
— Chapter 7: Interpersonal writing 7–8
— Chapter 8: Presentational writing 7–8
— Chapter 9: Interpersonal speaking 7–8

WEEK 5
— Chapter 7: Interpersonal writing 9–10
— Chapter 8: Presentational writing 9–10
— Chapter 9: Interpersonal speaking 9–10
— Chapter 10: Presentational speaking 1–5

WEEK 6
— Chapter 10: Presentational speaking 6–10
— Take Practice Exam 2
   Get a good night's sleep before the exam.

GOOD LUCK ON THE TEST!!

In addition, for each week of the plan, you should write one to two of the essays and have a friend, parent, tutor, or teacher critique your work. You should time your essay writing, giving yourself only 45 minutes (5 minutes to outline and 40 minutes to write)—after having spent 7 minutes reading the two sources, listening to the third source, and taking notes on each.

You should look at the vocabularies provided in the Appendixes of this book (the connecting word list; the common mistakes list; the section on verbal expressions; the list of expressions for convincing/persuading, giving/receiving information, and expressing feelings; the list of verbs and verbal expressions requiring prepositions; and the useful expressions. Divide the number of words in each list by six and take that many words from each list to study each week. Make flash cards to hang on your bathroom mirror, bedroom mirror, or bedroom door where you can take a quick look at them a couple of times a day. You might wish to record them to listen to on the way to school.

STEP 2

Determine Your Test Readiness

CHAPTER **3** Take a Diagnostic Exam

CHAPTER 3

Take a Diagnostic Exam

IN THIS CHAPTER

Summary: This exam is intended to give you an idea of where you currently stand with your preparation in Spanish. It is shorter than the real thing in that there are fewer questions in the listening comprehension section. The questions have been written to approximate the coverage of material that you will see on the AP exam and are similar to the practice questions that you will see in the chapters that follow. Once you are done with the exam, check your work against the given answers, which are grouped and labeled to indicate where you can find the corresponding material in the book. I also provide you with a way to convert your score to a rough AP score.

Key Ideas

○ Practice the kind of multiple-choice questions you will be asked on the real exam.
○ Answer questions that approximate the type of material you will need to handle on the real exam.
○ Check your work against the given answers.
○ Determine your areas of strength and weakness.
○ Earmark the pages to which you must give special attention.

Diagnostic Exam

SECTION I
LISTENING COMPREHENSION AND READING

For this section of the actual examination, you will have 30 minutes for listening and 45 minutes for the reading passages. Section I counts for 50 percent of your grade (20 percent for listening and 30 percent for reading).

Section I, Part A
Listening Comprehension

In this part of the diagnostic exam, you will hear a short dialogue, a short narrative, and then a longer dialogue and a longer narrative each lasting about 5 minutes. You will be asked questions about each listening passage. For the short dialogue and the short narrative, the questions will be read to you, but they will not appear in your test booklet. You will see only the answer choices for each question. For the longer dialogue and longer narrative, both the questions and the answer choices will be printed in your test booklet. The total time allowed for this part of the examination is 30 minutes. Listening comprehension will count for 20 percent of your total grade.

For this part of the examination, you will find the listening tracks on the accompanying recording. Scripts for the passages and questions can be found starting on page 36. Mark your answers by circling the letter of your choice.

- In the moments before the speaker starts, try to glance through the *answers* for the short dialogue or short narrative to get an idea of what you should listen for.
- While the narrator is speaking, give your full attention to what is being said.
- Listen carefully as the narrator reads the *questions*; remember that the *questions* are not printed in your test booklet.
- As with any multiple-choice test, if the answer does not come to you, try to eliminate some of the others as wrong. This increases your chances of choosing the right answer.
- Remember that on Section I you should not make random guesses. If you have no idea, leave the question blank. As a correction for guessing, 33 percent extra is taken off for incorrect answers.
- Once you have completed this portion of the diagnostic test, you may wish to read over the scripts and make a list of words that you did not know. Look these up, make flash cards for them, and review them during the months leading up to the examination.
- You may wish to use separate sheets of paper so that way you can later come back to this test and do it again to check your progress.
- If you have a particularly difficult time with this part of the exam, you should be sure to practice Chapter 5 very carefully, taking notes from the scripts after each practice.

Section I, Part A
Short Dialogue

1. (A) en un supermercado
   (B) en un almacén
   (C) en una carnicería
   (D) en una botánica

2. (A) A la señora no le gusta la falda.
   (B) A la señora le queda muy estrecha la blusa.
   (C) A la señora no le va muy bien el color.
   (D) La señora prefiere tener el dinero.

3. (A) que no puede devolver el regalo.
   (B) que no puede decírselo a su marido.
   (C) que no quiere recibir un crédito.
   (D) que no hay nada que le interese ahora en la tienda.

4. (A) Porque ella no tiene el recibo.
   (B) Porque no está en el paquete original.
   (C) Porque está manchada.
   (D) Porque se pagó con cheque.

5. (A) el dependiente decidió permitirle devolver el regalo.
   (B) el dependiente le ofreció un crédito para usar más tarde.
   (C) la señora decidió quedarse con el regalo porque se lo había regalado su marido.
   (D) el dependiente le devolvió el dinero en efectivo.

Section I, Part A
Short Narrative

TRACK 1

1. (A) de la fiesta que celebra el santo.
   (B) del día que se celebra en vez del cumpleaños de la persona.
   (C) del bautizo en la iglesia Católica.
   (D) de una tradición que ya no existe.

2. (A) sólo celebrar el día en que nació el bebé.
   (B) sólo celebrar el día del nombre del santo de que recibió el bebé su nombre.
   (C) ponerle al bebé el nombre de un santo.
   (D) no celebrar más el día del santo.

3. (A) en países que han tenido una gran influencia de la iglesia Católica.
   (B) sólo en los países latinoamericanos.
   (C) sólo en España.
   (D) por todas partes.

4. (A) esta costumbre ya no existe.
   (B) esta costumbre se ha extendido a otras culturas.
   (C) esta costumbre sigue tan popular como antes.
   (D) esta costumbre sigue en algunas partes junto a la celebración del cumpleaños.

Section I, Part A
Longer Dialogue

TRACK 1

In this next section, you will hear a longer dialogue selection that will be about 5 minutes long. In addition, you will have 2 minutes to read the questions and answers prior to listening. In the space below, you may take notes in English or Spanish; these will not be graded. At the end of the passage, you will answer the multiple-choice questions based on what you have heard.

Notes on Longer Dialogue:

Section I, Part A
Longer Dialogue

1. ¿De qué hablan las dos personas?
   (A) de sus planes para el verano
   (B) del trabajo que tienen
   (C) de sus planes para el futuro
   (D) de la dificultad en encontrar trabajo hoy día

2. ¿Qué es la UNAM?
   (A) Es una universidad.
   (B) Es una compañía.
   (C) Es un plan de estudios.
   (D) Es una discoteca.

3. ¿Para qué ha decidido el chico ir a los Estados Unidos?
   (A) para buscar trabajo
   (B) para estudiar
   (C) para casarse
   (D) para pasar unas vacaciones

4. ¿Qué es la informática?
   (A) Es una compañía que da información sobre trabajos disponibles.
   (B) Es una revista sobre computadoras.
   (C) Es un plan de estudios.
   (D) Es el estudio de las computadoras y el manejo de información electrónica.

5. ¿Por qué estudia el chico la materia que estudia?
   (A) Quiere trabajar en un banco.
   (B) Quiere trabajar de profesor.
   (C) Quiere trabajar con computadoras.
   (D) Quiere trabajar en un laboratorio.

6. ¿Por qué dice la chica que habrá oportunidades para ellos?
   (A) Han recibido muy buenas notas en el colegio.
   (B) Hay muchas oportunidades para los que trabajan con computadoras.
   (C) Siempre hay trabajo para los que tienen determinación y talento.
   (D) Hay vuelos muy baratos durante estas vacaciones.

7. ¿Por qué tiene prisa la chica?
   (A) Tiene que visitar a un pariente suyo.
   (B) Tiene que ir a clase.
   (C) Tiene que ir al trabajo.
   (D) Tiene que ir a casa.

TRACK 1

Section I, Part A
Longer Narrative

In this next section, you will hear a longer narrative selection that will be about 5 minutes long. In addition, you will have 2 minutes to read the questions and answers prior to listening. In the space below, you may take notes in English or Spanish; these will not be graded. At the end of the passage, you will answer the multiple-choice questions based on what you have heard.

Notes on Longer Narrative:

Section I, Part A
Longer Narrative

1. La historia de Don Juan originalmente fue una historia de...
(A) Tirso de Molina.
(B) Alejandro Dumas.
(C) las crónicas de Sevilla.
(D) Molière.

2. El «donjuanismo» es...
(A) cuando un hombre maltrata a varias mujeres siempre diciéndoles que las quiere por motivos no muy nobles.
(B) cuando alguien hace algo raro o idealista.
(C) cuando alguien se muestra leal, fiel y honrado.
(D) cuando alguien es soñador, idealista y romántico.

3. Es el símbolo de soñadores, idealistas y románticos.
(A) Don Juan
(B) Don Quijote
(C) El Cid
(D) Don Giovanni

4. El personaje literario que existió en realidad fue...
(A) Don Juan.
(B) Don Quijote.
(C) El Cid.
(D) Don Giovanni.

5. El actor de cine que llevó al personaje de Don Quijote a la pantalla fue...
(A) Charlton Heston.
(B) Sofia Loren.
(C) Antonio Banderas.
(D) Peter O'Toole.

6. De lo que escuchaste en esta conferencia, se puede decir...
(A) que los autores españoles han contribuido a la literatura mundial.
(B) que la literatura de la Edad Media contribuyó mucho a la literatura española.
(C) que los autores españoles han contribuido poco a la literatura mundial.
(D) que la literatura española ha servido sólo de guiones para películas de Hollywood.

Section I, Part B
Reading Comprehension

In this section of the test you will need to read some passages and answer some multiple-choice questions about their content. On this diagnostic test give yourself 45 minutes to do this reading. If you finish before the 45 minutes is up, you may go back and look over your work in part A. The answers for the reading comprehension questions can be found starting on page 41.

- Set a timer for 45 minutes.
- Look at the questions first.
- Read through once and underline or asterisk with your pen or pencil where you think the answers are found.
- Reread the questions.
- Reread the passage and answer the questions.

«El mensajero de San Martín» *Galería Hispánica,* **McGraw-Hill © 1979, 1971, 1965. Used with permission.**

El general don José de San Martín leía unas cartas en su despacho. Terminada la lectura, se volvió para llamar a un muchacho de unos dieciséis años que esperaba de pie junto a la puerta.

—Voy a encargarte una misión difícil y honrosa. Te conozco bien; tu padre y tres hermanos tuyos están en mi ejército y sé que deseas servir a la patria. ¿Estás resuelto a servirme?

—Sí, mi general, sí —contestó el muchacho.

—Debes saber que en caso de ser descubierto te fusilarán —continuó el general.

—Ya lo sé, mi general.

—Entonces, ¿estás resuelto?

—Sí, mi general, sí.

—Muy bien. Quiero enviarte a Chile con una carta que no debe caer en manos del enemigo. ¿Has entendido, Miguel?

—Perfectamente, mi general —respondió el muchacho. Dos días después, Miguel pasaba la cordillera de los Andes en compañía de unos arrieros.

Llegó a Santiago de Chile; halló al abogado Rodríguez, le entregó la carta y recibió la respuesta, que guardó en su cinturón secreto.

—Mucho cuidado con esta carta —le dijo también el patriota chileno. —Eres realmente muy joven; pero debes ser inteligente y buen patriota.

Miguel volvió a ponerse en camino lleno de orgullo. Había hecho el viaje sin dificultades, pero tuvo que pasar por un pueblo cerca del cual se hallaba una fuerza realista al mando del coronel Ordóñez.

Alrededor se extendía el hermoso paisaje chileno. Miguel se sintió impresionado por aquel cuadro mágico; mas algo inesperado vino a distraer su atención.

Dos soldados, a quienes pareció sospechoso ese muchacho que viajaba solo y en dirección a las sierras, se dirigieron hacia él a galope. En la sorpresa del primer momento, Miguel cometió la imprudencia de huir.

—¡Hola! —gritó uno de los soldados sujetándole el caballo por las riendas. —¿Quién eres y adónde vas?

Miguel contestó humildemente que era chileno, que se llamaba Juan Gómez y que iba a la hacienda de sus padres.

Lo llevaron sin embargo a una tienda de campaña donde se hallaba, en compañía de varios oficiales, el coronel Ordóñez.

1. ¿Cómo es que el general lo conoce bien a Miguel?
   (A) Ya conoce a miembros de su familia.
   (B) Es su padre.
   (C) Es su secretario.
   (D) Lo ha conocido por 16 años.

2. ¿Qué le pasará al chico si es descubierto?
   (A) Lo arrestarán.
   (B) Lo mandarán a Chile.
   (C) Lo denunciarán a su padre.
   (D) Lo matarán.

3. ¿Cómo estaba Miguel ante su misión?
   (A) miedoso
   (B) resignado
   (C) dispuesto
   (D) emocionado

4. ¿Por qué estaba orgulloso el joven?
   (A) Porque no tuvo problemas.
   (B) Porque conoció a Rodríguez.
   (C) Porque conoció al coronel Ordóñez.
   (D) Porque llevó a cabo su misión.

5. ¿Por qué sospechaban los soldados de Miguel?
   (A) Porque viajaba de noche.
   (B) Porque viajaba en dirección de las montañas.
   (C) Porque viajaba con dos arrieros.
   (D) Porque era joven.

6. ¿Qué error hizo Miguel entonces?
   (A) Se echó a correr.
   (B) Se le dejó caer la carta que llevaba.
   (C) Ignoró a los soldados.
   (D) Se distrajo.

7. Cuando los soldados lo interrogaron, Miguel…
   (A) cooperó.
   (B) les mintió.
   (C) no les contestó.
   (D) les dio sólo su nombre.

8. Los soldados entonces…
   (A) lo llevaron a sus padres.
   (B) lo soltaron.
   (C) lo llevaron a su jefe.
   (D) lo metieron en una tienda de campaña.

9. ¿Por qué se llama el cuento «El mensajero de San Martín»?
   (A) Porque Miguel era un correo de San Martín.
   (B) Porque Miguel le llevó mensajes al coronel Ordóñez en secreto.
   (C) Porque el arresto de Miguel serviría de ejemplo a otros que ayudaran a San Martín.
   (D) Porque Miguel era un ángel en realidad.

«Un encuentro con Moctezuma» por Hernán Cortés, *El Tesoro Hispánico*, páginas 56–57, © 1968 by McGraw-Hill. Used with permission.

Yo me partí luego tras ellos, muy acompañado de muchas personas que parecían de mucha importancia, como después pareció serlo; y todavía seguía el camino por la costa de alguna gran laguna. A una legua de la habitación de donde partí, vi dentro de ella, no muy lejos, una ciudad pequeña que podría ser hasta de mil o dos mil vecinos, toda armada sobre el agua, sin haber para ella ninguna entrada, y muy torreada, según lo que de fuera parecía. Otra legua adelante entramos por una carretera tan ancha como una lanza jineta, por la laguna adentro, de dos tercios de legua, y por ella fuimos a dar a una ciudad, la más hermosa aunque pequeña que hasta entonces habíamos visto, así de muy bien obradas casas y torres como de la buena orden que en el fundamento de ella había, por ser armada toda sobre agua.

En esta ciudad, que pequeña hasta de dos mil vecinos, nos recibieron muy bien y nos dieron muy bien de comer. Allí me vinieron a hablar el señor y las personas principales de ella, y me rogaron que me quedase allí a dormir. Aquellas personas que conmigo iban de Moctezuma me dijeron que no parase, sino que me fuese a otra ciudad que está a tres leguas de allí, que se dice Iztapalapa, que es de un hermano de Moctezuma; y así lo hice. La salida de esta ciudad donde comimos, cuyo nombre al presente no me ocurre a la memoria, es por otra calzada que tira una legua grande hasta llegar a la tierra firme.

Llegado a esta ciudad de Iztapalapa, me salió a recibir algo fuera de ella el señor, y otro de una gran ciudad que está cerca de ella, que será obra de tres leguas, que se llama Coyoacán, y otros muchos señores que allí me estaban esperando; me dieron hasta tres o cuatro mil castellanos y algunas esclavas y ropa, y me hicieron muy bien recibimiento.

1. La ciudad que se veía se encontraba…
   (A) por la costa de la laguna.
   (B) en la laguna.
   (C) por una ancha carretera.
   (D) bien armada.

2. Los edificios en la ciudad eran…
   (A) rústicos.
   (B) destruidos.
   (C) sólidos.
   (D) desordenados.

3. ¿Quién vino para hablar con Cortés?
   (A) Moctezuma
   (B) todos los habitantes de la ciudad
   (C) el líder de la ciudad
   (D) el líder de la ciudad y otras personas importantes de ella

4. ¿Qué es lo que querían?
   (A) Que permaneciera en la ciudad.
   (B) Que se fuera de la ciudad.
   (C) Que llevara un mensaje al hermano de Moctezuma.
   (D) Que llevara un mensaje a Moctezuma.

5. Decidieron salir de la ciudad para otra para…
   (A) ver a Moctezuma.
   (B) ver a Iztapalapa.
   (C) ver al hermano de Moctezuma.
   (D) ser mejor recibidos.

6. La ciudad donde se encontraba el hermano de Moctezuma se llamaba…
   (A) Coyoacán.
   (B) Iztapalapa.
   (C) Moctezuma.
   (D) Cortés no se acordaba.

7. Se puede decir que Cortés y sus hombres fueron…
   (A) recibidos con rencor.
   (B) muy bien acogidos.
   (C) expulsados de las ciudades que visitaron.
   (D) recibidos como vencedores.

«Consulta a un representante» por Lina Traslaviña, University of Nebraska at Omaha, *The Next Step Magazine*, latino edition 2007, page 17, 86 W. Main Street, Victor, New York, 14564. http://www.nextStepmag.com. Used with permission.

P: Siempre oí decir que la educación superior es costosa. Mi familia no tiene mucho dinero. ¿Puedo considerar la posibilidad de conseguir una educación superior en el futuro?

R: ¡Claro que sí! La educación superior puede ser parte de tu futuro. Pensar que es extremadamente costosa, es sólo un mito.

Los costos varían según la institución; por lo cual, es importante que investigues y hagas comparaciones. Considera el precio por hora de crédito, luego multiplícalo por la cantidad de créditos que vas a tomar. Agrega cargos y libros a la fórmula, y éste será el "precio" que pagarás por tu educación superior.

Muchos de los folletos contienen esta información; por lo tanto, dedica tiempo a leer el material. También es importante tener en cuenta otros gastos, como por ejemplo el seguro del auto, el alquiler, la comida, etcétera, que varían según la situación de cada persona.

En tal caso, existe la posibilidad de obtener ayuda financiera del gobierno (para los que reúnan los requisitos exigidos) y de organizaciones comunitarias. Debes involucrarte activamente para obtener dicha asistencia. Consulta a todos los que conozcas acerca de obtener becas. Nunca se sabe, aquella tía con quien nunca hablas puede tener información acerca del tema.

Si te encuentras con compañeros de la secundaria, pregúntales acerca de las becas que obtuvieron. Pídele a tu familia que consulte en el trabajo. Otra fuente de información puede ser el consejero escolar de la secundaria, así también las mismas instituciones educativas en las que estás averiguando.

Algunas becas se otorgan a base de calificaciones, servicio comunitario o necesidad económica. Recuerda que todos los que te rodean necesitan dinero para pagar el costo de su educación superior; por lo tanto, concéntrate en fortalecer los dos primeros aspectos. Nunca es tarde para comenzar, o para mejorar tus calificaciones subiendo de C a B. No debes desalentarte, pero no esperes hasta el último momento.

Invertir en una educación superior es la mejor decisión que puedes tomar. ¡A diferencia de otras inversiones, ésta no disminuirá su valor con el tiempo! El esfuerzo de tu familia será recompensado exponencialmente. ¡Sigue adelante, comienza a llenar esos formularios de inscripción!

1. La chica que le pide consejo a Lina piensa que…
   - (A) no vale la pena continuar con sus estudios.
   - (B) no puede ser importante para su futuro.
   - (C) cuesta mucho dinero.
   - (D) su familia tiene lo suficiente para los gastos de una educación universitaria.

2. Lina piensa que la educación superior…
   - (A) no siempre vale la pena.
   - (B) no tiene que ser costosa.
   - (C) no es necesariamente parte del futuro de la chica.
   - (D) va a costar más o menos igual, no importa adondequiera que vaya.

3. Para determinar el costo, Lina dice que es necesario…
   - (A) considerar sólo el precio por hora de crédito.
   - (B) considerar el precio por hora de crédito más la comida.
   - (C) considerar el precio por hora de crédito más otros gastos.
   - (D) considerar la renta de su familia.

4. Lina recomienda que la chica…
   - (A) consiga panfletos de las universidades para consultarlos.
   - (B) consulte con el consejero de su colegio.
   - (C) consulte con estudiantes que van a las universidades adonde ella quisiera ir.
   - (D) consulte con un consejero de la universidad adonde quisiera ir.

5. Como muchas becas se dan a base de las notas conseguidas en el colegio y el servicio a la comunidad más la necesidad económica del estudiante, Lina aconseja que la chica…
   - (A) trabaje para conseguir las mejores notas que pueda.
   - (B) busque oportunidades para servir a la comunidad.
   - (C) mejore sus notas y participe en el servicio a la comunidad.
   - (D) busque becas que mejor convengan al estudiante que tiene o buenas notas, o servicio comunitario pero no necesariamente los dos.

6. A fin de cuentas, una educación universitaria…
   - (A) no es para todos.
   - (B) vale la pena.
   - (C) a veces no vale la pena.
   - (D) puede perder su valor con el tiempo.

«El Gato de Sèvres» por Marco A. Almazán. *Galería Hispánica*, Copyright © McGraw-Hill, 1979. Used with permission.

El coleccionista llegó hasta la esquina y después volvió sobre sus pasos, aparentando fastidio e indiferencia. Como quien no quiere la cosa, se detuvo frente al escaparate de la tienda y paseó la mirada desdeñosa por el amontonamiento de cachivaches que se exhibían: violines viejos, mesas y sillas cojas, figurillas de porcelana, óleos desteñidos, pedazos de cacharros supuestamente mayas o incaicos y, en fin, las mil y una menudencias que suelen acumularse en tiendas de esta especie. Con el rabillo del ojo, el coleccionista atisbó una vez más el plato en que bebía leche el gato. No cabía duda: Sèvres legítimo. Posiblemente del segundo tercio del siglo XVIII. Estos animales —pensó el experto, refiriéndose a los dueños… —no saben lo que tienen entre manos…

1. Cuando el coleccionista volvió para ver el escaparate de la tienda, ¿por qué aparentó «fastidio e indiferencia»?
   - (A) Porque el gato bebía de un plato en la ventana.
   - (B) Porque no quería mostrar su interés en algo en la ventana.
   - (C) Porque no había nada de valor en la ventana.
   - (D) Porque no quería comprar nada.

2. Según el párrafo, parece que en el escaparate se mostraban…
   - (A) cosas de poco valor.
   - (B) cosas mayas o incaicas.
   - (C) instrumentos musicales.
   - (D) cosas de mucho valor.

3. Lo que le interesaba al coleccionista era...
   (A) el gato.
   (B) un artículo maya.
   (C) algo que podía ser valioso.
   (D) el desorden en que se encontraba todo.

4. Cuando el coleccionista dice «estos animales«, él muestra su desdén por...
   (A) los propietarios de la tienda.
   (B) los gatos en general.
   (C) los animales en general.
   (D) las personas que habían vendido los artículos a la tienda.

Grupo literario ConXion lee «El cuento de la isla desconocida» por Diana Chapoy-Callahan, coordinadora, p. 42, septiembre, 2006 ConXion, la edición mensual en español del *Democrat and Chronicle*, Rochester, New York. Used with permission.

El escritor portugués José Saramago, ha influenciado la literatura hispana y a sus escritores de distintas maneras. Sus combinaciones únicas de historia, cuentos, leyendas y surrealismo le han otorgado un especial reconocimiento a lo largo del mundo.

Saramago ha sido parte del Partido Comunista Portugués desde 1969 y sus diferentes ideas y posturas han causado controversia en Portugal y muchos otros países.

El grupo literario ConXion leerá uno de los cuentos de Saramago, titulado *El cuento de la isla desconocida*, una fábula simple y directa, con un mensaje significativo para el lector. Es una obra perfecta para comenzar a adentrarse en el estilo e ideología del escritor. Otros libros importantes escritos por Saramago son *El año de la muerte de Ricardo Reis* (1984), *Ensayo sobre la ceguera* (1995) y *Todos los nombres* (1997), entre otros.

Saramago también ha escrito libros de poesía, ensayos y obras de teatro, y recibió el Premio Nóbel de Literatura en 1998.

El grupo literario ConXion se reunirá para conversar acerca de *El cuento de una isla desconocida* el jueves 21 de septiembre a las 7:30 p.m.

1. La obra de José Saramago ha tenido una influencia en...
   (A) autores portugueses.
   (B) autores a lo largo del mundo.
   (C) autores españoles y latinoamericanos.
   (D) autores portugueses y latinoamericanos.

2. Su especialidad literaria es...
   (A) mezclar varios tipos de literatura.
   (B) los cuentos surrealistas.
   (C) las leyendas hispanas.
   (D) la historia hispana.

3. Políticamente, se puede decir que Saramago es...
   (A) conservador.
   (B) derechista.
   (C) izquierdista.
   (D) centrista.

4. Podemos decir que sus ideas políticas...
   (A) le han causado problemas.
   (B) no le han causado problemas.
   (C) han influenciado mucho en su obra.
   (D) no tienen nada que ver con su obra.

5. Sabemos que Saramago es un autor de categoría porque...
   (A) se expresa a través de varios tipos de obras.
   (B) expresa su ideología a través de su obra.
   (C) ha ganado un premio de renombre.
   (D) ha causado controversia.

6. Este artículo anuncia...
   (A) su nuevo libro *El cuento de una isla desconocida*.
   (B) una nueva fábula de Saramago.
   (C) una colección de su poesía, ensayos y obras de teatro.
   (D) una reunión para un club literario.

«Argentino Gustavo Santaolalla gana Óscar» por Diana Chapoy-Callahan, coordinadora, p. 44, abril, 2006 ConXion, la edición mensual en español del *Democrat and Chronicle*, Rochester, New York. Used with permission.

La comunidad hispana fue bien representada en la pasada entrega de los premios Óscar con varios nominados y un ganador en la categoría a la mejor canción escrita para una película, el argentino Gustavo Santaolalla, quien compuso el tema de la película *Brokeback Mountain*.

Este premio es un reconocimiento importante a su arduo trabajo y experiencia, la cual va más allá de fronteras y culturas.

"A Love that Will Never Grow Old" le dio un Golden Globe por la canción más original y hace unas semanas se llevó el Óscar presentado por Salma Hayek; no pudo haber dejado el podium de una mejor manera, dedicando su reconocimiento a todos los latinos, "Para todos los latinos, muchas gracias," comentó emocionado el compositor.

Es bueno reconocer el talento de tantos hispanos que día tras día colaboran en la creación del séptimo arte. Esperamos que la lista aumente en la entrega de premios Óscar el año entrante.

1. La profesión de Gustavo Santaolalla es…
   - (A) actor.
   - (B) compositor.
   - (C) director.
   - (D) diseñador.

2. En la entrega de los premios Óscar y Golden Globes se ve…
   - (A) la escasa representación de la comunidad hispana.
   - (B) la falta de representación de la comunidad hispana.
   - (C) la abundante representación de la comunidad hispana.
   - (D) la creciente representación de la comunidad hispana.

3. Gustavo le dedicó su Óscar a…
   - (A) su familia.
   - (B) los hispanos.
   - (C) la industria cinematográfica.
   - (D) Salma Hayek.

4. Cuando la autora dice «el séptimo arte» se refiere…
   - (A) a la música.
   - (B) al cine.
   - (C) a la actuación.
   - (D) a la composición.

SECTION II
FREE RESPONSE
WRITTEN EXPRESSION AND SPEAKING

You are given approximately a total of 1 hour and 25 minutes to do Section II of the examination: 10 minutes for the interpersonal writing, approximately 55 minutes for the presentational writing, approximately 10 minutes for the interpersonal speaking simulated conversation, and finally approximately 10 minutes for the presentational speaking.

Section II, Part A
Written Expression: Interpersonal Writing

In this part of the examination, you will need to write an e-mail message, a letter, a journal entry, or a postcard. You are given 10 minutes to read the prompt and write your response. If you finish early, go to the next section.

- Read the prompt carefully to see what type of message you need to write (e-mail, letter, journal entry, postcard).
- Decide in what tense to write the passage (present, past, future, and so on).
- Determine whether or not the communication is familiar (friend, family member = *tú*) or formal (company, store = *Ud.*).
- Keep in mind the TYPE of communication (a letter is different from an e-mail, a postcard is different from a journal entry).
- Do not forget the salutation (*Querido[a], Muy amigo[a] mío[a], Muy señor[a] mío[a], Estimado[a] señor[a]*).
- Do not forget an appropriate closing (*Un abrazo de, Un abrazo fuerte de, Recibe un abrazo fuerte de, Con cariño, Atentamente*).
- Be sure to check the rubric at the end of Chapter 7, pages 115–116, to see how you will be rated.

Escribe una carta breve. Imagina que el periódico de tu escuela ha pedido a sus lectores nominaciones para ≪la persona del año≫ de tu colegio. Escríbele al editor y...

- nomina a una persona
- explica por qué esta persona es digna de tal honor
- explica como él/ella te ha influenciado
- despídete

Section II, Part A
Written Expression: Presentational Writing

In this part of the examination, you will need to write an essay based on three prompts, two printed and one audio. You will have 7 minutes to read the print material. Then you will hear the audio material on which you should take notes. After you have heard the audio prompt, you will have 5 minutes to organize your thoughts. Then you will have 40 minutes to write your essay. Your essay must be at least 200 words long.

- Read the prompt carefully to see what your essay topic will be about.
- Decide in what tense to write the passage (present, past, future, and so on).
- While reading the two printed prompts, you may wish to underline key ideas.

- Be sure to take notes while you listen to the audio prompt.
- You must CITE all three sources appropriately in your essay.
- Higher scores are awarded to essays in which you compare and contrast the information provided. Lower scores are awarded for just simply restating or summarizing the sources.
- Be sure to look over the rubric at the end of Chapter 8, pages 150–151 to see how you will be rated.

La corrida de toros…¿espectáculo cultural o cruel?
Fuente Nº 1

Fuente: Ésta se informó en parte de la página Web *don Quijote,* **http://www.donquijote .org/culture/spain/bullfight**

La corrida de toros, una tradición milenaria

Muchas veces, cuando se piensa en España, se piensa en la corrida de toros: un deporte, la lucha eterna entre el hombre y la bestia y una metáfora por la vida.

Los orígenes de este espectáculo se han perdido a través de los siglos, pero lo curioso es que un deporte tan asociado con España en realidad no tiene sus comienzos en la península. Se cree que la corrida tiene sus orígenes en la isla de Creta y en Grecia donde existió un culto al toro bravo, el tipo de toro que se usa todavía en la corrida. Su imagen se ve en urnas primitivas de estas culturas. Existen también cuentos de la Biblia en que se ofrecen toros como sacrificio a Dios. En la península misma arqueólogos han encontrado objetos que llevan la figura del toro y hasta una cabeza hecha de bronce de la Edad de Bronce.

En las antiguas culturas españolas el toro tenía una gran importancia también, tanto para los celtas como para los íberos. En las afueras de Numancia hay un templo celtíbero donde ellos sacrificaban toros a sus dioses —probablemente un precursor de la plaza de toros moderna.

Aunque el culto al toro es muy antiguo, fue durante la época romana cuando se convirtió en espectáculo. Se dice que Julio César fue el primero en autorizar las corridas y hasta él mismo lidió en una.

La corrida moderna se evolucionó desde los tiempos de los romanos de una lucha por caballo con lanzas, de la aristocracia, a un espectáculo con varias etapas y personas que hacen papeles distintos. En una corrida moderna hay tres toreros que luchan en contra de seis toros, dos toros por torero. Los picadores entran después del toro para picar su cuello. Después entran los banderilleros con sus banderillas, unas flechas decoradas que meten en el cuello del toro. Finalmente entra el matador que se mete en una especie de baile con el toro hasta cansarlo suficientemente para matarlo con la espada. Cada etapa del espectáculo se llama un tercio.

En su apogeo había grandes celebridades como el Cordobés y Manolote, tan celebrados en su época como actores y cantantes de hoy día. En tiempos más recientes la corrida se ha convertido en un espectáculo turístico mientras muchos españoles la han dejado por el fútbol. A pesar de todo, todavía sigue siendo popular entre los campesinos que tratan de reunir suficiente dinero para comprar su entrada por lo menos una vez al mes. Si vas una vez a una corrida, cómprate una entrada para las andanadas, las butacas más arriba en la plaza. Allí está donde se sientan los aficionados viejos que vienen del campo cuando tienen dinero para una entrada y por el costo de una bebida estos hombres te explicarán todo que se ve en el redondel y hasta te harán una crítica de cada toro, matador y juez.

Fuente N°2

Fuente: Ésta se informó en parte de la página Web BBC News, http://news.bbc.co.uk/2/hi/europe/3605225.stm

Barcelona vota a favor de eliminar la corrida de toros

En abril de 2004 el consejo municipal de Barcelona votó por abolir la corrida de toros en Barcelona. Tan controvertida fue esta decisión que el voto tuvo lugar por votación secreta. Hasta el momento actual el voto no se ha hecho ley porque primero el gobierno regional necesita aprobarla pero el voto sí que es simbólico. Durante las últimas décadas, más y más españoles han querido eliminar la fiesta brava por ser cruel. La gente joven ya no acude a la plaza de toros sino que van al estadio para seguir paso a paso a sus héroes futbolistas dejando la corrida para los turistas y la gente mayor. Sólo en los pueblos pequeños todavía tiene cierta importancia la corrida. Antes de que España entrara en el Mercado Común

Europeo, el primero de enero 1985, había mucho debate entre los miembros sobre la cuestión de la corrida de toros. Hasta el representante del Reino Unido insistió en que España dejara la práctica antes de ser permitida entrar en la organización. El representante español respondió a esta idea diciendo que cuando el Reino Unido eliminara la caza del zorro España eliminaría la corrida de toros. A pesar de eso, España entró en el Mercado Común y continuaban las corridas. En 2005 el Reino Unido sí eliminó la caza del zorro. Más recientemente el Partido Socialista del Parlamento Europeo ha insistido en que la corrida sea eliminada en España, Portugal y el sur de Francia por ser bárbara e inhumana.

Nadie sabe donde se va a parar el debate pero parece que con el voto en Barcelona la corrida podría desaparecerse por completo algún día.

Fuente N° 3

Fuente: una entrevista sobre el tema de la corrida de toros.

The listening track is on the accompanying recording. The script appears on pages 39–40.

Section II, Part B
Speaking: Interpersonal Speaking (Simulated Conversation)

In this part of the examination, you will need to participate in a simulated conversation. The situation will be a role-playing simulated telephone conversation. You will have 30 seconds to read the outline of the conversation. Then you will listen to a telephone message after which you will have 1 minute to read the outline of the conversation again. After 1 minute, the telephone call will begin. Be sure to follow the outline. Each time it is your turn to speak, you will have 20 seconds in which to respond. You should participate as fully and appropriately as possible. You will find the recorded message and the recorded portions of the conversation on the accompanying recording. The script appears on page 40.

- Be sure to have a timer.
- Read the prompt line and conversation outline carefully to see what the conversation will be about.
- Decide in what tense(s) you might need to respond (present, past, future, and so on).

- While reading the prompt and conversation outline you may wish to jot down some verbs, nouns, etc. that you may wish to use.
- While you listen to each line of the dialogue, try to pick out words, expressions, or phrases that you might be able to use. (BE CAREFUL, though, to not just restate what you have heard!)
- Higher scores are awarded for conversations in which complex structures and rich vocabulary are used.
- Be sure to look over the rubric at the end of Chapter 9, pages 179–180, to see how you will be rated.

Imagina que recibes un mensaje telefónico de tu amiga, Juana, quien te pide que la llames por teléfono. Escucha el mensaje.

(A) El mensaje [*You will hear the message on the recording.* Escucharás el mensaje en la grabación.]

(B) La conversación [*The shaded lines reflect what you will hear on the recording.* Las líneas en gris reflejan lo que escucharás en la grabación.]

> Juana: • *[El teléfono suena.] Contesta el teléfono.*

Tú: • *Salúdala.*
   • *Explícale por qué tú la has llamado.*

> Juana: • *Te explica por qué te había llamado.*

Tú • *Responde a la pregunta.*

> Juana: • *Continúa la conversación.*

Tú: • *Expresa tu reacción.*

> Juana: • *Continúa la conversación.*

Tú: • *Contesta su pregunta.*
   • *Invítala a ir contigo.*

> Juana: • *Continúa la conversación.*

Tú: • *Expresa tu opinión.*

> Juana: • *Continúa la conversación.*

Tú: • *Expresa tu opinión.*
   • *Despídete de Juana.*

Section II, Part B
Speaking: Presentational Speaking/Integrated Skills

In this part of the examination, you will need to make a 2-minute formal presentation to your class. You will be given a question that will be the topic of your presentation. This question is based on the accompanying printed article and radio report. You will have 5 minutes to read the printed article. Then you will listen to a radio report. You should take notes on the radio report as you listen. After hearing the radio report, you will have 2 minutes to plan your answer and 2 minutes to record it. Your presentation should be as complete and appropriate to the topic as possible. You will find the listening track on the accompanying recording. The script appears on page 41.

- Be sure to have a timer.
- Read the question and article carefully.
- Underline key ideas/information in the printed article.
- Take notes on the radio report.
- Decide what tense(s) you might need to use (present, past, future, and so on).
- While you listen, try to pick out words, expressions or phrases that you might be able to use. (BE CAREFUL, though, to not just restate what you have heard!)
- Higher scores are awarded for presentations in which complex structures and rich vocabulary are used.
- Higher scores are awarded also for presentations in which information is compared and contrasted, as opposed to just a mere restatement or synthesis of the information.
- Be sure to look over the rubric at the end of Chapter 10, pages 198–199, to see how you will be rated.

Imagina que tienes que hacer una presentación formal ante una clase de español. El artículo impreso describe la Sagrada Familia de Antonio Gaudí en Barcelona; la monografía de radio describe el Museo Guggenheim de Frank Gehry en Bilbao.

Fuente Nº 1

Fuente: Ésta se informó en parte de la página Web «Great Buildings Online», http://www.greatbuildings.com/architects/Antoni_Gaudi.html y "tourist guide barcelona", http://www.barcelona-tourist-guide.com/sp/gaudi/sagrada-familia.html

La Sagrada Familia de Antonio Gaudí

Quizá el edificio más conocido y renombrado del arquitecto español, Antonio Gaudí, es la Sagrada Familia, una iglesia comenzada en 1882 que sigue hasta hoy sin terminar. Su estilo ha sido caracterizado como la versión española del Arte Nuevo mientras otros lo clasifican como expresionismo. Al ver la iglesia se puede ver elementos góticos pero sin las líneas rectas y la formalidad tradicionales de la arquitectura gótica. Las torres, que se encuentran por todo el edificio, parecen como si fueran candelas que arden encabezadas con una llama en forma de una cruz y la piedra tallada como la cera que gotea. Las líneas no son rectas como las son en la arquitectura gótica sino que ondulan. Algunos dicen que el diseño imita la naturaleza, o sea que es naturalista, en que las formas son muy orgánicas, por lo tanto es muy organico.

Antonio Gaudí trabajó en la Sagrada Familia, y hasta vivió en el sótano de ella, de 1882 hasta 1926 cuando fue atropellado trágicamente por un tranvía. Ahora hay mucha controversia en cuanto a las tentativas de terminar la construcción comenzada por Gaudí. Los arquitectos modernos tienen que interpretar las intenciones originales de Gaudí usando en algunos casos materiales de construcción que él mismo no hubiera usado y para algunos se puede ver fácilmente donde Gaudí terminó y sus seguidores comenzaron. De todos modos, la Sagrada Familia sigue como símbolo de Barcelona y testamento a la creatividad de Antonio Gaudí.

TRACK 4

Fuente Nº 2
El Museo Guggenheim de Bilbao

Fuente: Ésta se informó de la página Web «Guggenheim Bilbao Museum», http://www.bm30.es/proyectos/guggy_uk.html y http://www.guggenheim-bilbao.es/ingles/edificio/contenido.htm

Listening Scripts, Answers, and Explanations

Section I, Part A
Listening Comprehension

Within the scripts for the listening passages, the answers are in **boldface** and follow the question number in parentheses.

TRACK 1 — *Script for Short Dialogue*

Dependiente: Buenos días, señora, ¿En qué puedo servirle?

Clienta: Pues, mi marido me regaló esta blusa para nuestro aniversario y no me sienta bien. (#2) **Normalmente llevo colores más claros.**

Dependiente: Pues, si usted tiene el recibo, puedo devolverle el dinero; si no, usted puede seleccionar algo diferente por el mismo precio.

Clienta: Bueno, como fue regalo, claro que no tengo el recibo.

Dependiente: ¿Por qué no busca usted algo diferente que le guste más?

Clienta: Ya he buscado pero (#3) **no hay nada que anhele en este momento.** ¿No tiene remedio?

Dependiente: (#4) **Sin el recibo, no puedo devolverle el dinero.** Pero hay otra opción. (#5) **Puedo darle un crédito por el precio total de la blusa** que usted podrá usar cuandoquiera durante el próximo año.

Clienta: Perfecto. Vengo cada mes a esta tienda y seguramente podré encontrar algo más tarde.

Dependiente: Muy bien, señora. Espere usted un momento, por favor. Voy por el libro de recibos.

Clienta: Gracias, señor. Usted ha sido muy amable.

Dependiente: Para servirle, señora.

Questions and Answers

1. ¿Dónde tiene lugar esta conversación?
   (B) en un almacén

2. ¿Cuál es el problema con el regalo?
   (C) A la señora no le va muy bien el color.

3. El problema para la señora ahora es...
   (D) que no hay nada que le interese ahora en la tienda.

4. ¿Por qué no puede devolverle el dinero el dependiente a la señora?
   (A) Porque ella no tiene el recibo.

5. El problema se soluciona cuando...
   (B) el dependiente le ofreció un crédito para usar más tarde.

Script for Short Narrative

≪Feliz día de tu santo≫ se oía no hace mucho tiempo en los países hispanos, donde (#1) **era la costumbre de celebrar el día del santo en vez de celebrar el día en que la persona nació.** El día del santo tiene que ver con el nombre que la persona recibió cuando fue bautizado de bebé en la iglesia Católica. (#2) **Los católicos tienen la costumbre de ponerles nombres de santos a sus hijos;** entonces, en vez de celebrar el día del nacimiento del bebé, se celebraba el día de fiesta del santo por quien el bebé había recibido su nombre. (#3) **Como la iglesia Católica era muy fuerte en muchos países hispanos, era una tradición muy** normal. **También en países donde ha habido una influencia fuerte de la iglesia Católica, como en el sur de Alemania,** se celebra lo que llaman ≪el día del nombre≫. Ahora es muy común celebrar el cumpleaños de la persona el día en que nació, pero todavía hay algunas personas que siguen con la costumbre de celebrar el cumpleaños el día del santo. En tiendas donde se venden tarjetas, todavía se puede ver al lado de las tarjetas de cumpleaños, tarjetas para el santo. (#4) **Hasta en algunas familias se celebran las dos ocasiones;** ¡qué suerte tener dos días para celebrar el nacimiento de una persona!

Questions and Answers

1. Cuando se habla del día de tu santo, se habla...
   (B) del día que se celebra en vez del cumpleaños de la persona.

2. Los católicos tienen la costumbre de...
   (C) ponerle al bebé el nombre de un santo.

3. Ésta es una costumbre que se encuentra...
   (A) en países que han tenido una gran influencia de la iglesia Católica.

4. Ahora se puede decir que...
   (D) esta costumbre sigue en algunas partes junto a la celebración del cumpleaños.

Script for Longer Dialogue

Chico: Es increíble que nos graduemos en sólo una semana. (#1) **¿Qué harás el año que viene?**

Chica: Pienso asistir a la UNAM.

Chico: ¿La UNAM?

Chica: (#2) Sí, **la Universidad Nacional Autónoma de México en la Ciudad de México.**

Chico: ¡Fantástico! Yo voy a los Estados Unidos (#3) **para estudiar** en la Universidad de California en Los Ángeles.

Chica: ¿Por qué vas tan lejos?

Chico: Tengo familia allí y puedo quedarme con ellos. ¿Y qué estudiarás?

Chica: (#4) **Informática; me fascinan las computadoras.** ¿Y tú?

Chico: Yo pienso estudiar matemáticas; (#5) **quiero hacerme profesor algún día.**

Chica: ¿De veras? Creo que serás un buen profesor; siempre te ha gustado trabajar con los niños y necesitamos profesores hoy cada vez más.

Chico: Sí, me parece que habrá trabajos cuando me gradúe.

Chica: Yo también pienso que hay muchas oportunidades en el trabajo con computadoras.

Chico: Es verdad que el mundo depende de las computadoras hoy. Estoy seguro que habrá muchas oportunidades muy interesantes.

Chica: (#6) **La verdad es que siempre hay trabajo para los que tienen talento y determinación, y nosotros sí lo tenemos.**

Chico: ¡Por eso tendremos éxito!

Chica: ¿Qué hora será?

Chico: Déjame ver... Son las dos y media.

Chica: ¡No me digas! (#7) **Debía de haber estado en casa de mi abuela hace media hora.** Chao, Juan, tengo que ir.

Chico: Hasta mañana, Lucía.

Questions and Answers

1. ¿De qué hablan las dos personas?
    (C) de sus planes para el futuro

2. ¿Qué es la UNAM?
    (A) Es una universidad.

3. ¿Para qué ha decidido el chico ir a los Estados Unidos?
    (B) para estudiar

4. ¿Qué es la informática?
    (D) Es el estudio de las computadoras y el manejo de información electrónica.

5. ¿Por qué estudia el chico la materia que estudia?
    (B) Quiere trabajar de profesor.

6. ¿Por qué dice la chica que habrá oportunidades para ellos?
    (C) Siempre hay trabajo para los que tienen determinación y talento.

7. ¿Por qué tiene prisa la chica?
    (A) Tiene que visitar a un pariente suyo.

Script for Longer Narrative

Gracias a la literatura española, todo el mundo occidental goza de algunos de los grandes personajes literarios. Al mencionar nombres tales como Don Juan, Don Quijote y El Cid, casi todo el mundo reconoce los arquetipos literarios que estos personajes representan.

(#1) ***Don Juan* fue originalmente una historia de las crónicas de Sevilla.** Tirso de Molina captó esta historia en su obra *El burlador de Sevilla* sobre un hombre que hizo una apuesta con un amigo para ver cuál de los dos podría burlarse de más muchachas en el espacio de un año. Esta historia ha pasado al mundo de la ópera en *Don Giovanni*, y ha sido interpretada por Molière, Pushkin, Mérimée, Dumas, Mozart y Strauss. Además, se han hecho muchas películas sobre el personaje de Don Juan. Tan conocido es que su nombre aun se ha convertido en un adjetivo, (#2) «donjuanesco», **para describir a una persona que maltrata a las mujeres con el pretexto de amarlas sin tener otra intención más honorable, y un sustantivo, «el donjuanismo»,** para describir este fenómeno.

Otro arquetipo literario de la literatura española es el Ingenioso (#3) **Don Quijote de la Mancha, el gran soñador, idealista y romántico.** Este personaje, creado por Miguel de Cervantes Saavedra, ha captado la imaginación de lectores por más de cuatro siglos

con sus luchas contra molinos de viento y su campaña para mejorar el mundo. En los años sesenta, Hollywood lo llevó a la pantalla con Sofia Loren en el papel de su amada Dulcinea y (#5) **Peter O'Toole en el papel de Don Quijote.** Hay una adaptación para Broadway que todavía se representa en teatros por todo el mundo. También el nombre de este personaje ha pasado a ser parte del vocabulario de algunos idiomas como el adjetivo «quijotesco», en inglés *quixotic,* para describir algo raro o demasiado idealista.

(#4) **El Cid, personaje real y fantástico,** de la Edad Media, es otro personaje bien reconocido de la tradición literaria española. Este hombre, que existió en realidad, representa la fidelidad, lealtad y honra de un caballero, traicionado y calumniado por personas envidiosas, que luchó para restaurar su honra y la de su familia. Este poema épico fue contado por Hollywood también en los sesenta con Charlton Heston en el papel de El Cid.

España siempre ha tenido una gran tradición literaria desde los tiempos de los romanos, y sigue manteniendo esta tradición hasta nuestros días. Entonces se puede decir que (#6) **su producción literaria es una de las más fecundas del mundo literario y ha contribuido a la cultura mundial.**

Questions and Answers

1. La historia de Don Juan originalmente fue una historia de...
(C) las crónicas de Sevilla.

2. El ≪donjuanismo≫ es...
(A) cuando un hombre maltrata a varias mujeres siempre diciéndoles que las quiere por motivos no muy nobles.

3. Es el símbolo de soñadores, idealistas y románticos.
(B) Don Quijote

4. El personaje literario que existió en realidad fue...
(C) El Cid.

5. El actor de cine que llevó al personaje de Don Quijote a la pantalla fue...
(D) Peter O'Toole.

6. De lo que escuchaste en esta conferencia, se puede decir...
(A) que los autores españoles han contribuido a la literatura mundial.

If you had a great deal of difficulty doing this activity, you should spend extra time on the exercises in Chapter 5.

Script of Presentational Writing
Fuente Nº 3

Entrevistadora: Buenas tardes radioyentes. Les hablo María Ruiz desde la capital española. La pregunta de hoy es sobre la llamada fiesta nacional, la corrida de toros. Perdone Sr., ¿le puedo hacer una pregunta?

Hombre 1: Sí señora, ¿qué le gustaría saber?

Entrevistadora: ¿Es que usted ha asistido a una corrida de toros recientemente?

Hombre 1: A ver...no muy recientemente. Hace como veinte años.

Entrevistadora: ¿Y qué opina de la corrida en general?

Hombre 1: Pues, yo sé que es una tradición cultural de España, pero a mí no me gusta tanto.

Entrevistadora: ¿Por qué?

Hombre 1: Para mí es muy violento. La última vez que fui fue con un amigo mío norteamericano que quería verla. Yo hubiera preferido asistir al partido de Real Madrid en contra de Barcelona.

Entrevistadora: Ha habido mucha discusión en las últimas décadas sobre eliminar la corrida por ser cruel, ¿qué opina usted?

Hombre 1: Para mí, creo que puede ser el momento de hacerlo. De verdad se ha convertido en un espectáculo en su mayor parte para turistas. Ha perdido su importancia cultural para el español moderno.

Entrevistadora: Muchas gracias señor.

Entrevistadora: Perdone, ¿le importa si le hago unas preguntas? ¿Qué opina de la corrida de toros?

Hombre 2: Pues, hombre, a mí me gusta. Siempre y cuando pueda, yo vengo a la ciudad para asistir a una. Como vivo en el campo no puedo asistir con frecuencia pero sí me gusta venir cuando tenga el tiempo y el dinero para la entrada.

Entrevistadora: ¿Y por qué le gusta tanto?

Hombre 2: Bueno…es que de verdad es un deporte y un arte. El hombre en contra del animal luchando hasta la muerte. Cada persona, picador, banderillero y matador necesita grandes destrezas y mucha precisión.

Entrevistadora: Entonces, ¿qué piensa del voto que se realizó en Barcelona?

Hombre 2: ¡Es una estupidez! ¿Cómo es que ellos pueden votar en contra de sus raíces culturales? No tiene sentido. Ni tiene sentido que otros países quieren obligarnos a dejar la corrida. Ningún otro país tiene el derecho de imponer sus creencias en otro.

Entrevistadora: Muchas gracias por compartir sus opiniones con nosotros hoy. Éste ha sido "La Pregunta del Día" de Radio Nacional. Yo soy Juan Ruiz.

TRACK 3

Script for Interpersonal Speaking (Simulated Conversation)

Narrador: Ahora tienes treinta segundos para leer el bosquejo de la conversación. (30 seconds)

Narrador: Imagina que recibes un mensaje telefónico de tu amiga, Juana, quien te pide que la llames por teléfono.

Mensaje de
Juana: Hola, soy Juana. ¿Puedes llamarme cuanto antes? Quiero hablarte sobre la fiesta el sábado.

Narrador: Ahora tienes un minuto para leer de nuevo el bosquejo de la conversación.

               (1 minute)

               Ahora empezará la llamada.

Juana: [*Telephone rings twice and is answered.*] ¿Aló?

TONE: (20 seconds) TONE

Juana: ¡Gracias por llamarme! Quería hablarte sobre la fiesta en casa de María el sábado. ¿Qué piensas llevar?

TONE: (20 seconds) TONE

Juana: Sí, me parece muy bien. Yo pienso llevar un vestido verde claro que compré ayer. ¿Crees que sea demasiado formal?

TONE: (20 seconds) TONE

Juana: Bueno, gracias. Mira, ¿cómo irás a la fiesta y con quién?

TONE: (20 seconds) TONE

Juana: Muchas gracias, pero vengo con Juan Pablo. ¿Qué te parece?

TONE: (20 seconds) TONE

Juana: Bueno, te veo en la fiesta el sábado. Creo que será muy divertido.

TONE: (20 seconds) TONE

Script of Presentational Speaking/Integrated Skills

El 19 de octubre 1997 se abrió el Museo Guggenheim Bilbao. Este museo, inaugurado por el gobierno vasco, la Fundación Guggenheim y el rey español Juan Carlos I, en poco tiempo se ha convertido en el símbolo de esta ciudad vasca. El museo, diseñado por el arquitecto norteamericano Frank O. Gehry, alberga arte moderno del siglo XX de América y Europa. Fue creado con la intención de ser un centro internacional para el arte moderno y contemporáneo.

Algunos han dicho que el edificio, hecho de vidrio y titanio, parece como si fuera una flor metálica. En realidad, el museo es una serie de edificios que se conectan, cada uno con su enfoque particular. Las paredes de titanio tienen una textura parecida a las escamas de un pez.

Este proyecto fue concebido entre 1991 y 1992 como parte de un programa de revitalización para la ciudad de Bilbao. Se clasifica el edificio como modernismo expresionista. Es decir que es un edificio de estilo moderno pero expresionista en que se propone «la intensidad de la expresión sincera aun a costa del equilibrio formal» (Diccionario de la Real Academia Española). Mientras que tiene el propósito de ser un museo de arte moderno, es en su escénica una obra de arte sí misma.

Había mucha discusión alrededor de su diseño y construcción como el comité escogió a un arquitecto ni español ni vasco para realizar el proyecto. Pero, a pesar de eso, la ciudad de Bilbao y sus ciudadanos son muy orgullosos de su museo que ahora simboliza la revitalización de su ciudad, una ciudad siglo veintiuno.

Section I, Part B
Reading Comprehension
Answers and Explanations

«El mensajero de San Martín» *Galería Hispánica*, McGraw-Hill © 1979, 1971, 1965. Used with permission.

El general don José de San Martín leía unas cartas en su despacho. Terminada la lectura, se volvió para llamar a un muchacho de unos dieciséis años que esperaba de pie junto a la puerta.

—Voy a encargarte una misión difícil y honrosa. (#1)**Te conozco bien; tu padre y tres hermanos tuyos están en mi ejército** y sé que deseas servir a la patria. ¿Estás resuelto a servirme?

—Sí, mi general, sí —contestó el muchacho.

—(#2) **Debes saber que en caso de ser descubierto te fusilarán** —continuó el general.

—Ya lo sé, mi general.

—Entonces, (#3) **¿estás resuelto?**

—**Sí, mi general, sí**.

—Muy bien. (#9) **Quiero enviarte a Chile con una carta** que no debe caer en manos del enemigo. ¿Has entendido, Miguel?

—Perfectamente, mi general —respondió el muchacho. Dos días después, Miguel pasaba la cordillera de los Andes en compañía de unos arrieros.

Llegó a Santiago de Chile; halló al abogado Rodríguez, le entregó la carta y recibió la respuesta, que guardó en su cinturón secreto.

—Mucho cuidado con esta carta —le dijo también el patriota chileno. —Eres realmente muy joven; pero debes ser inteligente y buen patriota.

(#4) **Miguel volvió a ponerse en camino lleno de orgullo. Había hecho el viaje sin dificultades**, pero tuvo que pasar por un pueblo cerca del cual se hallaba una fuerza realista al mando del coronel Ordóñez.

Alrededor se extendía el hermoso paisaje chileno. Miguel se sintió impresionado por aquel cuadro mágico; mas algo inesperado vino a distraer su atención.

Dos soldados, (#5) **a quienes pareció sospechoso ese muchacho que viajaba solo y en dirección a las sierras**, se dirigieron hacia él a galope. En la sorpresa del primer momento, (#6) **Miguel cometió la imprudencia de huir.**

—¡Hola! —gritó uno de los soldados sujetándole el caballo por las riendas. —¿Quién eres y adónde vas?

(#7) **Miguel contestó humildemente que era chileno, que se llamaba Juan Gómez y que iba a la hacienda de sus padres.**

(#8) **Lo llevaron sin embargo a una tienda de campaña donde se hallaba, en compañía de varios oficiales, el coronel Ordóñez.**

1. ¿Cómo es que el general lo conoce bien a Miguel?
   (A) Ya conoce a miembros de su familia.

2. ¿Qué le pasará al chico si es descubierto?
   (D) Lo matarán.

3. ¿Cómo estaba Miguel ante su misión?
   (C) dispuesto

4. ¿Por qué estaba orgulloso el joven?
   (A) Porque no tuvo problemas.

5. ¿Por qué sospechaban los soldados de Miguel?
   (B) Porque viajaba en dirección de las montañas.

6. ¿Qué error hizo Miguel entonces?
   (A) Se echó a correr.

7. Cuando los soldados lo interrogaron, Miguel…
   (B) les mintió.

8. Los soldados entonces…
   (C) lo llevaron a su jefe.

9. ¿Por qué se llama el cuento ≪El mensajero de San Martín≫?
   (A) Porque Miguel era un correo de San Martín.

«Un encuentro con Moctezuma» por Hernán Cortés, *El Tesoro Hispánico*, páginas 56–57, © 1968 by McGraw-Hill. Used with permission.

Yo me partí luego tras ellos, muy acompañado de muchas personas que parecían de mucha importancia, como después pareció serlo; y todavía seguía el camino por la costa de alguna gran laguna. A una legua de la habitación de donde partí, (#1) **vi dentro de ella, no muy lejos, una ciudad pequeña que podría ser hasta de mil o dos mil vecinos, toda armada sobre el agua**, sin haber para ella ninguna entrada, y muy torreada, según lo que de fuera parecía. Otra legua adelante entramos por una carretera tan ancha como una lanza jineta, por la laguna adentro, de dos tercios de legua, y por ella fuimos a dar a una ciudad, la más hermosa aunque pequeña que hasta entonces habíamos visto, así de (#2) **muy bien obradas casas y torres como de la buena orden que en el fundamento de ella había**, por ser armada toda sobre agua.

En esta ciudad, que pequeña hasta de dos mil vecinos, nos recibieron muy bien y nos dieron muy bien de comer. Allí (#3) **me vinieron a hablar el señor y las personas principales de ella, (#4) y me rogaron que me quedase allí a dormir.** Aquellas personas que conmigo iban de Moctezuma me dijeron que no parase, sino que me fuese a otra ciudad que está a tres leguas de allí, que se dice (#6) **Iztapalapa**, que (#5) **es de un hermano de Moctezuma**; y así lo hice. La salida de esta ciudad donde comimos, cuyo nombre al presente no me ocurre a la memoria, es por otra calzada que tira una legua grande hasta llegar a la tierra firme.

Llegado a esta ciudad de Iztapalapa, me salió a recibir algo fuera de ella el señor, y otro de una gran ciudad que está cerca de ella, que será obra de tres leguas, que se llama Coyoacán, y otros muchos señores que allí me estaban esperando; me dieron hasta tres o cuatro mil castellanos y algunas esclavas y ropa, y (#7) **me hicieron muy bien recibimiento**.

1. La ciudad que se veía se encontraba…
   (B) en la laguna.

2. Los edificios en la ciudad eran…
   (C) sólidos.

3. ¿Quién vino para hablar con Cortés?
   (D) el líder de la ciudad y otras personas importantes de ella

4. ¿Qué es lo que querían?
   (A) Que permaneciera en la ciudad.

5. Decidieron salir de la ciudad para otra para…
   (C) ver al hermano de Moctezuma.

6. La ciudad donde se encontraba el hermano de Moctezuma se llamaba…
   (B) Iztapalapa.

7. Se puede decir que Cortés y sus hombres fueron…
   (B) muy bien acogidos.

«Consulta a un representante» por Lina Traslaviña, University of Nebraska at Omaha, *The Next Step Magazine*, latino edition 2007, page 17, 86 W. Main Street, Victor, New York, 14564 http://www.nextStepmag.com. Used with permission.

P: Siempre oí decir que la educación superior (#1) **es costosa**. Mi familia no tiene mucho dinero. ¿Puedo considerar la posibilidad de conseguir la educación superior en el futuro?

R: ¡Claro que sí! La educación superior puede ser parte de tu futuro. (#2) **Pensar que es extremadamente costosa, es sólo un mito.**

Los costos varían según la institución; por lo cual, es importante que investigues y hagas comparaciones. (#3) **Considera el precio por hora de crédito, luego multiplícalo por la cantidad de créditos que vas a tomar. Agrega cargos y libros a la fórmula, y éste será el "precio" que pagarás por tu educación superior.**

(#4) **Muchos de los folletos contienen esta información; por lo tanto, dedica tiempo a leer el material.** También es importante tener en cuenta otros gastos, como por ejemplo el seguro del auto, el alquiler, la comida, etcétera, que varían según la situación de cada persona.

En tal caso, existe la posibilidad de obtener ayuda financiera del gobierno (para los que reúnan los requisitos exigidos) y de organizaciones comunitarias. Debes involucrarte activamente para obtener dicha asistencia. Consulta a todos los que conozcas acerca de obtener becas. Nunca se sabe, aquella tía con quien nunca hablas puede tener información acerca del tema.

Si te encuentras con compañeros de la secundaria, pregúntales acerca de las becas que obtuvieron. Pídele a tu familia que consulte en el trabajo. Otra fuente de información puede ser el consejero escolar de la secundaria, así también las mismas instituciones educativas en las que estás averiguando.

(#5) **Algunas becas se otorgan a base de calificaciones, servicio comunitario o necesidad económica. Recuerda que todos los que te rodean necesitan dinero para pagar el costo de su educación superior; por lo tanto, concéntrate en fortalecer los dos primeros aspectos.** Nunca es tarde para comenzar, o para mejorar tus calificaciones subiendo de C a B. No debes desalentarte, pero no esperes hasta el último momento.

(#6) **Invertir en una educación superior es la mejor decisión que puedes tomar. ¡A diferencia de otras inversiones, ésta no disminuirá su valor con el tiempo!** El esfuerzo de tu familia será recompensado exponencialmente. ¡Sigue adelante, comienza a llenar esos formularios de inscripción!

1. La chica que le pide consejo a Lina piensa que…
   (C) cuesta mucho dinero.

2. Lina piensa que la educación superior…
   (B) no tiene que ser costosa.

3. Para determinar el costo, Lina dice que es necesario…
   (C) considerar el precio por hora de crédito más otros gastos.

4. Lina recomienda que la chica…
   (A) consiga panfletos de las universidades para consultarlos.

5. Como muchas becas se dan a base de las notas conseguidas en el colegio y el servicio a la comunidad más la necesidad económica del estudiante, Lina aconseja que la chica…
   (C) mejore sus notas y participe en el servicio a la comunidad.

6. A fin de cuentas, una educación universitaria…
   (B) vale la pena.

«El Gato de Sèvres» por Marco A. Almazán. *Galería Hispánica*, **Copyright © McGraw-Hill, 1979. Used with permission.**

El coleccionista llegó hasta la esquina y después volvió sobre sus pasos, (#1) **aparentando fastidio e indiferencia. Como quien no quiere la cosa**, se detuvo frente al escaparate de la tienda y paseó la mirada desdeñosa por el amontonamiento de cachivaches que se exhibían: violines viejos, mesas y sillas cojas, figurillas de porcelana, óleos desteñidos, pedazos de cacharros supuestamente mayas o incaicos y, (#2) **en fin, las mil y una menudencias que suelen acumularse en tiendas de esta especie.** Con el rabillo del ojo, (#3) **el coleccionista atisbó una vez más el plato en que bebía leche el gato. No cabía duda: Sèvres legítimo. Posiblemente del segundo tercio del siglo XVIII.** (#4) **Estos animales —pensó el experto, refiriéndose a los dueños**… —no saben lo que tienen entre manos…

1. Cuando el coleccionista volvió para ver el escaparate de la tienda, ¿por qué aparentó «fastidio e indiferencia»?
   (B) Porque no quería mostrar su interés en algo en la ventana.

2. Según el párrafo, parece que en el escaparate se mostraban…
   (A) cosas de poco valor.

3. Lo que le interesaba al coleccionista era…
   (C) algo que podía ser valioso.

4. Cuando el coleccionista dice «estos animales», él muestra su desden por…
   (A) los propietarios de la tienda.

Grupo literario ConXion lee «El cuento de la isla desconocida» por Diana Chapoy-Callahan, coordinadora, p. 42, septiembre, 2006 ConXion, la edición mensual en español del *Democrat and Chronicle*, **Rochester, New York. Used with permission.**

El escritor portugués José Saramago, (#1) **ha influenciado la literatura hispana y a sus escritores de distintas maneras.** (#2) **Sus combinaciones únicas de historia, cuentos, leyendas y surrealismo** le han otorgado un especial reconocimiento a lo largo del mundo.

   (#3) **Saramago ha sido parte del Partido Comunista Portugués desde 1969** y (#4) **sus diferentes ideas y posturas han causado controversia en Portugal y muchos otros países.**

   El grupo literario ConXion leerá uno de los cuentos de Saramago, titulado *El cuento de la isla desconocida*, una fábula simple y directa, con un mensaje significativo para el lector. Es una obra perfecta para comenzar a adentrarse en el estilo e ideología del escritor. Otros libros importantes escritos por Saramago son *El año de la muerte de Ricardo Reis* (1984), *Ensayo sobre la ceguera* (1995) y *Todos los nombres* (1997), entre otros.

Saramago también ha escrito libros de poesía, ensayos y obras de teatro, y (#5) **recibió el Premio Nóbel de Literatura en 1998.**

(#6) **El grupo literario ConXion se reunirá para conversar acerca de *El cuento de una isla desconocida* el jueves 21 de septiembre a las 7:30 p.m.**

1. La obra de José Saramago ha tenido una influencia en…
   (C) autores españoles y latinoamericanos.

2. Su especialidad literaria es…
   (A) mezclar varios tipos de literatura.

3. Políticamente, se puede decir que Saramago es…
   (C) izquierdista. (la izquierda = socialistas, comunistas, maoístas)

4. Podemos decir que sus ideas políticas…
   (A) le han causado problemas.

5. Sabemos que Saramago es un autor de categoría porque…
   (C) ha ganado un premio de renombre.

6. Este artículo anuncia…
   (D) una reunión para un club literario.

«**Argentino Gustavo Santaolalla gana Óscar**» **por Diana Chapoy-Callahan, coordinadora, p. 44, abril, 2006 ConXion, la edición mensual en español del *Democrat and Chronicle*, Rochester, New York. Used with permission.**

La comunidad hispana fue bien representada en la pasada entrega de los premios Óscar con varios nominados y un ganador en la categoría a la mejor canción escrita para una película, (#1) **el argentino Gustavo Santaolalla, quien compuso el tema de la película *Brokeback Moutain*.**

Este premio es un reconocimiento importante a su arduo trabajo y experiencia, la cual va más allá de fronteras y culturas.

"A Love that Will Never Grow Old" le dio un Golden Globe por la canción más original y hace unas semanas se llevó el Óscar presentado por Salma Hayek; no pudo haber dejado el podium de una mejor manera, (#3) **dedicando su reconocimiento a todos los latinos, "Para todos los latinos, muchas gracias,"** comentó emocionado el compositor.

Es bueno reconocer el talento de tantos hispanos que día tras día colaboran en la creación (#4) **del séptimo arte.** (#2) **Esperamos que la lista aumente en la entrega de premios Óscar el año entrante.**

1. La profesión de Gustavo Santaolalla es…
   (B) compositor.

2. En la entrega de los premios Óscar y Golden Globes se ve…
   (D) la creciente representación de la comunidad hispana.

3. Gustavo le dedicó su Óscar a…
   (B) los hispanos.

4. Cuando la autora dice «el séptimo arte» se refiere…
   (B) al cine.

Scoring and Interpreting Your Results

Once you have taken the Diagnostic Test, look to see what sections were more difficult for you.

- If you found a certain section to be more difficult, do extra practice on those types of questions:

Section I
- Part A: Chapter 5 (Listening Comprehension)
- Part B: Chapter 6 (Reading Comprehension)

Section II
- Part A: Chapter 7 (Interpersonal Writing)
- Part A: Chapter 8 (Presentational Writing/Integrated Skills)
- Part B: Chapter 9 (Interpersonal Speaking—Simulated Conversation)
- Part B: Chapter 10 (Presentational Speaking/Integrated Skills)

Here is a way you can see how you might have done if this had been the actual examination. This is *not* scientific and the results *do not* guarantee that you will do similarly on the actual examination.

Section I

Part A: Listening _____ (number correct) × .20 = _____
$\qquad$ 22*

(*Take the number correct out of 22 and subtract .33 × the number of wrong answers, then divide by 22, and finally multiply by .20. An extra 33 percent is taken off to account for random guessing; therefore, unless you have some idea as to the correct answer, it is better to leave it blank than to guess!)

Part A: Reading _____ (number correct) × .30 = _____
$\qquad$ 36*

(*Take the number correct out of 36 and subtract .33 × the number of wrong answers, then divide by 36, and finally multiply by .30. An extra 33 percent is taken off to account for random guessing; therefore, unless you have some idea as to the correct answer, it is better to leave it blank than to guess!)

Section II

Part A: Writing _____ (rubric score) × .10 = _____
$\qquad$ 5

Part A: Writing _____ (rubric score) × .20 = _____
$\qquad$ 5

Part B: Speaking _____ (rubric score) × .10 = _____
$\qquad$ 5

Part B: Speaking _____ (rubric score) × .10 = _____
$\qquad$ 5

Total score for Sections I and II = _____

Total score for Sections I and II × 180 = _____

Score		Rubric Score		Letter Grade
135–180	=	5	=	A
115–134	=	4	=	B
85–114	=	3	=	C
63–84	=	2	=	D
0–62	=	1	=	no recommendation

STEP **3**

Develop Strategies
for Success

CHAPTER **4** Tips for Taking the Exam

CHAPTER 4

Tips for Taking the Exam

IN THIS CHAPTER

Summary: Use these question-answering strategies to raise your AP score.

Key Ideas

Multiple-Choice Questions

✪ Read the question and the answer choices carefully.

✪ Guess if you can eliminate one or more answer choices, but do not just guess haphazardly. There is an extra deduction of 33 percent of a point for each wrong answer on multiple-choice questions.

✪ Don't spend too much time on any one question.

Free-Response Questions

✪ Write clearly and legibly.

✪ Only capitalize the first letter of a word that starts a sentence. DO NOT write or print in all capital letters.

✪ For the interpersonal and presentational writings, sketching out a quick outline may help to organize your ideas and keep your response on track.

✪ In the interpersonal and presentational writings, be sure to accomplish *all* parts of the task.

✪ In the presentational writing, be sure to *use and cite all three sources*. Do not just quote but synthesize the information.

✪ In the interpersonal speaking, be sure to answer as fully as possible, even if you run out of time. If you need to give an opinion, explain why you think that way.

✪ In the presentational speaking, be sure to *use and cite both sources*. Do not just quote but compare and contrast.

Section I: Multiple-Choice Questions

Because you are accustomed to the educational testing machine, you have surely participated in more standardized tests than you care to count. You probably know some students who always seem to ace the multiple-choice questions and some students who would rather set themselves on fire than sit for another round of "bubble trouble". I hope that, with a little background and a few tips, you might improve your scores in this important component of the AP Spanish Language exam.

First, the background. Every multiple-choice question has three important parts:

1. The **stem** is the basis for the actual question. Sometimes this comes in the form of a fill-in-the-blank statement, rather than a question.

   Example: El mejor título para esta lectura sería…

2. The **correct answer option**. Obviously, this is the one selection that best completes the statement, or responds to the question in the stem. Because you have purchased this book, you will select this option many, many times.

   Example: ¿Cuál sería el motivo para su decisión de abandonar su país?

3. **Distractor options**. Just as it sounds, these are the incorrect answers intended to distract the person who decided not to purchase this book. These may actually use words from the text to try to trick you.

Students who do well on multiple-choice exams are so well prepared that they can easily find the correct answer, but other students do well because they are savvy enough to identify and avoid the distractors. Much research has been done on how to best study for multiple-choice questions. You can find some of this research by using your favorite Internet search engine, but here are a few tips that many Spanish students find useful.

1. *Be careful.* You must carefully read the question. This sounds pretty obvious, but you would be surprised how tricky those test developers can be. For example, rushing past and failing to see the use of a synonym for a key word used in the passage or an expression that is replaced with a description of the concept (*el sol se ponía y el cielo adquirió un color azul oscuro = el atardecer*).

   Example: In the passage "el amanecer" is used, but in the answer choices the synonym "la madrugada" is used:

   ¿Cuándo transcurrió la acción?

   (A) al atardecer
   (B) al anochecer
   (C) en la madrugada
   (D) al mediodía

   A student who is going too fast, and ignores synonyms and descriptive passages, might choose the wrong answer.

2. *Easy is as easy does.* It's exam day and you're all geared up to set this very difficult test on its ear. Question number one looks like a no-brainer. Of course! The answer is choice c. But rather than smiling at the satisfaction that you knew the answer, you doubt yourself. Could it be that easy? Sometimes they are just that easy.

3. *Sometimes a blind squirrel finds an acorn.* Should you guess? If you have absolutely no clue which choice is correct, guessing is a poor strategy. With four choices, your chance

of getting the question wrong is 75 percent, and every wrong answer costs you an extra third of a point. In this case, leave it blank with no extra penalty. Guessing becomes a much better gamble if you can eliminate even one obviously incorrect response. If you can narrow the choices down to two possibilities by eliminating obvious wrong answers, you might just find that acorn.

4. *Come back Lassie, come back!* There are 70 questions. If you are struggling with a particular question, circle it in your exam book and move on. You can then go back and quickly slay the beast. But if you spend a ridiculous amount of time on one question, you will feel your confidence and your time slipping away. This leads me to my last tip.

5. *Timing is everything.* You have slightly over one minute for each of the multiple-choice questions. Keep an eye on your watch as you pass the halfway point. If you are running out of time and you have a few questions left, skim them for the easy (and quick) ones so that the rest of your scarce time can be devoted to those that need a little extra reading or thought.

Other things to keep in mind:

- Take the extra half of a second required to clearly fill in the bubbles.
- Don't smudge anything with sloppy erasures. If your eraser is smudgy, ask the proctor for another.
- Absolutely, positively, check that you are bubbling the same line on the answer sheet as the question you are answering. I suggest that every time you turn the page, you double check that you are still lined up correctly.

Section II: Free-Response Questions (FRQs)

Your score on the FRQs amounts to half of your grade on the exam. While you can guess on a multiple-choice question and have a 25 percent chance of getting the correct answer, there is no room for guessing in this section. There are, however, some tips that you can use to enhance your FRQ scores.

1. *Easy to Read = Easy to Grade:* On the interpersonal and presentational writings, organize your responses around the separate parts of the question. Try to use an organizer to structure the information. Be sure to use and *cite* all sources. For the interpersonal writing be sure to address all parts of the prompt and to format the response correctly (i.e., note, diary entry, e-mail).

Other things to keep in mind:

- The free response interpersonal writing gives you only 10 minutes to read the prompt and write the 60-word response. Be sure to address all parts of the prompt. Be sure you know whether it is a letter, note, diary entry, or e-mail so that you format it correctly. Also, watch to whom it is being addressed to determine whether or not you should use the informal (*tú / ustedes / vosotros*) or the formal (*usted / ustedes*).
- The free response presentational writing begins with a 10-minute reading / listening period. Use this time to jot down some quick notes to yourself so that when you actually begin to respond, you will have a good start. Be sure to cite all sources in your response.
- The free response presentational speaking begins with a 5-minute reading followed by a short listening. You are then given 2 minutes to prepare your 2-minute talk. Use this time to jot down some quick notes to yourself so that when you actually begin to respond, you will have a good start. Be sure to cite all sources in your response.

STEP 4

Review the Knowledge You Need to Score High

CHAPTER 5

Exam Section I, Part A Listening Comprehension

IN THIS CHAPTER

Summary: In this part of the examination, you will listen to a series of short dialogues and short narratives, and finally two longer pieces that last approximately five minutes each. This portion of the examination is 20 percent of the total. The total amount of time given is 30–35 minutes. You will find the listening prompts on the accompanying recording. For the exercises not found on the audio, a friend, teacher, or parent will need to read these to you. The scripts are provided on pages 69–85 for further study and review.

- For the dialogues and the short narratives, you will have only three to four sets of multiple-choice answers per listening activity in front of you. You will hear the dialogues and narratives, as well as the questions that follow them.
- If you are already familiar with the instructions, while they are being read, quickly look at the four choices of answers for the three or four questions that will follow. Very often you can get an idea of what the theme of the passage will be by the type of information contained in the possible answers given.
  - Look at the first set of answers for Dialogue 1. What do you think the dialogue will be about?
  - Once you have responded to that set of questions, glance ahead at the second set of answers to focus yourself.
- As with any multiple-choice test, if you do not know the answer immediately, try to eliminate one or two of the possible responses. If you can eliminate a couple of the responses, it may be to your advantage to make an educated guess.
- If you don't have a clue as to what the answer might be and are unable to eliminate any of the possible choices, *do not guess*. Haphazard guessing is not likely to increase

your score and may actually lower it, since an additional 33 percent of a point is taken off for each wrong answer. This is done to take into account possible random guessing.

- Each dialogue, narrative, longer narrative, or interview is said only *once*. So listen carefully.
- You may wish to first write your answers on scrap paper. That way, after you have done several, you can go back and re-do ones you have already tried (time permitting). Practice makes perfect!
- After you have practiced listening to a dialogue, narrative, or longer narrative passage, you might want to read the script and note any words that you do not know, make yourself a list and/or flash cards, and review those from time to time.

The listening prompts for some of the dialogues are provided on the accompanying recording. For the dialogues that are not included, you will need a classmate, parent, teacher, or tutor to read the dialogues and narratives to you as well as the questions. Scripts are provided at the end of the chapter.

TRACKS 5–10 ## Short Dialogue Practice

Dialogue 1

1. (A) en una farmacia
   (B) en un teatro
   (C) en un supermercado
   (D) en un restaurante

2. (A) Algo le cayó en la camisa.
   (B) Se le rompió la camisa.
   (C) Necesita un regalo para su esposa.
   (D) Necesita una camisa blanca.

3. (A) blanca
   (B) azul
   (C) amarilla
   (D) verde

4. (A) para celebrar algo bueno que le pasó al señor
   (B) para llevar a una fiesta
   (C) para llevar al trabajo nuevo
   (D) para celebrar algo bueno que le pasó a su esposa

Dialogue 2

1. (A) el banco
   (B) el supermercado
   (C) la oficina de su esposo
   (D) el doctor

2. (A) Dejó su depósito en el supermercado.
   (B) Se le perdió el depósito.
   (C) Se le perdió el cheque 578.
   (D) No hay suficientes fondos para pagar un cheque.

3. (A) ayer
   (B) esta noche
   (C) mañana
   (D) hoy

Dialogue 3

1. (A) para comprar un periódico
   (B) para revelar su película
   (C) para comprar medicina
   (D) para pagar una cuenta

2. (A) aspirina para un dolor de cabeza
   (B) jarabe para la tos
   (C) té
   (D) una medicina para tratar todos los síntomas que tiene

3. (A) No podrá manejar después de tomarlo.
   (B) Tiene alergia al producto.
   (C) No trata todos los síntomas.
   (D) Puede constipar.

4. (A) descansar
   (B) tomar muchos líquidos
   (C) tomar la medicina
   (D) ir al trabajo

Dialogue 4

1. (A) para invitarla a una fiesta en su casa
   (B) para estudiar con ella
   (C) para invitarla a una fiesta en casa de Paulina
   (D) para ir a la biblioteca con ella

2. (A) Tiene un examen en la clase de historia.
   (B) Tiene que quedarse en casa.
   (C) Tiene que hacer un trabajo escrito para la clase de historia.
   (D) Va a una fiesta en casa de Paulina.

3. (A) Va a la fiesta con
Paulina.
(B) Ofrece ayudarla.
(C) Tiene mucho
que hacer el
sábado.
(D) Decide ir a la
fiesta solo.

Dialogue 5

1. (A) Va a otro restaurante.
(B) Toma agua.
(C) Pide otra bebida.
(D) Pide los ingre-
dientes para
hacer lo que
quiere beber.

2. (A) un plato de
jamón
(B) un sándwich
(C) un plato de
queso
(D) nada

3. (A) la cuenta
(B) una caja para
llevar la comida
(C) que le sirva
rápidamente
(D) el menú

Dialogue 6

1. (A) dónde está el
teatro
(B) dónde está la
bolsa de la señora
(C) dónde está el
restaurante
(D) dónde está la
gasolinera

2. (A) volver a casa
(B) parar en la gaso-
linera
(C) llegar temprano
(D) llegar tarde

3. (A) de cumpleaños
(B) de sorpresa
(C) de aniversario
(D) de despedida

4. (A) por su orgullo
(B) porque tiene la
dirección
(C) porque sabe
dónde está
(D) porque no quiere
llegar tarde

Dialogue 7

1. (A) a la Puerta del Sol
(B) a la estación de
tren
(C) a España
(D) a la estación de
metro

2. (A) comprar un plan
de metro en la
estación
(B) preguntarle a
otro pasajero
(C) buscar el número
de la estación en
el plan
(D) mirar el plan de
metro en la
estación

3. (A) seguir con la
misma línea
(B) ir en tren
(C) cambiar de línea
(D) ir en autobús

4. (A) en tren
(B) en metro
(C) en autobús
(D) en auto

Dialogue 8

1. (A) un vestido
(B) una bolsa
(C) unos zapatos
(D) un collar

2. (A) informal
(B) de familia
(C) formal
(D) solemne

3. (A) La tienda no
tiene muchos
modelos.
(B) No tiene mucho
dinero.
(C) Quiere unos
colores brillantes.
(D) No podrá
probárselo en la
tienda.

4. (A) para celebrar un
cumpleaños
(B) para honrar a
una colega
(C) para honrar a un
miembro de la
familia
(D) para celebrar un
aniversario

Dialogue 9

1. (A) de viajar en avión
(B) de perder el vuelo
(C) de perder su
equipaje
(D) de viajar en coche

2. (A) Hay muchos
accidentes.
(B) Más personas
mueren en
accidentes de
coche.
(C) Muchas
personas mueren
en accidentes de
avión.
(D) Él no tiene
control en un
avión.

3. (A) dormir
(B) distraerse
leyendo
(C) hablar con el
piloto
(D) ir en auto

Dialogue 10

1. (A) el alcalde
(B) un pariente suyo
(C) una secretaria
(D) su hijo

2. (A) en el teatro
(B) en la oficina de
su primo
(C) en la oficina del
alcalde
(D) en la oficina de
Mateo

3. (A) una persona que
puede ayudar a
alguien por su
posición o con-
tactos
(B) una entrada para
el teatro
(C) un miembro de
familia
(D) el alcalde de una
ciudad

4. (A) que las recibiera
gratis de la per-
sona
(B) que las pagara su
esposo
(C) que las regalara
la persona
(D) que las devolviera
a la persona

TRACKS 11–16

Short Narrative Practice

Narrative 1

1. (A) en México
   (B) en los Estados Unidos
   (C) en Francia
   (D) en Puerto Rico

2. (A) la Guerra Civil norteamericana
   (B) la Revolución mexicana
   (C) la independencia de México
   (D) la derrota y expulsión de los franceses de México

3. (A) como una manera de ganar dinero para compañías norteamericanas
   (B) como una muestra de orgullo para la comunidad mexico-americana
   (C) como un motivo para tener una fiesta
   (D) como un recuerdo del emperador Maximiliano I, emperador de México

Narrative 2

1. (A) Conocen bien la comida mexicana.
   (B) No conocen la comida mexicana.
   (C) Tienen ideas equivocadas sobre la comida mexicana.
   (D) No comen mucha comida mexicana.

2. (A) de harina
   (B) de huevos
   (C) de lechuga
   (D) de tomate

3. (A) de tomate
   (B) de maíz
   (C) de harina
   (D) de huevos, papas y cebolla

4. (A) Es siempre picante.
   (B) Es sosa.
   (C) No varía mucho.
   (D) Varía de país en país, y de región en región.

Narrative 3

1. (A) flacas
   (B) gordas
   (C) altas
   (D) reales

2. (A) realista
   (B) impresionista
   (C) cubista
   (D) expresionista

3. (A) Su arte inspira controversia.
   (B) Es aceptado por los críticos.
   (C) Tiene fama mundial.
   (D) Es pintor y escultor.

Narrative 4

1. (A) como novelista
   (B) como periodista
   (C) como política
   (D) como cuentista

2. (A) Se fue al exilio.
   (B) Perdió a su única hija.
   (C) Escribió su primera novela.
   (D) Llegó a California.

3. (A) *Paula* — muerte vija
   (B) *La casa de los espíritus*
   (C) *Eva Luna*
   (D) *De amor y de sombra*

4. (A) el modernismo
   (B) el naturalismo
   (C) la fantasía y la realidad mágica
   (D) el realismo

Narrative 5

1. (A) del gobierno
   (B) de Francisco Franco
   (C) de Hitler
   (D) de la Unión Soviética

2. (A) de la Unión Soviética
   (B) de los Estados Unidos
   (C) de Alemania
   (D) de Francia

3. (A) jóvenes españoles
   (B) jóvenes rusos
   (C) jóvenes alemanes
   (D) jóvenes norteamericanos

4. (A) a la posibilidad de ser capturados
   (B) a la pérdida de su ciudadanía estadounidense
   (C) a la posibilidad de ser mandados a la Unión Soviética
   (D) a la pérdida de su trabajo

Narrative 6

1. (A) un club social
   (B) una asociación hispana
   (C) un sindicato de trabajadores hispanos
   (D) un museo

2. (A) artefactos y arte de España
   (B) sólo cuadros de artistas españoles
   (C) sólo esculturas
   (D) sólo oficinas

3. (A) Diego Velázquez
   (B) Joaquín Sorolla
   (C) Francisco de Goya
   (D) José de Ribera

4. (A) la historia de España
   (B) las regiones y costumbres de España
   (C) la historia de Hispanoamérica
   (D) las costumbres de Hispanoamérica

Narrative 7

1. (A) la Guerra de Tejas
   (B) la fundación de la República de Tejas
   (C) un grupo de soldados americanos
   (D) un grupo de soldados de Irlanda

2. (A) para ganar dinero y ciudadanía
   (B) por la aventura
   (C) por sentimientos patrióticos
   (D) para ganar fama y gloria

3. (A) para ganar más dinero
   (B) por la discriminación
   (C) para hacerse héroes
   (D) por la religión

Narrative 8

1. (A) de una cueva en España
   (B) del arte prehistórico
   (C) de la antropología
   (D) de un museo

2. (A) para contar su historia
   (B) como decoración
   (C) para tener suerte en la caza de ellos
   (D) para comunicarse

3. (A) No creían que los hombres prehistóricos vivieran en cuevas.
   (B) No creían que los hombres prehistóricos pudieran pintar.
   (C) No creían que los hombres prehistóricos vivieran en esta área.
   (D) No creían que los hombres prehistóricos tuvieran creencias religiosas.

4. (A) en la cueva de Altamira
   (B) en Santillana del Mar
   (C) en Cantabria
   (D) en una reproducción de la cueva al lado del Museo Arqueológico Nacional en Madrid

Narrative 9

1. (A) por verse aislado del resto del mundo
   (B) para mejor comerciar con el resto del mundo
   (C) para ayudar a reconstruir el resto de Europa

   (D) para ayudar a otros regímenes fascistas

2. (A) extender y mejorarlas
   (B) vendérselas a empresas privadas
   (C) cerrarlas
   (D) hacerlas multinacionales

3. (A) de IBERIA
   (B) de RENFE
   (C) de SEAT
   (D) de RTE

4. (A) Han tenido problemas económicos.
   (B) Han prosperado bastante.
   (C) Han cerrado.
   (D) Han revertido al control del gobierno.

Narrative 10

1. (A) por países industrializados que explotan los recursos naturales de países del tercer mundo
   (B) por los países del tercer mundo que explotan sus recursos naturales para pagar su deuda externa a los del primer mundo
   (C) por desastres naturales
   (D) por la subpoblación de estos países

2. (A) el uso de máquinas cuyos motores producen mucha contaminación
   (B) la deuda nacional
   (C) el petróleo limpio
   (D) el subdesarrollo

3. (A) Los países industrializados perdonan la deuda de los países del tercer mundo.
   (B) Los países industrializados desarrollan los recursos de los países del tercer mundo.
   (C) Los países del tercer mundo cortan sus selvas para pagar su deuda externa.
   (D) Los países del tercer mundo preservan sus selvas y recursos naturales, y en cambio los países industrializados les pagan por hacerlo.

Longer Listening Practice

In this next part, the listening passages are approximately 5 minutes long. In addition, you will have 2 minutes to read the questions and answers prior to the listening. There will be space provided before each set of questions where you may take notes. The notes may be taken in Spanish or English and will not be graded. On the examination you will have two of these passages.

- Be sure to read/think about the questions prior to practicing the Listening section.
- Try to focus your full attention on the passage or interview: each dialogue, narrative, longer narrative, or interview is only said *once*. Listen carefully to the passage and try to figure out its topic.
- Take as many notes as you can. You may take these in Spanish or English. It's a good idea to take them in Spanish so that you will have some of the words directly from the passage to refer to when answering the questions.
- Do not try to write down full sentences or full ideas. It is better to try to capture words and phrases.
- Think of things that could be related to the topic. It is more than likely that if you can grasp the theme and think about what you know about it (if you know something about it), you will have a greater chance of being able to respond appropriately to the questions.
- Remember that it is not recommended to make haphazard guesses since an additional 33 percent of the number of wrong answers will be deducted to offset guessing.
- Try to work by process of elimination; if you don't know the answer right away, see which choices are definitely incorrect. If you can eliminate one or two choices as incorrect, it might be to your advantage to guess.

TRACK 17

Notes on Longer Listening 1:

iguala a a f

Longer Listening 1

1. Según el censo de 2000, ¿qué ha pasado con la población hispana?
   (A) Se ha quedado igual.
   (B) Ha bajado.
   (C) Ahora iguala a la población afroamericana.
   (D) Es casi igual a la población afroamericana.

2. ¿Qué es una controversia que ha surgido en cuanto a los inmigrantes hispanos?
   (A) la cuestión de los partidos políticos hispanos
   (B) la cuestión de una lengua nacional
   (C) la cuestión de establecer más programas bilingües
   (D) la cuestión de las leyes en contra de la inmigración

3. ¿Cuál es un ejemplo del impacto que han tenido?
(A) la atención que los candidatos les prestan en las campañas electorales
(B) el número de hispanos elegidos en las elecciones de 2000
(C) la fundación de comunidades donde sólo se habla español
(D) el aumento de programas bilingües

4. ¿Qué ha hecho Río Martínez?
(A) Estableció una compañía publicitaria para productos para la comunidad hispana.
(B) Pudo encontrar productos de belleza para hispanas en una farmacia.
(C) Estableció una compañía para proveer productos a mujeres hispanas.
(D) Vende productos para mujeres hispanas de puerta en puerta.

5. ¿Qué es necesario hacer para tener éxito en la venta de productos a una clientela hispana?
(A) tener empleados que les hablan en español
(B) venderles ropa informal
(C) ofrecerles productos que usan
(D) ofrecerles los mismos productos que se les ofrecen a todos

TRACK 18

Notes on Longer Listening 2: 1532 - Franciso Pizarro

Longer Listening 2

1. ¿Cómo podemos describir al imperio incaico?
(A) inestable
(B) estable
(C) viejo
(D) débil

2. Según el escritor peruano José Carlos Mariátegui, ¿a qué filosofía política se asemejó la estructura política y social de los incas?
(A) feudal
(B) comunista
(C) socialista
(D) demócrata

3. Cada inca tenía la obligación de dar parte de sus productos agrícolas al gobierno y...
(A) donar tiempo para trabajar en obras públicas.
(B) servir en el ejército.
(C) donar tejidos para entierros.
(D) servir en el gobierno.

4. El gobierno usaba los productos que guardaba en sus almacenes para...
   (A) ayudar a los enfermos.
   (B) alimentar a los religiosos.
   (C) alimentar a los miembros del gobierno y del ejército.
   (D) ayudar a comunidades afectadas por desastres naturales.

5. Una de las artes de los incas tenía tanto valor que las mujeres que la hacían bien eran mandadas a un tipo de convento donde pasaban la vida haciéndola. ¿Cuál de las artes era?
   (A) el trabajar el oro
   (B) el trabajar la plata
   (C) el esculpir piedras semi-preciosas
   (D) el tejer

6. ¿Cómo se llamaban los mensajeros que llevaban mensajes por el imperio como una especie de *Pony Express?*
   (A) los ayllus
   (B) los chasquis
   (C) los quipus
   (D) los incas

7. ¿Cuál es quizá el avance más impresionante de los incas?
   (A) la cirugía del cráneo
   (B) el entierro de sus muertos
   (C) su sistema de escribir
   (D) su arte de tejer

8. Según la hipótesis del autor Mariátegui, ¿cuál es la razón principal de los problemas que han tenido los países hispanos?
   (A) las enfermedades que les trajeron los españoles
   (B) la imposición del sistema feudal por los españoles
   (C) los abusos del gobierno maya
   (D) la imposición del sistema socialista por los españoles

LISTEN

TRACK 19

Notes on Longer Listening 3:

Longer Listening 3

1. Los cristianos durante la Edad Media hacían peregrinaciones a Roma, a Jerusalén y a Santiago de Compostela. ¿Dónde está Santiago de Compostela?
   (A) en el noreste de España
   (B) en el Medio Oriente
   (C) en el noroeste de España
   (D) en Meca

2. ¿Para qué hacían el viaje esos peregrinos?
   (A) para tener unas vacaciones
   (B) para luchar en las cruzadas
   (C) para cumplir con una promesa
   (D) para comerciar

3. Según la leyenda, ¿por qué enterraron a Santiago en la península ibérica después de su muerte?
   (A) Él enseñó el cristianismo allí.
   (B) Él luchó por el cristianismo allí.
   (C) No lo enterraron allí.
   (D) Él nació allí.

4. ¿Por qué se hizo tan popular la peregrinación a Santiago?
   (A) porque estaba cerca
   (B) porque Roma estaba en manos de los árabes
   (C) por la estrella que descubrieron
   (D) porque Jerusalén estaba en manos de los árabes

5. ¿Dónde tenían que quedarse los peregrinos antes de que Fernando e Isabel construyeran su hospital en Santiago de Compostela?
   (A) en casas privadas
   (B) en la catedral misma
   (C) en un hotel
   (D) en la calle

6. ¿Qué es un parador nacional?
   (A) un edificio histórico convertido en hotel por el gobierno
   (B) un hotel construido por el gobierno
   (C) un parque nacional
   (D) un hospital construido por el gobierno

7. Tradicionalmente, ¿dónde comenzaba la ruta a Santiago de Compostela?
   (A) en los Pirineos
   (B) en el norte de España
   (C) en el sur de Francia
   (D) en París

8. ¿Por qué son de interés e importancia los edificios a lo largo de la ruta?
   (A) por su importancia artística e histórica
   (B) por los peregrinos que los visitan
   (C) por ser de la época romana
   (D) por su importancia religiosa

9. ¿Cuándo se celebra la fiesta de Santiago?
   (A) el 25 de junio
   (B) el 25 de julio
   (C) el 25 de enero
   (D) el 25 de agosto

LISTEN

TRACK 20

Notes on Longer Listening 4:

Longer Listening 4

1. ¿En qué pensamos cuando pensamos en México?
   (A) en la comida picante
   (B) en los lugares turísticos
   (C) en el arte indígena precolombina
   (D) en sus artistas modernos

2. ¿Qué es el muralismo?
   (A) retratos de personas famosas
   (B) pintura abstracta
   (C) cuadros pequeños de tema social
   (D) cuadros grandes de tema social que se pintan en las paredes

3. ¿Dónde se encuentran principalmente los murales?
(A) en museos
(B) en colecciones privadas
(C) en edificios públicos
(D) en paredes exteriores de edificios antiguos

4. ¿Cuáles son los temas principales de David Alfaro Siqueiros?
(A) temas sociales
(B) temas religiosos
(C) temas revolucionarios
(D) temas socialistas

5. ¿Cuáles son los temas principales de José Clemente Orozco?
(A) temas religiosos
(B) temas revolucionarios
(C) temas socialistas
(D) temas sociales

6. ¿De qué se trata la serie de murales que pintó Diego Rivera en el Palacio Nacional de México?
(A) de los campesinos de México
(B) de los problemas sociales de México
(C) de la historia de México
(D) de las tribus indígenas de México

7. ¿Para qué construyó Diego Rivera su «teocali»?
(A) como casa personal
(B) como museo
(C) como representación de una pirámide
(D) como estudio y escuela para artistas

8. ¿Para qué nos sirve el arte de los murales?
(A) Nos sirve de decoración urbana.
(B) Nos muestra productos nuevos.
(C) Nos sirve de inspiración.
(D) Nos hace pensar en la realidad de nuestro mundo.

TRACK 21

Notes on Longer Listening 5:

Longer Listening 5

1. ¿Cuál de estos héroes fue elegido presidente de su país tres veces?
(A) Porfirio Díaz
(B) José de San Martín
(C) Simón Bolívar
(D) Benito Juárez

2. ¿Quiénes invadieron a México durante la presidencia de Benito Juárez?
(A) los ingleses
(B) los americanos
(C) los franceses
(D) los tejanos

3. ¿Qué es lo más curioso de José de San Martín como líder de la independencia en contra de España?
   (A) Estudió en España y sirvió en sus fuerzas armadas.
   (B) Nació en la Argentina.
   (C) Luchó en contra de las fuerzas de Napoleón.
   (D) Nació en España.

4. ¿Cómo se llama el ejército famoso de San Martín?
   (A) el Ejército de Liberación
   (B) el Ejército de Buenos Aires
   (C) el Ejército de los Andes
   (D) el Ejército de Perú

5. ¿Qué problema tenían los criollos?
   (A) No tenían los mismos derechos que los españoles nacidos en España.
   (B) Eran mestizos y sufrían de la discriminación.
   (C) Eran indios y sufrían de la discriminación.
   (D) Eran los defensores del gobierno español en el nuevo mundo.

6. ¿Qué influyó en el pensamiento político de Simón Bolívar?
   (A) las ideas de Napoleón
   (B) las ideas de los revolucionarios americanos y franceses
   (C) las ideas de San Martín
   (D) las ideas de los intelectuales ingleses

7. ¿Cuál fue el gran sueño de Simón Bolívar?
   (A) ser presidente de la República
   (B) estudiar en España
   (C) libertar a la Argentina
   (D) formar una unión de los países de Sudamérica

8. ¿Qué tenían en común estos tres grandes líderes?
   (A) Todos eran criollos.
   (B) No vieron el resultado que querían ver.
   (C) Todos querían una América unida.
   (D) Todos estudiaron en España.

LISTEN

TRACK 22

Notes on Longer Listening 6:

Longer Listening 6

1. ¿Qué fue Alfredo Nóbel?
   (A) doctor
   (B) filósofo
   (C) profesor de literatura
   (D) industrial y químico

2. Ha habido personas hispanas que han recibido el premio…
   (A) por la paz.
   (B) en todas las categorías.
   (C) por la medicina.
   (D) por la literatura.

3. ¿A qué género literario pertenece la obra de Gabriel García Márquez?
   (A) a la fantasía y la realidad mágica
   (B) al modernismo
   (C) al realismo
   (D) al naturalismo

4. Este género literario...
   (A) tiene la naturaleza como protagonista.
   (B) mezcla la realidad con la fantasía.
   (C) trata de captar la realidad tal como es.
   (D) tiene mucho interés en las cosas modernas o que están de moda.

5. ¿Cuál es la obra maestra de García Márquez que ejemplifica este género?
   (A) *Cien años de soledad*
   (B) *Los de abajo*
   (C) *Doña Bárbara*
   (D) *Ficciones*

6. Óscar Arias de Costa Rica recibió el Premio Nóbel en 1987 por...
   (A) su trabajo con los mayas.
   (B) ganar la guerra civil en Nicaragua.
   (C) poner fin al conflicto y tener elecciones libres en Nicaragua.
   (D) poner fin al conflicto y tener elecciones libres en Costa Rica.

7. Rigoberta Menchú ganó el Premio Nóbel de la Paz por...
   (A) ayudar a poner fin al conflicto y tener elecciones libres en Guatemala.
   (B) trabajar para poner fin a la violencia y a los abusos de los indígenas en Guatemala.
   (C) trabajar con los indígenas de Chiapas, México.
   (D) trabajar para poner fin al conflicto y tener elecciones libres en Nicaragua.

8. ¿Qué premio recibieron Santiago Ramón y Cajal y Severo Ochoa, dos médicos españoles?
   (A) el Premio Nóbel de la Paz
   (B) el Premio Nóbel de Literatura
   (C) el Premio Nóbel de Física
   (D) el Premio Nóbel de Medicina

9. ¿Qué premio recibió el doctor Luis Álvarez, profesor californiano?
   (A) el de la Paz
   (B) el de Literatura
   (C) el de Física
   (D) el de Medicina

Listening Scripts for Short Dialogues, Short Narratives, and Longer Passages with Answers Highlighted in the Text

Script for Short Dialogue 1

En una tienda en Saltillo, México

Dependienta: Buenas tardes, señor. ¿En qué puedo servirle?

Hombre: Pues, no sé exactamente lo que necesitaré. Lo que pasó es que estaba comiendo un sándwich y (#2) **la mostaza cayó sobre mi camisa nueva que fue regalo de mi esposa.** Ahora tiene una mancha amarilla.

Dependienta: ¿De qué color es la camisa?

Hombre: Es una camisa (#3) **azul claro.**

Dependienta: Entonces no podrá usar blanqueador, pero hay un blanqueador que se hace especialmente para los colores.

Hombre: ¿Y cómo se usa?

Dependienta: Simplemente ponga unas gotas del blanqueador sobre la mancha en la camisa. Luego añada más a la ropa en la máquina. Pero, lo más importante es que Ud. deje el blanqueador en la camisa por lo menos unos 10 minutos antes de echarla en la máquina de lavar.

Hombre: Mil gracias, señora. Me ha salvado la vida. (#4) **La camisa fue un regalo para celebrar mi nuevo trabajo** y no quiero desilusionar a mi esposa.

Dependienta: No hay de qué, señor. Buen día.

Questions and Answers:

1. ¿Dónde tiene lugar la conversación? (C) (*since they are talking about bleach/cleaning products*)
2. ¿Cuál es el problema? (A)
3. ¿De qué color es la camisa? (B)
4. ¿Por qué recibió la camisa de su esposa? (A)

Script for Short Dialogue 2

El banco llama por teléfono (#1)

Mujer: Bueno.

Hombre: Quisiera hablar con la señora Ortiz, por favor.

Mujer: Ud. está hablando con ella. ¿Qué le gustaría a Ud.?

Hombre: Pues, acabamos de recibir un cheque, el número 578, que se escribió el ocho de mayo para 3.000 pesos en el supermercado Aurrerá y (#2) **lamento decirle que no hay fondos en la cuenta en este momento para pagar el cheque.**

Mujer: Ay, no puede ser. Yo le di un depósito a mi marido ayer por la mañana para llevar al banco.

Hombre: Bueno, déjeme ver mi pantalla. No, lo siento, pero no hemos recibido ningún depósito recientemente.

Mujer: ¡Por Dios! Espere un momento. Voy a buscarlo en el despacho de mi esposo.

¡No lo puedo creer! Aquí está el depósito. Mil perdones, señor. Esto nunca nos ha ocurrido antes. (#3) **Yo me voy para el banco ahora mismo.**

Hombre: Pues bien. Si Ud. puede llegar antes de que cerremos hoy, puedo esperar para procesar este cheque.

Mujer: Voy ahora mismo. Ud. ha sido muy amable. Gracias por llamarme.

Hombre: Ningún problema, señora. Para servirle. Adiós.

Questions and Answers:

1. ¿Quién llama? (A)
2. ¿Cuál es el problema? (D)
3. ¿Cuándo va a arreglar la señora el problema? (D)

Script for Short Dialogue 3

En la farmacia

Mujer: ¿En qué puedo servirle, señor?

Hombre: Es que me parece que tengo la gripe. Tengo dolor de cabeza, nauseas, tos, me duele la garganta y tengo fiebre. (#2) **Necesito comprar algo para amenguar los síntomas.** Tengo una reunión muy importante mañana.

Mujer: ¿Tiene Ud. alguna alergia?

Hombre: Ninguna.

Mujer: Bueno, entonces aquí tengo (#1) **un producto para tratar la variedad de síntomas de que Ud. sufre.** La única precaución es que (#3) **no debe tomarlo si Ud. va a manejar** o trabajar con maquinaria.

Hombre: Ningún problema. Yo tomo el metro y soy escritor; pues no habrá ningún peligro.

Mujer: Lo mejor sería volver a casa, tomar muchos líquidos como té bien caliente para la garganta, tomar la medicina y acostarse. La medicina sólo puede disminuir los efectos de la gripe; no puede curarla. (#4) **Pero, si Ud. descansa, debe sentirse algo major mañana.**

Hombre: Estoy bastante constipado; no puedo respirar. ¿Me ayudará la medicina con esto?

Mujer: Sí, tiene algo para abrir las fosas nasales.

Hombre: Bueno, voy a comprarlo y a seguir sus recomendaciones. Muchas gracias.

Mujer: De nada. ¡Que Ud. se mejore pronto!

Questions and Answers:

1. ¿Por qué va el señor a la farmacia? (C)
2. ¿Qué quiere comprar el señor? (D)
3. ¿Cuál es el problema con el producto que él va a comprar? (A)
4. Para sentirse mejor, ¿qué debe hacer? (A)

Script for Short Dialogue 4

Una conversación por teléfono

Chica:	Bueno.
Chico:	Buenas tardes. ¿Está Luisa en casa?
Chica:	Hola, Miguel, soy yo. ¿Cómo estás?
Chico:	Muy bien, gracias. (#1) **Te llamo para invitarte a la fiesta de Paulina este sábado.** ¿Te gustaría ir conmigo?
Chica:	Ay, Miguel, (#2) **es que tengo un trabajo escrito para la clase de historia.** Necesito entregárselo al profesor Díaz el lunes a la primera hora. Creo que tendré que pasar todo el día el sábado y el domingo haciendo las investigaciones.
Chico:	Mmm, pues tengo una idea. (#3) **Si quieres, puedo ir contigo a la biblioteca el sábado por la mañana y ayudarte con la investigación.** No tengo nada en particular que hacer el sábado. ¿Qué te parece la idea?
Chica:	Miguel, eres fantástico. Si podemos pasar la mañana el sábado, y la tarde, en la biblioteca me parece que tendré el tiempo para ir contigo a la fiesta de Paulina.
Chico:	Bueno, ¿quieres que pase por tu casa rumbo a la biblioteca? O ¿prefieres que nos encontremos allí?
Chica:	Sería fenomenal si pudieras recogerme a las nueve.
Chico:	Entonces quedamos en que pasaré por tu casa a las nueve.
Chica:	Gracias, Miguel, hasta el sábado.
Chico:	Chao, Luisa.

Questions and Answers:

1. ¿Por qué la llama Miguel a Luisa? (C)
2. ¿Por qué no puede ir Luisa con él? (C)
3. ¿Qué hace Miguel? (B)

Script for Short Dialogue 5

En un restaurante

Hombre:	Muy buenas tardes, señorita. ¿En qué puedo servirle?
Mujer:	Me gustaría un té helado con limón.
Hombre:	Lo siento mucho, señorita. Es que no servimos el té helado.
Mujer:	Bueno; entonces (#1) **tráigame un vaso con hielo, un limón y una tetera de té caliente.**
Hombre:	Muy bien. ¿Le apetecería algo de comer?
Mujer:	¿Me podría dar un menú?
Hombre:	Como no. Aquí tiene Ud. el menú.
Mujer:	Perfecto. Ummm, me gustaría una ración de ensalada rusa y (#2) **un bocadillo de jamón y queso.**
Hombre:	¿Jamón serrano o jamón york?
Mujer:	De jamón serrano, por favor. Y (#3) **¿podría Ud. traerme la cuenta con la merienda?** Es que no tengo mucho tiempo.
Hombre:	Para servirle, señorita.

Questions and Answers:

1. El restaurante no sirve lo que ella quiere. ¿Cómo resuelve ella el problema? (D)
2. ¿Qué decide tomar la señorita? (B)
3. Como ella no tiene mucho tiempo, ¿qué le pide también? (A)

TRACK 10

Script for Short Dialogue 6

En el coche

Mujer: ¿Sabes (#1) **llegar al restaurante, Juan Manuel?**

Hombre: Tengo la dirección aquí mismo en mi saco. ¡Ay, por Dios!

Mujer: ¿Qué te pasa?

Hombre: Es que la dirección no está aquí. Se me ha olvidado en la mesa de la cocina.

Mujer: ¡No es posible! (#2) **No podemos llegar tarde. (#3) Es una fiesta de sorpresa** y quiero estar allí cuando entre Iñigo.

Hombre: No te preocupes. Creo que puedo recordarla.

Mujer: Juan Manuel, allí hay una gasolinera. ¿Por qué no nos paramos para pedir la dirección?

Hombre: No nos hace falta pedir la dirección. Yo conozco muy bien esta ciudad.

Mujer: Creo que será mejor que paremos. No quiero perder ni la sorpresa ni la fiesta.

Hombre: No es necesario, te digo. Yo puedo encontrar la ruta. Tengo muy buen sentido de dirección, así que no te preocupes.

Mujer: Ah, buen sentido de dirección. ¿Te has olvidado de la última vez que insististe en no pedir las direcciones? Llegamos tarde al teatro y no nos permitieron entrar hasta el segundo acto.

Hombre: Bueno, bueno, está bien. En la próxima gasolinera pararemos y tú puedes pedirles la dirección.

Mujer: Uf, (#4) **¡los hombres y su orgullo!**

Questions and Answers:

1. ¿Qué no sabe la pareja? (C)
2. ¿Qué no quiere hacer la mujer? (D)
3. ¿Qué tipo de fiesta es? (B)
4. Según la mujer, ¿por qué Juan Manuel no quiere parar para pedir cómo llegar? (A)

Script for Short Dialogue 7

En la estación de metro

Hombre 1: Perdone, señor, ¿podría Ud. decirme si ésta es la línea que va para (#1) **la estación de tren de Atocha?**

Hombre 2: Con mucho gusto. Esta línea no va directamente a Atocha, pero Ud. puede tomarla a la estación de Sol. (#3) **En la Puerta del Sol** es donde Ud. puede cambiar a la línea correcta para Atocha.

Hombre 1: ¿Sabría Ud. qué línea necesito tomar?

Hombre 2: (#2) **Sólo necesita mirar el plan en la estación.** Busque Atocha en el plan y vea la última estación y el color de la línea. Entonces busque la línea correcta según el color y la última parada.

Hombre 1: Ud. ha sido muy amable. Mil gracias por haberme ayudado.

Hombre 2:	Fue un placer. Ud. no es de aquí, ¿verdad?
Hombre 1:	No, vengo de Nueva York. Estoy de visita en España y (#4) **quiero conocer el país por tren.**

Hombre 2:	Pues, buen viaje y espero que le guste nuestro país.
Hombre 1:	Gracias y muy buenas tardes.

Questions and Answers:

1. ¿Adónde quiere ir el señor? (B)
2. ¿Qué necesita hacer el señor para saber cómo llegar? (D)
3. Para llegar a Atocha, ¿qué tendrá que hacer el señor? (C)
4. ¿Cómo quiere visitar España? (A)

Script for Short Dialogue 8

En una tienda

Mujer 1:	¿En qué puedo servirle señorita?
Mujer 2:	(#1) **Busco un vestido** para una ocasión especial.
Mujer 1:	¿Para qué tipo de función será?
Mujer 2:	(#2) **Es para una cena formal** para (#4) **honrar a mi padre.**
Mujer 1:	Muy bien. Entonces querrá un vestido de gala.
Mujer 2:	Sí, exacto. Es que (#3) **no tengo mucho dinero** para gastar en él.
Mujer 1:	Bueno, tenemos modelos de muchos precios. ¿Cuánto le gustaría pagar?
Mujer 2:	Tengo sólo 200 pesos.
Mujer 1:	Pues aquí tengo una selección de vestidos formales que cuestan entre 100 y 200 pesos. ¿De qué color le gustaría el vestido?
Mujer 2:	Había pensado en negro o azul oscuro, como es una función de noche.
Mujer 1:	Sí, el negro o el azul será apropiado para un evento por la noche.
Mujer 2:	Aquí hay uno que puede servir. ¿Me permitiría probarlo?
Mujer 1:	¡Cómo no! Por aquí, señorita.
Mujer 2:	Me queda muy bien, y me gusta el estilo. Me lo llevaré.
Mujer 1:	Muy bien, señorita. ¿Necesitaría Ud. una bolsa, zapatos u otra cosa para llevar con él?
Mujer 2:	No, gracias, sólo el vestido.
Mujer 1:	Muy bien, señorita.

Questions and Answers:

1. ¿Qué necesita comprar la señorita? (A)
2. ¿Cómo será la función? (C)
3. ¿Cuál es el problema que tiene la señorita? (B)
4. ¿Para qué es la fiesta? (C)

Script for Short Dialogue 9

En el avión

Mujer:	¿Se siente Ud. bien? Está muy pálido.
Hombre:	Es que (#1) **tengo mucho miedo de volar.**
Mujer:	No hay que tener miedo de volar. ¿No sabe que es el método más seguro de viajar?
Hombre:	Sí, es lo que se dice, pero cuando un avión se estrella no hay manera de escaparse con vida.

Mujer:	Pero, señor. Hay muy pocos accidentes; muchas más personas mueren en accidentes automovilísticos.
Hombre:	Pero, por lo menos en (#2) **un auto yo tengo el control.** En el avión estamos en manos de los pilotos.
Mujer:	Bueno, ¿y no cree Ud. que los pilotos quieren llegar a su destinación tanto como Ud.? Cálmese. ¿Trajo Ud. un libro para leer o una revista?
Hombre:	Sí, tengo una novela conmigo. ¿Por qué?
Mujer:	¿Por qué no lee Ud. la novela que trajo? (#3) **La lectura puede distraerle.**
Hombre:	Intentaré leerla... pero sigo muy ansioso.
Mujer:	Bueno, si Ud. quiere, nosotros podemos hablar si tiene dificultades durante el vuelo.
Hombre:	Muchas gracias, señorita. Ud. es muy amable.
Mujer:	No hay de qué, señor.

Questions and Answers:

1. ¿De qué tiene miedo el señor? (A)
2. ¿Cuál es la razón por la cual el señor tiene tanto miedo? (D)
3. ¿Qué le sugiere la señorita que haga el señor? (B)

Script for Short Dialogue 10

En el teatro

Mujer:	Me alegro de que hayas conseguido estas entradas. Se dice que es imposible conseguirlas.
Hombre:	No fue nada fácil, te digo. Gracias a Dios que tengo un enchufe.
Mujer:	¿Y quién es este «enchufe»?
Hombre:	Tú lo conoces. (#1) **Es Mateo, el hijo de mi primo Eduardo.**
Mujer:	No sabía que trabajaba para el teatro.
Hombre:	No es que trabaja para el teatro, es que (#2) **trabaja para la ciudad en la oficina del alcalde.**
Mujer:	¿En la oficina del alcalde? ¿Qué hace allí?
Hombre:	Él trabaja de secretario para el señor alcalde; él mantiene su calendario, hace sus citas y le consigue reservaciones y entradas.
Mujer:	Por eso pudo conseguirlas. (#4) **Pero, no nos las regaló, ¿verdad? No quiero que pierda su puesto comprándonos entradas.**
Hombre:	No, no, no... Yo le pagué exactamente lo que él había pagado.
Mujer:	Muy bien. Mucho mejor. El timbre está sonando, debemos buscar nuestras butacas, ¿no?
Hombre:	Entremos entonces.

Questions and Answers:

1. ¿Quién es la persona que ayudó al hombre? (B)
2. ¿Dónde trabaja esta persona? (C)
3. ¿Qué es un «enchufe»? (A) (*a person who has a connection and can help, like his cousin's son who works in the mayor's office*)
4. ¿Qué quería la mujer que hiciera? (B)

Script for
Short Narrative 1

El Cinco de mayo

Durante los últimos 20 años se ha puesto muy de moda celebrar el Cinco de mayo aquí en los Estados Unidos. Muchos restaurantes y bares patrocinan fiestas y bailes para celebrarlo. Hasta hay campañas publicitarias que usan como tema el Cinco de mayo. Esta celebración se ha metido más que otra en la cultura popular de los Estados Unidos, sobre todo donde hay concentraciones grandes de mexicoamericanos. Lo que pasa es que muchos no saben exactamente lo que es el Cinco de mayo. Todos saben que es una fiesta de origen mexicano, y algunos lo confunden con el Día de la Independencia mexicana que se celebra el 16 de septiembre. En realidad, (#2) **el Cinco de mayo conmemora la batalla de Puebla de 1862 en que los patriotas mexicanos derrotaron al emperador Maximiliano.** Durante la Guerra Civil norteamericana, el gobierno de los Estados Unidos no podía mantener la Doctrina de Monroe, que prohibía la intervención europea en las Américas. Los franceses, aprovechándose de esta situación, mandaron tropas a México para cobrar el dinero que Francia había prestado a México, y que México no podía devolver. Los franceses instalaron a Maximiliano, un aristócrata de la Casa de Hapsburgo, como emperador de México. Los conservadores mexicanos que lo invitaron a México y apoyaron a Maximiliano al principio, lo abandonaron cuando él se mostró algo liberal. Lo curioso con toda la fama que tiene esta celebración es que, (#1) **en realidad, el Cinco de mayo no se celebra tanto en México como en los Estados Unidos. (#3) Esta fiesta se ha convertido en una muestra de orgullo y unidad para los mexicoamericanos que viven al norte de la frontera** más que un día para conmemorar la derrota de los franceses en México. Éste es el valor que realmente tiene esta celebración tan conocida y tan malentendida.

Questions and Answers:

1. La celebración del Cinco de mayo más popular en... (B)
2. El Cinco de mayo conmemora... (D)
3. Hoy en día, la celebración del Cinco de mayo se celebra como... (B)

Script for
Short Narrative 2

La comida española

Gracias a la proliferación de restaurantes que sirven comida mexicana, hasta restaurantes de comida rápida como el famoso Taco Bell, y productos de Goya, Ortega y Old El Paso que se venden en los supermercados norteamericanos, casi cada norteamericano tiene un concepto de cómo es la comida hispana. Lo que pasa es que (#1) **este concepto muchas veces es erróneo.** Hay una tendencia a pensar que toda la comida española, o hispana, es igual a la comida picante mexicana. Al oír la palabra ≪tortilla≫, todos sin duda piensan en (#2) **los tacos de maíz o harina,** blandos o fritos, que se han incluido en la dieta norteamericana. Estas cosas doradas, llenas de carne, queso, lechuga, tomates, cebolla y salsa que crujen al masticarlas son cada vez más populares en los Estados Unidos. Imagine la sorpresa de una persona de los Estados Unidos que entra en un restaurante en España, pide una tortilla y recibe (#3) **un plato hecho con huevos, patatas y cebolla** que, además de no hacerse de maíz, se sirve muchas veces fría. Y, para complicar las cosas aún más, hay una tortilla francesa que sólo se hace de huevos. La moraleja es que hay que tener en cuenta siempre que (#4) **cada país es diferente, y muchas veces las regiones en el mismo país son diferentes las unas de las otras hasta en la comida que se prepara y que se sirve.**

Questions and Answers:

1. ¿Qué dice el autor sobre el conocimiento de muchos americanos en cuanto a la comida hispana? (C)
2. ¿De qué se puede hacer la tortilla mexicana? (A)
3. ¿De qué se hace la tortilla española? (D)
4. ¿Qué podemos decir de la comida hispana? (D)

Script for Short Narrative 3

Fernando Botero

Fernando Botero es un artista colombiano que ha alcanzado gran fama en el mundo del arte; también ha sido el eje de una controversia sobre lo que constituye el arte. Se reconocen muy fácilmente obras de Botero por sus sujetos exagerados y corpulentos. (#1) **Estos hombres, mujeres, niños y hasta animales gordos** viven en un mundo irreal, casi como caricaturas. Quizá esto sea exactamente lo que son, caricaturas de tipos humanos, como el alcalde y la familia rica. (#2) **Se clasifica su arte como arte expresionista** con que él trata de expresar sus ideas por sus sujetos exagerados. Algunos críticos menosprecian su producción artística por creerla infantil y sin valor artístico. Otros lo ven como un genio que ha podido captar arquetipos humanos con sus personajes opulentos. Fernando Botero pinta y también es escultor. Sus pinturas se encuentran en museos y colecciones privadas por todo el mundo. Hace pocos años sus estatuas en bronce podían verse en Washington, D.C., a lo largo de la plaza y el estanque detrás de la Casa Blanca enfrente del Congreso. Piensen lo que piensen los críticos, (#3) **Botero siempre inspira comentario y observaciones, y por eso podemos decir que sí contribuye al mundo artístico.**

Questions and Answers:

1. ¿Cómo son las figuras de Botero? (B)
2. ¿Cómo se clasifica el arte de Botero? (D)
3. ¿Por qué podemos decir que Botero contribuye al mundo artístico? (A)

Script for Short Narrative 4

Isabel Allende

Isabel Allende, sobrina del presidente socialista chileno Salvador Allende, ha ganado fama mundial por su obra literaria durante los últimos 20 años. Originalmente Isabel, nacida en Perú, (#1) **trabajó como periodista.** Su familia se vio obligada a dejar a Chile después del golpe de estado, en que murió su tío, llevado a cabo por el general Pinochet en 1973. Ella se fue al exilio a Venezuela. (#2) **No fue hasta 1981 que pasó del mundo periodístico al mundo novelístico con su aclamada novela *La casa de los espíritus,*** que fue un bestséller mundial y que en los años noventa pasó a la pantalla en la película americana *House of the Spirits.* Después, ella escribió obras tales como *De amor y de sombra, Eva Luna, Cuentos de Eva Luna, El plan infinito* y *Paula.* Ésta se trata de la enfermedad y muerte de su única hija, Paula. En 1991 su hija se enfermó gravemente y, con el tiempo, a los 28 años se le murió. (#3) ***Paula* es la historia familiar** que le contaba Isabel a su hija mientras estaba en estado comatoso antes de morir. La novela fue como una catarsis ante la muerte de su hija. Isabel ahora vive en California y sigue escribiendo novelas que (#4) **expresan la fantasía y la realidad mágica de su generación de escritores latinoamericanos.**

Questions and Answers:

1. ¿Cómo comenzó Isabel Allende su vida profesional? (B)
2. ¿Qué hizo Isabel Allende en 1981? (C)
3. ¿Cómo se llama la novela que Isabel Allende escribió para contarle la historia de su familia a su hija? (A)
4. ¿Qué género literario es tan famoso con la nueva generación de autores latinoamericanos? (C)

Script for Short Narrative 5

La Brigada Abraham Lincoln

En el año 1936, la Guerra Civil española estalló en España cuando Francisco Franco, y sus partidarios, se levantaron en contra del gobierno en Madrid. Esa guerra, una sin prisioneros, se luchó entre 1936 y 1939. (#1) **La banda de Franco se llamaba los nacionalistas** y querían que España volviera a su grandeza anterior. Fue un grupo bastante conservador que recibió el apoyo de Adolph Hitler y de los fascistas. El gobierno de España en aquel entonces era un gobierno socialista que era más bien liberal y reformista. Fueron precisamente sus reformas las que provocaron a Franco y a sus partidarios. (#2) **Los republicanos, como se llamaban los que apoyaban al gobierno, recibieron su apoyo de la Unión Soviética.** El gobierno español había pedido ayuda al resto del mundo, pero todos los demás países, incluso los Estados Unidos, se habían declarado neutrales. Pero había muchas personas que respondieron a la llamada del gobierno español para ir y luchar como voluntarios. Uno de estos grupos se llamaba la Brigada Abraham Lincoln, en nombre del presidente americano. (#3) **Muchos jóvenes americanos fueron a España para luchar por la causa republicana con la Brigada,** incluso personajes como Ernest Hemingway. (#4) **Esos valientes lo hicieron bajo la amenaza de perder su ciudadanía norteamericana** por romper con la posición neutral que había tomado el Congreso de los Estados Unidos. Desafortunadamente, sus esfuerzos no dieron resultado y las tropas franquistas ganaron, pero siguen en la memoria española la valentía y el sacrificio de estos jóvenes americanos.

Questions and Answers:

1. ¿De quién fueron partidarios los nacionalistas? (B)
2. ¿De qué país recibió ayuda la República Española? (A)
3. ¿Quiénes formaron la Brigada Abraham Lincoln? (D)
4. ¿A qué costo lucharon los miembros de la Brigada? (B)

Script for Short Narrative 6

La Sociedad Hispánica de América

En la Ciudad de Nueva York, (#1) **hay un museo que es una joya de arte e historia española, la Sociedad Hispánica de América**. Este museo se encuentra en el 613 West 155th Street, y (#2) **su colección incluye artefactos de los iberos hasta obras del gran artista impresionista español Joaquín Sorolla y Bastida**. En el edificio principal hay pinturas importantes de los grandes maestros españoles como El Greco, Diego Velázquez, Francisco de Goya y José de Ribera. Hay también ejemplos de arte ibero, fenicio, romano, visigodo y árabe. El salón de recepción está rodeado de murales pintados por Joaquín Sorolla. La sociedad le encargó a Sorolla pintar (#4) **esta serie de murales para representar las varias regiones de España, sus trajes tradicionales, fiestas y costumbres**. En la plaza Audubon entre los edificios se encuentra la escultura de El Cid, uno de los héroes de la Reconquista española, y esculturas de medio relieve de Don Quijote, el legendario hidalgo de la novela del mismo nombre de Miguel de Cervantes, y de Boabdil, el último califa de la España árabe. En el otro edificio se muestran más cuadros de Sorolla y también de Ignacio Zuloaga. En efecto, (#3) **la Sociedad Hispánica de América tiene la colección más grande de la obra de Sorolla fuera de España.** Para ver una de las colecciones más impresionantes de arte español fuera de la península, hay que visitar este museo.

Questions and Answers:

1. ¿Qué es la Sociedad Hispánica de América? (D)
2. ¿Qué se encuentra en el edificio principal? (A)
3. ¿De qué artista tiene la Sociedad la colección más importante fuera de España? (B)
4. ¿Cuál es el tema de los murales en el salón de recepción? (B)

Script for Short Narrative 7

El batallón de San Patricio

Después de la Guerra de Tejas, que se llama *the Mexican-American War* en los Estados Unidos, Tejas recibió su libertad de México para establecer la República de Tejas en 1836. Pero, cuando la República se incorporó como estado de los Estados Unidos, el gobierno mexicano lo vio como una amenaza y mandó tropas a la frontera entre los Estados Unidos y México. En la primavera de 1846 tropas mexicanas atacaron a tropas americanas y comenzó el conflicto otra vez entre los dos países. Entre esas fechas había habido una ola de inmigración de Irlanda. (#1) **El gobierno norteamericano alistó a muchos inmigrantes irlandeses para luchar por su nuevo país (#2) con la promesa de recibir la ciudadanía más fácilmente y de ganar dinero.** Pronto, como lo que ha pasado con muchos inmigrantes recién llegados, (#3) **los irlandeses comenzaron a encontrar la discriminación. Ellos eran mayormente pobres y católicos, y no podían avanzar por los rangos militares. Poco después de entrar en el conflicto, los reclutas irlandeses descubrieron que tenían más en común con los mexicanos que con los americanos.** Algunos de ellos, incluso John Riley, abandonaron el ejército americano y se alistaron en el mexicano, formando el batallón de San Patricio. Mientras en México esos ex soldados americanos fueron recibidos como héroes, en los Estados Unidos se les consideraban traidores. Después de ganar la guerra los Estados Unidos, los miembros del batallón fueron castigados en la plaza de San Ángel y allí, cada 12 de septiembre, todavía se celebra su memoria.

Questions and Answers:

1. ¿De qué se trata esta conferencia? (D)
2. ¿Por qué se alistaron los soldados para luchar en esa guerra? (A)
3. ¿Por qué cambiaron de alianza? (B)

Script for Short Narrative 8

La cueva de Altamira

En 1879 Marcelino de Sautuola descubrió una cueva cerca de Santillana del Mar, en la región de Cantabria, en el norte de España. Ésta no era una cueva cualquiera, sino una que iba a hacerse muy famosa y cambiar ciertas teorías sobre los hombres prehistóricos. Esta cueva contiene pinturas hechas en el paleolítico superior que representan los animales que sus pintores habían cazado. La pintura se hizo de la sangre de los mismos animales representados en la cueva, de la tierra y de otras sustancias naturales. (#2) **Se cree que los hombres prehistóricos pintaron estas figuras como un acto religioso para traerles suerte en la caza de su comida.** Si pintaran los animales, los dominarían, y podrían cazarlos más fácilmente. (#3) **Antes se había pensado que los hombres prehistóricos no habían vivido en esta región** y unos antropólogos creían que no eran nada más que un engaño o una broma, pero resulta que bajo análisis estas pinturas de verdad datan de tiempos prehistóricos. Ahora, para preservar estas pinturas, se limita el número de visitantes que pueden visitarlas. (#4) **En Madrid, al lado del Museo Arqueológico, han construido un modelo en que uno puede entrar y ver representaciones de las pinturas tales como son en la cueva real, así dándole al público la oportunidad de ver este fenómeno sin hacer daño a las pinturas auténticas.**

Questions and Answers:

1. ¿De qué se trata esta conferencia? (B) (*The cave is discussed, but the major discussion is prehistoric art.*)
2. ¿Por qué se pintaron los animales? (C)
3. ¿Cómo cambió ese descubrimiento ciertas teorías? (C)
4. Ahora, ¿dónde pueden ver las pinturas cada año muchos turistas? (D)

Script for Short Narrative 9

La industria posguerra española

Después de que terminó la Guerra Civil española en 1939, España se encontró aislada del resto del mundo que estaba para entrar en la Segunda Guerra Mundial. Al terminar la Segunda Guerra Mundial, Franco era el último dictador fascista que quedaba y el resto de Europa, en ruinas de la guerra, no quería tener nada que ver con su régimen. (#1) **Por ese aislamiento, el gobierno de Franco estableció unas industrias nacionales** como RENFE (Red Nacional de Ferrocarriles Españoles), IBERIA (la compañía nacional de aviación), SEAT (una compañía que fabrica coches), RTE (Radio Televisión Española) y otros monopolios. El sueño de Franco era tener una España auto-suficiente. Con la restauración de la democracia en España, (#2) **el gobierno español ahora ha estado vendiéndoles estas compañías establecidas bajo la dictadura a empresas privadas;** un ejemplo es (#3) **SEAT, que se le vendió a la compañía alemana Volkswagen en los años noventa.** Con privatizar estas empresas, el gobierno espera entrar en una nueva época de mercado libre. Desafortunadamente, algunos de estos cambios han causado problemas; por ejemplo, (#4) **IBERIA ha tenido problemas de financiamiento,** pero se espera que estas compañías puedan seguir adelante en un mundo nuevo.

Questions and Answers:

1. ¿Por qué estableció el gobierno de Franco estas compañías nacionales? (A)
2. ¿Qué ha hecho el gobierno con muchas de ellas después de la restauración de la democracia? (B)
3. En los años noventa, ¿de qué compañía tomó control Volkswagen? (C)
4. Con el mercado libre, ¿qué ha pasado con algunas compañías como IBERIA? (A)

Script for Short Narrative 10

La deuda ecológica

Una de las causas de muchos problemas ecológicos (#1) **es la necesidad, que tienen algunos países, de explotar sus recursos naturales para pagar su deuda externa y proveer servicios a sus ciudadanos.** Los países del primer mundo, o sea, los países industrializados, muchas veces critican a estos países del tercer mundo, o los que están en vías de desarrollo, por contribuir al calentamiento global, por cortar sus selvas y por (#2) **contaminar el aire con el uso de maquinaria y productos de petróleo que contaminan.** Muchos de estos países ahora están respondiendo a esta crítica de una manera interesante que quizá pueda beneficiar a todos; es la llamada «deuda ecológica». La idea es la siguiente: los países del tercer mundo necesitan dinero para pagar su deuda, proveer servicios a sus ciudadanos y desarrollarse. (#3) **Ellos han sugerido que los países desarrollados les paguen por no cortar sus selvas y para preservar la naturaleza silvestre en sus países, es decir, pagar por preservar.** El «producto» que los países desarrollados recibirían sería un mundo menos contaminado, y los países no desarrollados podrían avanzar. Tal vez sea una idea que se debe tomar en serio para el bien de todos. No hay mucho que se pueda hacer para evitar los desastres naturales que afectan el medio ambiente mundial, pero hay cosas que se puede hacer para no contribuir al efecto de éstos.

Questions and Answers:

1. Según la conferencia, ¿cómo se produce mucha destrucción ecológica? (B)
2. ¿Cuál es otro problema que contribuye al calentamiento global? (A)
3. ¿Cuál es una idea que algunos países del tercer mundo han propuesto? (D)

Script for Longer Listening 1

Una conferencia sobre la inmigración

Según la oficina del Censo del gobierno de los Estados Unidos, entre el año 2006 y 2011 el grupo denominado «hispano» llegará a ser la minoría más grande de los Estados Unidos. Ya en el año 2000 la tasa de natalidad hispana superó a la de afroamericanos y en el censo de 2000 (#1, D) **el número de hispanos casi iguala al número de afroamericanos.** La creciente población hispana en los Estados Unidos ha tenido, y tiene, muchas implicaciones sociales, económicas y políticas.

Ya en los Estados Unidos hay áreas donde se usa el español casi exclusivamente para comunicarse. Muchos piensan que todos los inmigrantes deben esforzarse para aprender el inglés si quieren ser ciudadanos de los Estados Unidos. Ha habido mucha controversia sobre este fenómeno y sobre la educación bilingüe. Este debate sobre qué lengua se debe usar, o sea, sobre la cuestión de establecer una lengua nacional, ha llevado a varios estados a promulgar leyes, o a tratar de promulgarlas, para eliminar la educación bilingüe y (#2, B) **establecer el inglés como la lengua oficial.** Pero el hecho es que hay un número creciente de personas para quienes el español es la lengua que usan para comunicarse. Ese número es tan grande que los partidos políticos y las grandes compañías han comenzado a darse cuenta de su importancia política y económica.

En las elecciones de 2000, 2004 y 2008 ambos candidatos para presidente de los Estados Unidos trataron de dar sus discursos en español, por lo menos en parte, ante un público hispanohablante. En el caso de George W. Bush, hasta sus familiares se aprovecharon de su conocimiento del español para animar al público hispano. La importancia del voto hispano no se puede negar, y (#3, A) **como consecuencia, los políticos les prestan más atención a los asuntos de importancia para la comunidad hispana** como el tratamiento médico, la educación y el trabajo.

Las grandes compañías norteamericanas están aprendiendo que si no quieren perder el mercado latino, tendrán que dirigir sus campañas publicitarias y sus productos al mercado hispano. Si no hacen esto, la comunidad hispana misma proveerá los productos que quieren. Un buen ejemplo es lo que ocurrió en Chicago hace poco. Una joven hispana, Río Martínez, en camino a una fiesta, paró en una farmacia para comprar unos cosméticos. En esta farmacia todo el maquillaje que tenían no era para el cutis olivo de una mujer hispana sino para una mujer con el cutis bien blanco. Eso fue el empuje para (#4, C) **establecer una nueva compañía de productos de belleza para la mujer hispana.** «Somos» fue fundada por Río Martínez y Elena Sotomayor con su propio dinero. Ahora venden sus productos por Internet.

Otro ejemplo de este fenómeno tiene que ver con una de las tiendas más viejas y famosas de los Estados Unidos, Sears. En East Los Ángeles, California, una comunidad mayormente hispana, la tienda de Sears ganaba poco dinero para la compañía. Su jefe, un hispano, les pidió permiso a los jefes de Sears para (#5, C) **ofrecer productos que fueran de más interés para una comunidad hispana,** mayormente de México. Normalmente todas las tiendas de Sears ofrecen la misma mercancía, estén dónde estén. Después de que esta tienda comenzó a ofrecer productos de más interés y utilidad para los hispanos, las ganancias de la tienda subieron 40 por ciento. En vez de vender tanta ropa informal, comenzaron a vender ropa más formal y ropa para, por ejemplo, la primera comunión. En vez de vender cortacéspedes, comenzaron a vender máquinas de coser ya que muchas hispanas todavía se hacen la ropa.

El hecho es que en el siglo veintiuno habrá más personas de ascendencia hispana en los Estados Unidos, y por eso las compañías y los políticos que quieren tener éxito tendrán que servir a este grupo cada vez más importante. Si no, otros van a servirlo.

Script for Longer Listening 2

Una conferencia sobre los incas

Los incas sólo habían reinado apenas 100 años cuando llegó el conquistador español Francisco Pizarro en 1532, pero en aquellos 100 años ellos habían creado un imperio impresionante. En poco tiempo (#1, B) **habían creado un imperio con un gobierno estable,** un sistema de carreteras, puentes, acueductos, almacenes, comunicación y seguridad social. En el arte habían hecho adelantos en el arte de tejer, una de sus artes más importantes. También hicieron obras impresionantes en plata, oro y piedras semi-preciosas. No fue nada fácil la conquista tampoco. De hecho, Pizarro había hecho dos tentativas antes sin tener éxito. Hay ciertas teorías que tratan de explicar por qué este imperio llegó a las alturas que alcanzó en este período de tiempo bastante breve.

Según el autor peruano José Carlos Mariátegui, en su obra *Siete ensayos de interpretación de la realidad peruana,* la estructura social y política del imperio incaico (#2, C) **se asemejó mucho a la filosofía socialista del siglo veinte** donde todos se ayudaban los unos a los otros para el bien de todos. Como todos se apoyaban los unos a los otros, el imperio pudo tener éxito. El imperio se dividía en comunidades que se llamaban «ayllus». Cada familia del ayllu que cultivaba la tierra tenía la obligación de dar parte de los productos de su terreno al gobierno como un impuesto. El gobierno entonces dividía los productos en cuatro partes, una parte para el gobierno y el ejército, otra para los religiosos, otra para los ancianos y enfermizos y otra para guardar en almacenes en anticipación de desastres naturales. (#4, D) **La comida que se guardaba se usaba si había una catástrofe en uno de los ayllus. El gobierno ayudaba a la comunidad afectada usando productos de sus almacenes.** La comida de los almacenes se conservaba bien gracias al frío y a la altura sobre el mar en las montañas. En realidad, los incas inventaron el proceso de conservar la comida en seco.

Además de tener que dar parte de sus productos al estado, (#3, A) **los hombres también tenían que donar cierto número de días cada año para trabajar en obras públicas** como puentes, caminos, acue- ductos y terrazas. Entonces todos contribuían al bienestar del estado proveyendo productos de la tierra y manos para el trabajo.

Las mujeres también contribuían al imperio. Como se mencionó antes, (#5, D) **el arte de tejer era una de las artes más desarrolladas y valoradas. Entonces mandaban a las mejores tejedoras a centros de tejer, como conventos, donde pasaban la vida produciendo tela y tejidos para el imperio.** Estos tejidos se usaban para comerciar con otras tribus y también se usaban para enterrar a las personas.

Otro trabajo muy importante era el del chasqui. (#6, B) **Los chasquis eran mensajeros que llevaban mensajes por los caminos del imperio.** A trechos, según la distancia que un hombre podía correr en un día, habían construido un tipo de hotel y un almacén. En cada uno de esos hoteles había un chasqui. Cuando llegaba uno, le daba el mensaje al chasqui que estaba allí y éste continuaba con el mensaje hasta que llegaba a su destinación mientras que el otro descansaba en espera del próximo mensaje para llevar. Funcionaba como una carrera de relevos moderna donde una persona lleva el testigo cierta distancia para darlo a otro para continuar. Los incas no tenían un sistema de escritura sino que usaban quipus, cuerdas anudadas que según el número y tamaño de los nudos transmitían un mensaje.

(#7, A) **Otra muestra de los avances que alcanzaron los incas es en el campo de la cirugía. Los antropólogos han encontrado a momias cuyos cráneos fueron operados.** Y lo más sorprendente es que no solamente muestran la operación, sino que también muestran que el paciente sobrevivió la operación y siguió viviendo años después de haber sido operado.

Todo esto terminó con la conquista por Pizarro y los españoles que impusieron un sistema más bien feudal en las Américas. La teoría de Mariátegui en su libro es que los problemas de que ha sufrido el Perú, y otros países en Latinoamérica, tienen que ver con el hecho de que (#8, B) **los españoles reemplazaron un sistema socialista puro con el sistema feudal europeo. De esta manera cambiaron un sistema avanzado por uno inferior y antiguo.** En el sistema feudal, según la teoría, hay menos razones para trabajar porque no se trabaja para el bien común.

Script for
Longer Listening 3

Una conferencia sobre el camino de Santiago

Durante la Edad Media había tres lugares de peregrinación principales para la Europa cristiana: Roma, el Medio Oriente y (#1, C) **Santiago de Compostela en el noroeste de España.** Como hacen los musulmanes hoy día a Meca, los cristianos medievales trataban de hacer una peregrinación a un sitio considerado sagrado durante su vida, sobre todo para (#2, C) **cumplir con una promesa.** Por ejemplo, si ellos se curaban de una enfermedad, o recibían otro bien, ellos hacían una peregrinación para darle las gracias a Dios por su buena suerte. Quizás es fácil imaginar por qué querían ir al Medio Oriente y a Roma, pero ¿por qué quisieran ir al noroeste de España a un pueblecito?

Según nos cuenta la historia religiosa, después de la muerte de Jesús Cristo sus apóstoles se fueron a varias partes del imperio romano para predicar las buenas nuevas y extender el cristianismo. Se dice que (#3, A) **Santiago el Mayor, uno de los apóstoles de Jesús, se fue a la península ibérica para predicar el mensaje de Jesús. Cuando volvió después al Medio Oriente, los romanos lo mataron como a muchos de los apóstoles. Según la leyenda, después de su martirio, sus discípulos llevaron su cuerpo a la península ibérica otra vez para enterrarlo.** Se dice que los discípulos lo llevaron a un *campo* en el noroeste de la península y lo enterraron donde vieron una *estrella* sobre ellos. El lugar entonces recibió el nombre Santiago de Compostela (campo de la estrella). Allí, en el siglo once de la era común, comenzaron a construir una catedral para guardar los restos mortales del santo y entonces comenzaron las peregrinaciones. (#4, D) **Lo que también hizo a Santiago de Compostela tan popular con los peregrinos fue el hecho de que Jerusalén estaba en manos árabes y, por las cruzadas y la violencia religiosa, no les era tan fácil visitar los sitios santos en el Medio Oriente.** Para la época de Fernando e

Isabel, tantos peregrinos iban cada año que mandaron construir un hospital allí donde los peregrinos podían quedarse durante su visita. (#5, B) **Antes, los peregrinos tenían que quedarse en la catedral misma.**

Hoy día el hospital que mandaron construir Isabel y Fernando sigue en Santiago de Compostela pero ahora forma parte de una cadena de (#6, A) **paradores nacionales, edificios históricos que el gobierno ha convertido en hoteles de gran lujo.** En la ciudad, y en el camino a la ciudad, todavía se puede ver los peregrinos modernos caminando o montados en bicicleta con su mochila con la concha, símbolo de Santiago, en la espalda. Muchos peregrinos mayores vienen en autocares de todas partes de Europa, algunos en plan turístico, otros por motivos religiosos, todos a Santiago como se ha hecho por más de mil años. Santiago sigue siendo una destinación de mucho interés no sólo religioso sino también turístico.

(#7, D) **Tradicionalmente el viaje comenzaba en la Torre de Santiago o, en francés, la Tour de San Jacques, en París.** De allí los peregrinos pasaban hacia el sur de Francia, cruzaban los Pirineos y continuaban por el norte de España. Para atenderlos se construyeron conventos, monasterios e iglesias a lo largo del camino. Todavía quedan, algunos en ruinas o abandonados y otros que todavía sirven su propósito original de atender a los peregrinos en camino a Santiago. (#8, A) **Estos edificios a lo largo de la ruta son mayormente de estilo románico y hoy día de gran interés artístico e histórico.**

En Santiago todavía mantienen una oficina de peregrinación y los que vienen andando, o en bicicleta, y han recibido las firmas de ciertos oficiales en ruta, tienen derecho a un certificado para celebrar su logro.

Mientras hoy no hay tantos que hacen esta peregrinación, Santiago de Compostela sigue siendo un sitio y una ruta de gran interés histórico, artístico, turístico y aun religioso. (#9, B) **El día de Santiago es el 25 de julio** y cada año millares de personas vienen para festejar y celebrar en esta ciudad que es un cruce entre los caminos del mundo antiguo y el mundo moderno.

TRACK 20

Script for
Longer Listening 4

Una conferencia sobre los grandes muralistas mexicanos

Cuando pensamos en el arte de México muchas veces (#1, C) **lo que nos viene a la mente es el arte precolombina de los aztecas, toltecas, olmecas y mayas.** Grandes pirámides, centros ceremoniales, cerámica, joyas y esculturas se encuentran por todos lados. Cuando se visita a México algunos de los lugares más populares para visitar son los centros arqueológicos como Teotihuacán, Palenque, Chichen Itzá y la excavación del templo mayor en la Ciudad de México. También en la capital mexicana se encuentra el famosísimo Museo de Antropología que reúne artefactos de todas las culturas de México. Pero, también en esta ciudad, y otras en México, se pueden ver las obras de otros grandes artistas mexicanos, los muralistas.

(#2, D) **El muralismo es el arte de pintar grandes cuadros en las paredes de edificios,** muchas veces edificios públicos. Los murales, no importa en que país se encuentran, muchas veces contienen crítica social o política, o conmemoran a personas o eventos importantes en la mente del pueblo. Los artistas mexicanos llevaron esta forma de arte a un nivel muy alto en el siglo veinte y la hicieron una expressión artística que se relaciona mucho con México.

En el muralismo mexicano los temas reflejan eventos históricos de México, las civilizaciones precolombinas, leyendas, grandes líderes y la crítica social. (#3, C) **Estas obras se encuentran en edificios públicos,** el sitio perfecto para mostrar el arte y el mensaje que comunican. Los tres grandes nombres de este movimiento artístico son Diego Rivera, José Clemente Orozco y David Alfaro Siqueiros.

David Alfaro Siqueiros nació en 1896 y murió en 1974. Él realizó murales de gran simbolismo cuyos (#4, A) **temas son sociales.** Un ejemplo es su mural titulado *Madre campesina,* que se encuentra en el Instituto Nacional de Bellas Artes. Los murales de Siqueiros captan la realidad de la gente en la expresión de su situación en la vida. En *Madre campesina,* vemos a una madre, en un desierto, con la cara triste sosteniendo a su bebé en los brazos bajo la manta.

José Clemente Orozco nació en 1883 y murió en 1949. (#5, B) **Sus pinturas, murales y frescos representan temas revolucionarios.** Uno de sus murales más famosos se llama *Zapatistas* y muestra a los campesinos y a las campesinas que luchaban en la Revolución mexicana con el revolucionario famoso Emiliano Zapata.

Quizá el muralista de más renombre mundial sea Diego Rivera, quien nació en Guanajuato, México, en 1886 y murió en 1957. La obra de Rivera incluye murales, cuadros, dibujos y retratos de gente famosa. Sus temas abarcan todos los que trataron los muralistas mexicanos: la vida, la historia y los problemas sociales. Entre sus obras más impresionantes se encuentra la serie de murales que hizo en el Palacio Nacional de México. Allí, en una escalera y en las galerías de uno de los patios, (#6, C) **Rivera pintó la historia de México de los tiempos precolombinos hasta la lucha del proletario de los años veinte y treinta.** Se puede ver la vida de los indígenas de México antes de la llegada de Cortés, el encuentro entre Cortés, la Melinche y Moctezuma, la lucha entre los españoles y los indígenas y la subyugación y el abuso de ellos. Antes de morir, (#7, B) **Diego Rivera hizo construir un «teocali» en la capital; es una pirámide maya que sirve de museo para algunas de sus obras y antigüedades.** Fue su regalo al pueblo mexicano y a su herencia indígena.

El arte muralista de México ha servido también de inspiración para jóvenes artistas latinos en los Estados Unidos. Al visitar muchas ciudades norteamericanas, se puede ver murales, algunos pagados y otros de expresión personal y anónimos, en las paredes de edificios y en las murallas de algunos barrios. Todavía muchos tratan de temas sociales y políticos mientras hay otros que son simplemente para embellecer el barrio con escenas de la vida cotidiana. La inspiración de estos tres muralistas inmortales de México—Siqueiros, Orozco y Rivera—sigue en las nuevas generaciones aquí y allí (#8, D) **enseñándonos y haciéndonos pensar en la realidad del mundo que nos rodea.**

Script for
Longer Listening 5

Una conferencia sobre los grandes líderes de Hispanoamérica

Benito Juárez, José de San Martín y Simón Bolívar son algunos de los grandes líderes que participaron en la creación de muchos de los países modernos de Latinoamérica ayudándolos a ganar o mantener su independencia de poderes europeos y emprender el camino nacional.

Benito Juárez nació en San Pablo de Guelatao, México, en 1806. Él sirvió como gobernador de Oaxaca y presidente de la suprema corte de justicia. (#1, D) **Este hombre, que sería elegido presidente de México tres veces,** luchó por la libertad de sus ciudadanos, no sólo en contra de la oligarquía rica y conservadora sino también (#2, C) **en contra de los franceses y el emperador Maximiliano, que ellos y la oligarquía instalaron en México.** Hijo de indios, enseñado por un sacerdote, Benito Juárez llegó a ser uno de los líderes más importantes del siglo diecinueve y de todos los tiempos. Intentó defender a todos los mexicanos y por eso tuvo problemas con los elementos más poderosos del país.

José de San Martín nació en Yapeyú, Argentina, en 1778 y de joven (#3, A) **se fue con sus padres a vivir en España. En España estudió en un colegio para militares y se alistó en las fuerzas armadas españolas.** Estaba en España durante la invasión napoleónica y luchó en contra de ellos en el ejército español. Aunque vivió muchos años en España y fue miembro de sus fuerzas armadas, San Martín se interesó mucho en la independencia de su país natal. En 1812, al terminar las guerras napoleónicas en España, San Martín vio la oportunidad de conseguir la independencia de la Argentina y volvió a Buenos Aires. Allí él ayudó a conseguir la independencia de la Argentina y planeó la liberación de Chile y del Perú. En enero de 1817, (#4, C) **con su famoso Ejército de los Andes,** San Martín cruzó los Andes y libertó a Chile. Después se fue al norte y con Bolívar libertó a Perú y Bolivia. José de San Martín fue el protector del Perú por un año. Después él renunció al puesto y se fue a vivir en Francia. Decidió no participar en la política de la Argentina y pasó el resto de su vida en Francia, donde murió en 1850. Aunque nunca volvió a la Argentina, sigue en la memoria de la nación argentina como uno de sus grandes líderes.

Simón Bolívar nació en Caracas, Venezuela, en 1783, hijo de padres españoles. Por haber nacido en Venezuela, (#5, A) **Bolívar fue criollo, hijo de españoles nacido en las colonias. Por eso no gozó de los mismos derechos que tenían sus padres por haber nacido en España.** Eso sería uno de los factores que lo empujaron a tomar parte en el movimiento de independencia en las Américas. Como San Martín, Simón Bolívar se fue a estudiar en España. (#6, B) **Allí él estudió las ideas de los grandes intelectuales franceses de la Revolución Francesa. Con esta influencia y la reciente independencia de los Estados Unidos de Inglaterra, él se dedicó a la liberación de las Américas.** Bolívar ganó la independencia de Venezuela, Colombia y Ecuador. Luego con San Martín logró la independencia de Bolivia. (#7, D) **El sueño de Bolívar fue establecer los Estados Unidos de Sudamérica como lo habían hecho los patriotas al norte.** Él pudo establecer la República de Gran Colombia, que incluía a Venezuela, Colombia, Ecuador y Panamá. Bolívar fue elegido su primer presidente pero desgraciadamente esa unión duró poco tiempo.

(#8, B) **Aunque estos tres hombres cambiaron la suerte de sus países no vieron el resultado que esperaban:** Benito Juárez vio el ascenso del dictador Porfirio Díaz; José de San Martín se vio obligado a pasar sus últimos días en Francia por el caos que había en su país; y Simón Bolívar vio el desmembramiento de la República de Gran Colombia y la desaparición de su sueño de una Sudamérica unida. A pesar del aparente fracaso de sus sueños, estos tres hombres permanecen en la memoria de sus compatriotas, y también en la memoria colectiva humana, por lo que pudieron realizar durante su vida.

Script for Longer Listening 6

Una conferencia sobre ganadores del Premio Nóbel

(#1, D) **Alfredo Nóbel, industrial y químico sueco** que inventó la dinamita, estableció en su último testamento cinco premios para personas que han hecho cosas importantes para la humanidad. Los premios son de literatura, paz, fisiología y medicina, física y química. Cada 10 de diciembre, el aniversario de su muerte, estos premios se otorgan en la capital de Suecia, Estocolmo. Hombres y mujeres representantes de muchos países y culturas han recibido estos premios desde su principio, incluso personajes del mundo hispano. (#2, B) **Unos 14 hispanohablantes, que representan las cinco categorías, han sido recipientes de este honor.**

El Premio Nóbel de Literatura ha sido recibido por ocho escritores de cinco países del mundo hispano. Gabriel García Márquez de Colombia, Miguel Ángel Asturias de Guatemala, Pablo Neruda de Chile, Octavio Paz de México, Gabriela Mistral de Chile, Vicente Aleixandre, Juan Ramón Jiménez y Jacinto Benavente de España lo han recibido. Quizá el más conocido sea Gabriel García Márquez de Colombia, (#3, A) **cuya obra literaria le dio al mundo a conocer mejor el género literario latinoamericano de la fantasía y la realidad mágica.** En sus obras (#4, B) **se mezclan el mundo real y el mundo de la fantasía.** Muchas de sus obras se relacionan con un pueblo imaginario, que se llama Macondo, y sus habitantes. Sus novelas y cuentos antes de y después de (#5, A) **su obra maestra *Cien años de soledad* tienen lazos con Macondo y sus habitantes casi sobrenaturales.**

Dos hispanos han sido premiados con el Premio Nóbel de la Paz por su esfuerzo por lograr la paz en Centroamérica: Rigoberta Menchú, una indígena guatemalteca, y Óscar Arias, el antiguo presidente de Costa Rica. Óscar Arias fue elegido presidente de Costa Rica por primera vez en 1986. En aquel entonces se luchaba una guerra civil en Nicaragua al norte de Costa Rica. Aquella guerra entre los sandanistas, que habían tomado control del país, y los contras, rebeldes que recibían apoyo del gobierno de los Estados Unidos, arriesgaba la estabilidad de la región. Además, era una amenaza para Costa Rica, un país neutral que no tiene ejército para defenderse. (#6, C) **Arias trabajó para poner fin al conflicto y tener elecciones libres en Nicaragua. Por sus esfuerzos, recibió el Premio Nóbel de la Paz en 1987.**

Rigoberta Menchú, indígena guatemalteca, escribió *Me llamo Rigoberta Menchú y así me nació la conciencia,* que mostró al mundo la discriminación y la violencia de que sufrían los indígenas de Guatemala a manos del gobierno, el ejército y la oligarquía. En este libro autobiográfico ella cuenta su historia. Describe cómo los soldados del ejército de Guatemala mataron a su familia y escribe sobre los abusos del gobierno. Además de escribir un libro, (#7, B) **ella también ha trabajado para organizar a la gente indígena de Guatemala para poner fin a la violencia y a los abusos del pasado. Ella también ha trabajado en la repatriación de indígenas que huyeron a México para escaparse de la violencia. Por sus esfuerzos ella ganó el Premio Nóbel de la Paz en 1992.**

(#8, D) **Dos españoles han recibido el Premio Nóbel de Medicina. Santiago Ramón y Cajal lo recibió en 1906 por su trabajo en el funcionamiento del sistema nervioso. Severo Ochoa lo recibió en 1959 por sus estudios sobre las enzimas.**

En esta lista también podemos incluir a un americano nacido en San Francisco, Luis Álvarez. El doctor Álvarez nació en 1911 en San Francisco, California. En 1936 recibió un doctorado en física de la Universidad de Chicago. Luego se instaló como profesor de física en la Universidad de California en Berkeley. (#9, C) **En 1968 recibió el Premio Nóbel de Física por su trabajo en este campo.**

Nóbel quería premiar a personas notables que hubieran contribuido al bien común del género humano. Como se puede ver, la comunidad mundial hispana ha participado y sigue participando en esta tarea de servir a los seres humanos y enriquecer su vida por medio de su trabajo, sea lo que sea.

CHAPTER 6

Exam Section I, Part B
Reading Comprehension: Longer Passages

IN THIS CHAPTER

Summary: In this part of the examination you will be given several reading passages. Each passage will be followed by several multiple-choice questions, which are based on the content of the passage. This portion of the examination is worth 30 percent of the total. The total amount of time given is 45 minutes. Answers and explanations are at the end of the chapter.

- Read the entire passage once to see what it is about (context).
- Now that you have an idea of the content of the passage, look at the questions to see the type of information you need to look for in the passage.
- Read the passage a second time and determine what the answers are. You may wish to underline or star where you think the answers are found.
- If there are still words that you do not understand, try to make an educated guess at their meaning by looking at…
  - Cognates
  - The context of the passage, paragraph, or sentences before and after
  - Roots (smaller words inside larger ones)
  - Sounds (sometimes if you say a word softly to yourself you will hear and recognize it).
- You may want to answer the questions on scrap paper; that way, after you have done a few of the passages you can go back and check your comprehension.
- You might wish to make a list of the words that you look up. These can then be made into flash cards to practice. It is said that the best way to really acquire vocabulary is

through reading good literature! (Reading good literature can also help make us better writers.) But be careful to concentrate only on words you feel are high frequency, normal words, that is, words that are not exotic and infrequently used.

- Remember that it is better not to guess on Section I of the examination without having any idea of the answer. However, if you can narrow down your choices, it might be to your advantage to make an educated guess.

- As this is the end of Section I, before time is called *you may go back* and look at the previous parts and check your answers or look again at any question you may have chosen not to answer to see if you might see something there you did not see the first time.

Reading Comprehension Practice

Longer Reading Passage 1

Las inquietudes de Shanti Andía, por Pío Baroja (fragmento).

Tardé bastante tiempo en ir a la escuela. De chico tomé un golpe en una rodilla, y no sé si por el tratamiento del curandero, que me aplicó únicamente emplastos de harina y de vino, o por qué, el caso es que padecí, durante bastante tiempo, una artritis muy larga y dolorosa. 5

Quizá por esto me crié enfermizo, y el médico aconsejó a mi madre que no me llevara a la escuela. Mi infancia fue muy solitaria. Tenía, para divertirme, unos juguetes viejos que habían pertenecido a mi madre y a mi tío. Estos 10 juguetes que pasan de generación en generación tienen un aspecto muy triste. El arca de Noé de mi tío Juan era un arca melancólica; a un caballo le faltaba una pata; a un elefante, la trompa; al gallo, la cresta. Era un arca de Noé que más 15 parecía un cuartel de inválidos.

Mi tía Úrsula, hermana mayor de mi madre, solterona romántica, comenzó a enseñarme a leer. Doña Celestina era como el espíritu de la tradición en la familia Aguirre; la tía Úrsula 20 representaba la fantasía y el romanticismo.

Cuando mi tía Úrsula llegaba a casa, solía sentarse en una sillita baja, y allí me contaba una porción de historias y aventuras. 25

En Aguirreche, en su cuarto, la tía Úrsula guardaba libros e ilustraciones con grabados españoles y franceses, en donde se narraban batallas navales, piraterías, evasiones célebres y viajes de los grandes navegantes. Estos libros debían de haber estado en 30 alguna cueva, porque echaban olor a humedad y tenían las pastas carcomidas por las puntas. En ellos se inspiraba, sin duda, mi tía para sus narraciones.

La tía Úrsula solía contar la cosa más insignificante con una solemnidad tal que me maravi- 35 llaba. Ella me llenó la cabeza de naufragios, islas desiertas y barcos piratas.

Sabía más que la generalidad de las mujeres, y, sobre todo, que las mujeres del país. Ella me explicó cómo iban los vascos, en otra época, a la 40 pesca de la ballena en los mares del Norte; cómo descubrieron el banco de Terranova, y cómo aun, en el siglo pasado, en los astilleros de Vizcaya y de Guipúzcoa, en Orio, Pasajes, Aguinaga y Guernica, se hacían grandes fragatas. 45

1. ¿Por qué tardó el chico en ir a la escuela?
   - (A) por una enfermedad
   - (B) por no haber una escuela cerca
   - (C) por problemas de aprendizaje
   - (D) por el curandero

2. Por su condición, el chico…
   - (A) tenía muchos amigos.
   - (B) recibió muchos juguetes.
   - (C) estaba aislado y solo.
   - (D) era inválido.

3. El chico comenzó a aprender gracias a…
   - (A) su madre.
   - (B) su hermana mayor.
   - (C) un pariente paterno.
   - (D) una parienta materna.

4. Podemos describir a la tía como…
   - (A) soñadora y sentimental.
   - (B) realista.
   - (C) historiadora de la familia.
   - (D) práctica.

5. ¿Cuál era la inspiración de sus historias?
   - (A) los libros nuevos de la librería
   - (B) los libros viejos de su biblioteca
   - (C) su imaginación
   - (D) la historia de la familia

6. Podemos deducir que el niño y su tía vivían…
   - (A) en una zona de pesca.
   - (B) en una zona agrícola.
   - (C) en una ciudad.
   - (D) en un pueblo.

Longer Reading Passage 2

«Revolución de los gustos en el Perú», la revista *Américas*, páginas 45–49 [fragmento] junio, 2006. Reprinted from *Américas*, a bimonthly magazine printed in separate English and Spanish editions; published by the General Secretariat of the Organization of American States. (www.oas.org). Used with permission.

Gastón Acurio se fue a Europa a estudiar derecho. Años más tarde, retornó al Perú con el título de chef graduado del Cordón Bleu de París, aunque él prefiere que lo llamen cocinero y punto. Fue así que en un «raro y fugaz arranque de valentía» como él mismo ha dicho en más de una ocasión, decidió orientar su vida hacia su verdadera pasión: la cocina. Su padre, un respetado político que fue senador y ministro durante los dos gobiernos de Fernando Belaúnde Terry, y que esperaba que su hijo siguiera sus pasos en la política, no tuvo más remedio que apoyarlo frente a semejante giro en su vida: de las cortes y el litigio, a los cucharones y el fogón.

Gastón Acurio es probablemente el miembro más exitoso de la Nueva Cocina Peruana, un título arbitrario— podrían objetar algunos— para un fenómeno culinario que existe y genera mucha expectativa: la revolución iniciada por una generación de cocineros formados en prestigiosas escuelas europeas, que hoy, despercudidos de tanto afrancesamiento, emplean sus técnicas para revalorizar la riqueza de la milenaria gastronomía peruana.

En la actualidad, la comida peruana está considerada como una de las doce mejores del planeta, según los entendidos, debido al exquisito resultado del sincretismo de sabores procedentes de diversos puntos del globo. En esta fusión de sabores, primó sobremanera el encuentro de dos mundos con absoluto desenfado y sin rencores: el andino y europeo.

«Fue en el terreno gastronómico en el cual los nativos e invasores se entendieron mejor; de seguro porque el aspecto más permeable en cualquier cultura es el más cercano al placer, la

(line numbers: 1, 5, 10, 15, 20, 25, 30, 35, 40, 45, 50)

necesidad y el hambre», sugiere
Rodolfo Hinostroza, poeta y experto
en asuntos culinarios.

Este «mestizaje» dio inicio
a una suculenta creación de comidas 55
durante el virreinato, sobre las cuales
se forjó la cocina peruana tal como
la conocemos en la actualidad. Pero
la fusión no acabó ahí, por suerte.
Las migraciones de africanos, chinos, 60
árabes, japoneses y europeos
(especialmente del sur de España
y la costa de Liguria en Italia) sólo
contribuyeron a enriquecer e innovar
el uso de productos e ingredientes 65
en una de las regiones con
mayor biodiversidad del planeta.

Acurio refuerza este concepto:
«La gran virtud de la cocina peruana
es que somos una fusión de sabores. 70
Siempre hemos dado la bienvenida a
todo lo rico que hay, ya sea chino,
francés, español, italiano o japonés.
Pero más aún, el Perú es un país
despensa. Uno consigue todo el año 75
ochenta tipos de vegetales y sesenta
tipos de frutas. Además, un centenar
de microclimas en el país aseguran
que nunca faltará ninguna variedad
de nada. En España sólo se pueden 80
comer espárragos seis meses al año,
y en Chile la albahaca sólo se
consigue durante tres. Los cocineros
de climas mediterráneos están
obligados a reinventar las cartas de 85
los restaurantes en cada cambio de
estación. Pero aquí en Lima sólo lo
hacemos por el pánico a pasar de moda
en un mercado miniatura, despiadado,
conocedor y tragón.» 90

En la actualidad, la comida
peruana genera un inusitado interés
en todo el mundo, en donde cada vez
es más común encontrar un buen
restaurante que ofrezca comida 95
peruana, ya sea en Nueva York,
Madrid, São Paulo, Montreal o
Seattle. A su vez, Lima es una
activa y bulliciosa plaza donde
se han abierto en los últimos años 100
catorce escuelas de cocina incluyendo un
proyecto con Le Cordon Bleu. La apertura
de nuevos restaurantes en Lima y otras ciudades
del país —que pese a crear preocupación entre
otros propietarios por sentir que no se 105
genera un incremento de comensales,
sino más bien una sobre oferta— pareciera
ser una señal de que a todos les va
muy bien. A esta «revolución», se
suma una «evolución» constante y 110
contundente de la comida peruana sin
perder su esencia. Por citar un caso: el
cebiche. Bajo el mismo nombre, se
consumen versiones distintas desde
el Perú hasta México. Sin embargo, 115
el origen de un plato tan sencillo y
exquisito fue en las costas soleadas
del Perú. La razón se remonta al
poder y la influencia que se
expandió desde Lima al resto de 120
Sudamérica, por más de cuatro
siglos durante el virreinato. Las recetas
gastronómicas no fueron una
excepción. Así, un cebiche fue
tomando cuerpo y sabor según la 125
región que abrazaba el nuevo potaje;
de ahí las variedades. Y sigue siendo
el caso que la Nueva Cocina Peruana
continúa incluyendo elementos
extranjeros y sigue evolucionando según las 130
áreas adonde se ha extendido.

1. Gastón Acurio se fue a Europa originalmente
   para estudiar para…
   (A) político.
   (B) abogado.
   (C) juez.
   (D) cocinero.

2. Gastón le pone mucha importancia de haber
   graduado del Cordon Bleu.
   (A) Sí, tiene mucho orgullo de haber graduado
       del Cordon Bleu.
   (B) No, no le importa tanto el título.
   (C) No, porque nunca lo hizo.
   (D) Sí, porque es bueno para el negocio.

3. La Nueva Cocina Peruana viene...
   (A) de Francia donde las escuelas prestigiosas tomaron la comida peruana y la renovaron con sus técnicas.
   (B) de las nuevas escuelas culinarias que se han establecido en el Perú.
   (C) del descubrimiento de textos del tiempo de la conquista.
   (D) de un grupo de cocineros que estudiaron en el extranjero y aplicaron lo aprendido a la cocina peruana.

4. La comida peruana tiene mucha popularidad...
   (A) sólo en el Perú.
   (B) sólo en las Américas.
   (C) en todo el mundo.
   (D) en Francia.

5. Cuando dice en las líneas 40–44: «En esta fusión de sabores, primó sobremanera el encuentro de dos mundos con absoluto desenfado y sin rencores: el andino y el europeo.» quiere decir...
   (A) la combinación de sabores de distintas partes del mundo ha ocurrido naturalmente y sin dificultades.
   (B) ha habido dificultades de superar en combinar los sabores.
   (C) la fusión de sabores no ha tenido éxito siempre.
   (D) por muchos años lo indígena y lo europeo no se mezclaron.

6. Según el poeta Rodolfo Hinostroza,...
   (A) la comida separó a los invasores de los indígenas.
   (B) el hambre provocó conflictos entre los invasores y los indígenas.
   (C) la comida unió a los indígenas y a los invasores.
   (D) los indígenas sufrieron del hambre por los invasores.

7. La palabra «mestizaje» en la línea 54 quiere decir...
   (A) la combinación de cosas de una manera para crear algo nuevo.
   (B) la dominación de los productos venidos de otras partes.
   (C) el empobrecimiento de la cocina nacional.
   (D) el control ejercido sobre las colonias en el tiempo del virreinato.

8. El Perú, a diferencia de otros países del mundo,...
   (A) ha tenido gran éxito en la combinación de comidas de otras partes del mundo.
   (B) sólo puede producir ciertos productos durante ciertas estaciones del año.
   (C) tiene que revisar sus cartas con cada estación por la falta de ciertos productos.
   (D) puede proveer una variedad de productos a lo largo del año gracias a sus muchas zonas climáticas.

9. Una muestra de la popularidad de la comida peruana es que...
   (A) se puede encontrar restaurantes que ofrecen comida peruana en todo el mundo.
   (B) se han abierto escuelas de cocina peruana en la Ciudad de Nueva York, Madrid, São Paulo, Montreal y Seattle.
   (C) el Cordon Bleu ha establecido escuelas de cocina peruana en Nueva York, Madrid, São Paulo, Montreal y Seattle.
   (D) muchos viajan a Lima para probar este fenómeno gastronómico.

10. Según este artículo, la comida peruana...
    (A) ha perdido su carácter especial.
    (B) ha pasado por cambios sin perder su identidad.
    (C) no se ha cambiado desde los tiempos de la colonia.
    (D) el cebiche es igual no importa si se come en el Perú o en México.

Longer Reading Passage 3

«Audaz artífice de bambú colombiano», la revista *Américas*, adoptado de las páginas 13–20, febrero, 2006. Used with permission.

No importa adónde lo lleve su trabajo, ya sea la Florida, el Brasil, México o Indonesia, hay algo que el arquitecto colombiano Simón Vélez siempre trae de regreso en su maleta: plantas. Pequeñas plantas   1

    5

de bambú. Y según dice, nunca tiene problemas con la aduana porque, después de todo, son para fines científicos, y una vez en suelo colombiano las plantas y las estudia. Pero, dice, «sin ser nacionalista, no he encontrado una especie más fuerte, derecha y fácil de cosechar que la *Guadua*   10

    15

angustifolia≫, que crece en su propio país.

Durante los últimos veinte años, Vélez ha diseñado y construido casas, hoteles, centros de convenciones, puentes y prácticamente todo lo que puede con la planta que domina ≪prodigio de la naturaleza≫.

Asegura que es más fuerte que el hierro, más flexible —es decir, que soporta mejor el tipo de presión que enfrentan los edificios durante los terremotos— crece más rápido que cualquier otra planta, lo que la convierte en un recurso renovable ideal; pero durante gran parte de la historia humana moderna, el bambú ha sido ignorado como material de construcción, excepto por los pobres. Esto es, hasta que intervino Vélez.

Durante las últimas dos décadas, sus heterodoxos diseños, técnicas y materiales han ganado adeptos desde la Florida hasta el Brasil y en una media docena de países, algunos tan alejados como China, y han dejado sus huellas en Alemania y Francia. Su trabajo es el tema central del libro *Grow Your Own House: Simón Vélez and Bamboo Architecture*, y se describe en varios otros.

Para lograr lo que Mehta llama ≪la calidad orgánica… en la manera que los materiales naturales se relacionan con uno≫, Vélez ha tenido que convencer a prosaicos burócratas de todo el mundo de que él puede construir con bambú en lugar de los materiales más ampliamente aceptados, como el ladrillo y la argamasa. En una oportunidad, tuvo que construir en Colombia una versión de un pabellón antes de que los ingenieros de Alemania lo aceptaran en la Expo 2000.

A lo largo de su trayectoria, quizá tan importante como sus casas, puentes, techos y torres, se encuentran las legiones de conversos a la causa del bambú que ha dejado a su paso en todo el mundo, y en muchos casos, incluso en lugares donde no ha estado, mediante referencias o libros que presentan sus fuertes pero graciosas, y firmes pero flexibles edificaciones.

La arquitecta Gale Beth Goldberg dice que recientemente el grupo de arquitectos y otros profesionales influidos por Vélez que están trabajando o apoyando el uso del bambú han hecho una diferencia: un grupo de arquitectos logró que los revisores del Código Internacional de la Construcción aprobaran una especie de bambú para usar como material de construcción después de realizar pruebas en el estado de Washington. Sin embargo, la especie *Bambusa stenostachya* es sólo una de lo que deben ser miles en todo el mundo.

≪Pero sienta el precedente≫, dice Goldberg refiriéndose a la aprobación.

Al mismo tiempo, dice, en países desarrollados como los Estados Unidos, los departamentos de construcción locales no están preparados para aceptar el bambú como material, y las madererías locales todavía no lo venden.

En cualquier caso, el mismo Vélez dice que el tipo de innovación que ha marcado su carrera es prácticamente imposible en el mundo desarrollado por otro motivo: los abogados.

≪En los países del primer mundo, nadie experimenta con materiales nuevos porque tienen miedo de que los demanden≫, dice.

Inesperadamente, el veterano arquitecto terminó la conversación de larga distancia diciendo: ≪de todas maneras, no estoy tratando de convencer a nadie de que use el bambú. No quiero que me encasillen,

como Sean Connery con James
Bond. Además, ni siquiera sé cómo
vender mi propio trabajo, y mucho 120
menos el bambú≫.

En lo que respecta al futuro,
dice: ≪no tengo objetivos claros≫.

Y luego, repitiendo un dicho
típico de la región de donde proviene, 125
rica en expresiones heredadas de
España, dice: ≪de todas maneras,
nunca se sabe para qué lado va a
saltar el conejo≫.

1. Simón Vélez nunca tiene problemas en llevar
plantas a Colombia de otras partes porque…
(A) es un arquitecto famoso.
(B) las declara para el estudio científico.
(C) las esconde en su maleta.
(D) tiene conexiones con la aduana.

2. A través de sus estudios, Vélez…
(A) no ha encontrado una planta más fuerte que
la que crece en su propio país.
(B) no ha visto mucha diferencia entre las plantas
de distintos orígenes.
(C) no es adecuado para la construcción.
(D) tiende a ser menos flexible que el hierro.

3. Cuando Vélez dice en la línea 24 que el bambú es
≪prodigio de la naturaleza≫ él quiere decir que…
(A) es un desperdicio de la naturaleza.
(B) es un milagro de la naturaleza.
(C) es un producto de la naturaleza.
(D) está en peligro de extinción.

4. Quizá la cosa más importante con relación a la
preservación del medio ambiente es que…
(A) es una planta abundante.
(B) requiere menos terreno para su cultivo.
(C) crece rápidamente entonces es un material de
construcción que se reestablece pronto.
(D) su cultivo produce menos contaminación.

5. El problema más grande que ha tenido Vélez es…
(A) obtener ayuda financiera para sus proyectos.
(B) obtener suficientes plantas para realizar obras
grandes.
(C) asegurar que sus estructuras puedan aguantar
los terremotos.
(D) convencer a los oficiales que él puede susti-
tuir el bambú por otros materiales más con-
vencionales.

6. A pesar de todo, hay esperanzas para extender el
uso del bambú en visto de que…
(A) hay cada vez menos recursos naturales para
las construcciones.
(B) un grupo de arquitectos ha aprobado el uso
de un tipo de bambú para la construcción.
(C) muchos burócratas han aprobado su uso.
(D) el Código Internacional de la Construcción
ha aprobado el uso de un tipo de bambú para
la construcción.

7. En cuanto a los Estados Unidos…
(A) los departamentos de construcción locales no
están dispuestos a usar el bambú en la
construcción.
(B) se puede conseguir fácilmente en las madererías.
(C) los departamentos de construcción locales
son líderes en el uso del bambú.
(D) las madererías están en contra de vender el
bambú.

8. En los países industrializados, a diferencia de los
países en vías de desarrollo, muchos tienen miedo
de usar el bambú por…
(A) la influencia de las madererías.
(B) razones políticas.
(C) miedo de pleitos.
(D) la desconfianza de los consumidores.

9. El deseo más fuerte de Vélez es de…
(A) extender el uso del bambú como materia
prima de construcción por todo el mundo.
(B) ser conocido como padre de este movimiento.
(C) no ser sólo conocido como padre de este
movimiento.
(D) poder vender su propio trabajo.

10. La expresión en las líneas 128 y 129, ≪nunca se
sabe para qué lado va a saltar el conejo≫ quiere
decir…
(A) nadie sabe cómo va a resolverse la cuestión
del uso del bambú.
(B) él no ve claramente su futuro como arquitecto.
(C) que todo no se resolverá a su medida.
(D) que es una cuestión sin resolución.

Longer Reading Passage 4

≪Un paseo por el mundo taurino≫ por Rose Quiñones, prensa ≪ConXion≫, the Rochester *Democrat and Chronicle*'s monthly bilingual newspaper, page 13, April 2006. Used with permission.

La corrida de toros es una celebración española considerada como deporte por su competitividad y como arte por el vestuario, música y movimientos elegantes. Durante la prehistoria, el toro era venerado, representaba un símbolo de fortaleza, y se podían apreciar imágenes de hombres luchando contra este animal. Por su parte, durante la época del Imperio Romano se llevaban a cabo enfrentamientos entre hombres a pie y a caballo contra animales salvajes, incluyendo toros. Asimismo, fiestas taurinas se realizaban durante la Edad Media para celebrar acontecimientos de cierta importancia, como las bodas reales y nacimientos de príncipes.

Las corridas de toros son prácticas que se han propagado por varias partes del mundo. FortuneCity.com indica que en el continente americano naciones como México, Venezuela, Ecuador, Colombia, Perú, Bolivia, Costa Rica, Guatemala, Panamá y Nicaragua participan en esta tradición.

A pesar de ser una actividad muy popular, muchos desconocen cómo se efectúa una corrida de toros.

La tradición

Clarines y timbales suenan al ritmo del pasodoble, ante los espectadores aparece la comitiva taurina constituida por dos alguaciles a caballo, aquellos que de manera simbólica solicitan ante la autoridad la llave de los toriles, donde se encuentran los toros. El resto de la comitiva compuesto por tres toreros, vestidos de trajes de luces y con sombreros de tres picos, son quienes por orden de antigüedad lucirán sus faenas y lidiarán con seis toros, dos para cada uno. Detrás de ellos se encuentran los miembros de sus cuadrillas constituidos por sus subalternos o banderilleros, los picadores y el personal de la plaza. Esta entrada lleva el nombre de paseíllo y se encarga de abrir de una manera formal una corrida de toros, tal como lo explica la enciclopedia virtual Wikipedia.

La corrida de toros se divide en tres tercios, los cuales van marcados con el toque de clarines y timbales. En la primera parte, se da el encuentro inicial entre el toro y el torero y es cuando el matador torea con su capote. Los dos picadores entran montados a caballo, los cuales tienen los ojos cubiertos, y cada uno de los picadores se coloca en un extremo de la plaza. En ese momento se lleva a cabo la suerte o el lance de varas para probar la bravura del animal y dosificar su fuerza. Durante el segundo tercio se realiza la denominada suerte de banderillas, con la finalidad de enaltecer el temperamento del animal. En el tercer tercio, se efectúa la parte decisiva de la corrida, la llamada suerte suprema, y se produce cuando el diestro torea con una muleta, que consiste en un bastón que lleva pendiente a lo largo una capa; el torero

espera que el animal lo embista
y en el momento más indicado   95
procederá a la muerte del toro
utilizando su espada.

Si durante la jornada el
diestro hace una excelente
actuación, la multitud grita   100
≪¡Ole!≫ para manifestar su
aprobación. Al final de la
corrida se le entrega al matador
algunos de los trofeos que se
mencionan aquí en orden de   105
importancia: dos orejas y
el rabo, dos orejas y una oreja.

La atracción de las corridas
de toros radica en la
admiración del público al valor   110
y destreza que tiene el torero al
enfrentarse al toro. Sin embargo,
desde hace muchos años y en
varias partes del mundo ha
surgido la oposición hacia esta   115
fiesta taurina, debido a la
violencia que representa matar
al toro. Luego del ingreso de
España en la Comunidad
Europea algunas personas   120
sugirieron terminar estas
prácticas.

1. Algunos consideran la corrida de toros como un deporte…
   (A) porque es una competencia entre el hombre y el animal.
   (B) por los movimientos del torero y del toro.
   (C) por su aspecto de celebración.
   (D) porque se práctica en todos los países de habla española.

2. En tiempos prehistóricos el toro…
   (A) representaba la fertilidad.
   (B) representaba la lucha entre el hombre y la naturaleza.
   (C) representaba la sobrevivencia del hombre gracias a su carne.
   (D) representaba la fuerza.

3. Durante la Edad Media se utilizaban las corridas…
   (A) para el entretenimiento del público.
   (B) para venerar al animal que era símbolo de fortaleza.
   (C) para celebrar acontecimientos importantes.
   (D) para mostrar la valentía de los hombres.

4. Según la descripción de cómo se presenta la corrida, podemos decir que…
   (A) es un evento muy parecido a cómo se realiza eventos como el fútbol.
   (B) es un evento lleno de tradición y ceremonia.
   (C) es un evento en que sólo los que participan en la lucha se desfilan.
   (D) es un evento que se hace de maneras distintas en lugares distintos.

5. En cada corrida siempre hay…
   (A) tres matadores y sus subalternos que luchan en contra de tres toros.
   (B) seis matadores y sus subalternos que luchan en contra de seis toros.
   (C) seis matadores y sus subalternos que luchan en contra de tres toros.
   (D) tres matadores y sus subalternos que luchan en contra de seis toros.

6. La función de los picadores es de…
   (A) matar al toro.
   (B) ver la fuerza del toro y de apreciar el grado de su fuerza.
   (C) elevar el temperamento del animal.
   (D) torear con una muleta que es un bastón cubierto por una capa.

7. El honor más grande que puede recibir el torero si su actuación ha sido excelente es…
   (A) los gritos de ¡Ole! de los espectadores.
   (B) una oreja del animal.
   (C) las orejas y el rabo del animal.
   (D) el rabo del animal.

8. Lo atractivo de la corrida para algunos es…
   (A) la habilidad y la valentía del matador.
   (B) la violencia.
   (C) lo artístico de los movimientos.
   (D) la tradición y la historia del deporte.

9. De todos modos, algunas personas se oponen a la corrida…
   (A) porque es peligroso.
   (B) porque ya no es tan popular.
   (C) porque la Comunidad Europea no la aprueba.
   (D) por la crueldad hacia el toro.

10. Después de leer este artículo podemos decir que…
    (A) la corrida es una expresión artística.
    (B) la corrida es muy popular por todo el mundo.
    (C) la corrida simboliza la cultura hispánica.
    (D) la corrida tiene raíces históricas que predatan
        España.

Longer Reading Passage 5

≪Rastreando nuestras raíces familiares:
explorando una parte ignorada de la historia
de Puerto Rico≫ por José Olivieri Rivera,
prensa ≪ConXion≫, the Rochester *Democrat
and Chronicle*'s monthly bilingual newspaper,
October 2006. Used with permission.

Cuando pensamos en   1
Puerto Rico, regularmente
pensamos en un clima cálido,
música de calidad mundial,
playas hermosas y por supuesto   5
estupendo café. Podemos
enorgullecernos de nuestro
≪puertorricanismo≫ multicultural
y de la increíble mezcla de
influencias tainas, españolas y   10
africanas.

Mientras que disfrutamos
nuestro café recién hecho,
muchos de nosotros no conectamos
la industria del café con la   15
inmigración de familias de la
isla de Córcega.

Además de la industria
del café, los inmigrantes de
Córcega han influenciado la   20
música, cocina y política. Su
influencia es todavía muy fuerte
en nuestros días.

Córcega, la cuarta isla
más grande del mar   25
Mediterráneo, está localizada
en la parte oeste de Italia y el sur
de Francia. Muchas personas de
Córcega comenzaron a inmigrar
a Puerto Rico en 1850, cuando   30
España realizó la Real Cédula
de Gracias, alentando a
ciudadanos de España, Irlanda,
Alemania y Francia a mudarse
al Caribe o Sudamérica.   35

Se estima que actualmente
hay más de 400.000
descendientes de Córcega
viviendo en Puerto
Rico; muchos de los que se   40
mudaron debido a las
similitudes con su isla nativa.

Aunque muchos han
perdido sus conexiones con
Córcega, todavía les interesa   45
la historia detrás de sus
apellidos ya que la mayoría son
italianos o franceses.

Individuos y familias
pueden mantener conexión   50
con Córcega por medio de la
Asociación de Corzos de Puerto
Rico. Este grupo organiza viajes
a Córcega y ayuda a las personas
a explorar su herencia.   55

Según la página de
Internet Corsu Lista, alrededor
de 1800, colonizadores de
Córcega habían establecido
un mercado de café fuerte y   60
viable en Europa, donde ≪se
vendía por un precio alto≫.
Durante 1890, Puerto Rico
se estableció como el sexto más grande
productor de café   65
del mundo. Por esta razón,
muchos países intentaron copiar
los modelos de producción de
café de Puerto Rico. Aunque se
producía café en varias   70
regiones de Puerto Rico, según
el historiador puertorriqueño
Otto Sievenz Irizarry, Yauco
fue el pueblo conocido como
el lugar del café original.   75

≪Yauco era el pueblo≫

mencionó en una entrevista telefónica, «en donde muchos de los dueños de grandes plantaciones tenían sus residencias principales». 80

El café de Yauco era vendido a los «reyes y reinas de toda Europa».

«Bajo el nombre de San 85 Carlos, el café puertorriqueño fue disfrutado por el Papa y fue reconocido como el café oficial del Vaticano. »

Una de las plantaciones 90 más grandes de Puerto Rico fue nombrada «La hacienda del Tomino» por el pueblo de Tomino en Córcega. La Tomino fue comenzada por 95 Domingo Olivieri (Dominique en francés) que emigró a Puerto Rico a mitades de 1840 para unirse a su familia.

El padre de Olivieri, 100 Antonio Olivieri y Antongiorgi,

vivía en Yauco de 1818 a 1847, cuando regresó a Córcega, donde murió en 1848. Tras su llegada a Puerto Rico, 105 Olivieri comenzó a establecer su distinción en la industria del café. Los límites orginales de La Tomino se extienden en la actualidad de Yauco, Adjuntas 110 y Guayanilla.

Domingo José Olivieri explicó, «La mayoría del café es vendida a mayoristas, quienes venden el café a 115 grandes corporaciones para mezclarlo y distribuirlo bajo importantes marcas americanas. »

Olivieri continuó diciendo que «están orgullosos del 120 trabajo que ellos hacen y del legado que las personas de Córcega nos heredaron, aunque seamos puertorriqueños de corazón. » 125

1. El término «puertorricanismo multicultural» en la línea 8 viene…
   (A) de la influencia que ha tenido el turismo en la isla.
   (B) de la influencia que diferentes culturas han aportado a la isla.
   (C) de la música puertorriqueña.
   (D) del comercio internacional de café de que ha gozado la isla.

2. La industria del café se debe en gran parte a…
   (A) los inmigrantes de España.
   (B) los inmigrantes del continente de África.
   (C) los inmigrantes tainos.
   (D) los inmigrantes de una isla mediterránea.

3. La ola grande de inmigración del siglo XIX fue gracias…
   (A) a una invitación de España a inmigrantes europeos a venir a las Américas.
   (B) a una guerra entre Francia y Alemania.
   (C) a problemas políticos en Córcega.
   (D) al hambre causado por la escasez de la papa en Irlanda.

4. Se puede decir que lo atractivo para los inmigrantes corsos fue…
   (A) que la isla les parecía mucho a Córcega.
   (B) que la industria del café necesitaba trabajadores.
   (C) que muchos descendientes suyos vivían en la isla.
   (D) que existía una asociación de corsos en la isla para ayudarlos.

5. Muchos otros países trataron de copiar los modelos de producción de café de Puerto Rico…
   (A) por la calidad de su café.
   (B) por el precio que recibía su café.
   (C) por el éxito que su industria tenía.
   (D) porque tenía un mercado en Europa.

6. La grandeza del café puertorriqueño se veía en que…
   (A) se vendía mucho en Europa.
   (B) se vendía a las casas reales de Europa.
   (C) se vendía a precios muy altos.
   (D) se producía sólo en un lugar, Yauco, lo cual lo hizo muy raro.

7. Hoy día el café de La Hacienda del Tomino se vende…
   - (A) en la isla de Córcega.
   - (B) en el Vaticano.
   - (C) a familias reales de Europa.
   - (D) a compañías estadounidenses que lo venden bajos sus nombres.

8. ¿Qué quiere decir Olivieri en las líneas 120–125 cuando dice «están orgullosos del trabajo que ellos hacen y del legado que las personas de Córcega nos heredaron, aunque seamos puertorriqueños de corazón»?
   - (A) Los descendientes de los inmigrantes corsos se sienten todavía más corsos que puertorriqueños.
   - (B) Los descendientes de los inmigrantes corsos se consideren puertorriqueños y al mismo tiempo tienen orgullo de su herencia.
   - (C) A los descendientes de los inmigrantes corsos no les importa su herencia corsa.
   - (D) Muchos descendientes de los inmigrantes corsos ya no trabajan en la industria del café.

Longer Reading Passage 6

La barraca (fragmento), por Vicente Blasco Ibáñez

Cuando en época de cosecha contemplaba el tío *Barret* los cuadros de distintos cultivos en que estaban divididas sus tierras, no podía contener un sentimiento de orgullo, y mirando los altos trigos, las coles con su cogollo de rizada blonda, los melones asomando el verde lomo a flor de tierra o los pimientos y tomates medio ocultos por el follaje, alababa la bondad de sus campos y los esfuerzos de todos sus antecesores al trabajarlos mejor que los demás de la huerta. 10

Toda la sangre de sus abuelos estaba allí. Cinco o seis generaciones de *Barrets* habían pasado su vida labrando la misma tierra, volviéndola al revés, medicinando sus entrañas con ardoroso estiércol, cuidando que no decreciera su jugo vital, acariciando y peinando con el azadón y la reja todos aquellos terrones, de los cuales no había uno que no estuviera regado con el sudor y la sangre de la familia. 15

Mucho quería el labrador a su mujer, y hasta le perdonaba la tontería de haberle dado cuatro hijas y ningún hijo que le ayudase en sus tareas: no amaba menos a las cuatro muchachas, unos 20

ángeles de Dios, que se pasaban el día cantando y cosiendo a la puerta de la barraca, y algunas veces se metían en los campos para descansar un poco a su pobre padre; pero la pasión suprema del tío *Barret,* el amor de sus amores, eran aquellas tierras, sobre las cuales había pasado monótona y silenciosa la historia de su familia. 25 / 30

Hacía muchos años, muchos —en los tiempos que el tío *Tomba,* un anciano casi ciego que guardaba el pobre rebaño de un carnicero de Alboraya, iba por el mundo, en la partida del Fraile, disparando trabucazos contra los franceses—, estas tierras fueron de los religiosos de San Miguel de los Reyes, unos buenos señores, gordos, lustrosos, dicharacheros, que no mostraban gran prisa en el cobro de los arrendamientos, dándose por satisfechos con que por la tarde, al pasar por la barraca, los recibiera la abuela, que era entonces una real moza, obsequiándolos con hondas jícaras de chocolate y las primicias de los frutales. Antes, mucho antes, había sido el propietario de todo aquello un gran señor, que al morir depositó sus pecados y sus fincas en el seno de la comunidad; y ahora, ¡ay!, pertenecían a don Salvador, un vejete de Valencia, que era el tormento del tío *Barret,* pues hasta en sueños se le aparecía. 35 / 40 / 45

1. El tío Barret es…
   (A) terrateniente.
   (B) agricultor.
   (C) mayoral.
   (D) gerente.

2. Su orgullo por esta tierra viene del hecho de que…
   (A) la habían trabajado generaciones de su familia.
   (B) es suya.
   (C) es tan bella.
   (D) produce en abundancia.

3. ¿Por qué es tener cuatro hijas algo que ≪perdonar≫?
   (A) Porque no tenía ayuda en los campos.
   (B) Porque pasaban el día cantando y cosiendo.
   (C) Porque descansaban mucho.
   (D) Porque tenía que casarlas.

4. Lo bueno de los religiosos que tenían la tierra era que…
   (A) trabajaban con los campesinos.
   (B) decían misa para los campesinos.
   (C) dieron las tierras a un gran señor.
   (D) no se apresuraban a coleccionar su renta de los campesinos.

5. El señor a quien pertenece la tierra ahora es…
   (A) un gran señor.
   (B) bueno.
   (C) una aflicción.
   (D) francés.

Longer Reading Passage 7

≪Inmigrantes: ¿Por qué la parte oeste de Nueva York?≫ por Joseph Sorrentino, escritor de ConXion, ≪ConXion≫, the Rochester *Democrat and Chronicle*'s monthly bilingual newspaper, page 39, October 2006. Used with permission.

Cuando visitas casi cualquier campo o casa de trabajadores agrícolas durante la cena, el olor a chiles y tortillas de maíz calientes está en el aire. Música mexicana se toca en algún radio o tocadiscos y jóvenes de apariencia indígena descansan en los sillones o se sientan a la par de la mesa de la cocina. Si cierras los ojos, los olores, la música y el idioma te harán pensar que estás en México. Pero no es así. Estás en la parte occidental de Nueva York no muy lejos de la ciudad de Rochester. 1

La mayoría de los trabajadores agrícolas del área son de pueblos de las partes rurales de estados como Oaxaca, Chiapas y Guerrero; estados localizados en la parte sur de México. 5

A pesar de que es difícil tener un número exacto, la mayoría de los grupos que ayudan a los inmigrantes estiman que hay aproximadamente entre 50.000 y 60.000 trabajadores en la parte occidental de Nueva York. 10 15 20 25 30

≪Al menos la mitad de ellos están aquí ilegalmente,≫ mencionó Rosa Rivera, directora del CITA (Centro Independiente de Trabajadores Agrícolas). Lo que significa que estas personas viajaron por más de 3.000 millas para llegar aquí, y por el hecho de que entraron como ilegales, tuvieron que pagar alrededor de 2.500 dólares a un coyote para que los pasara a los Estados Unidos ilegalmente. 35 40 45

El viaje de Oaxaca a esta parte de Nueva York es muy largo, costoso y peligroso. ¿Por qué eligen este territorio específicamente? 50

≪Ellos vienen aquí porque la agricultura de Nueva York es un negocio de tres mil millones de dólares por año,≫ mencionó Amy Kadar, directora provisional de CITA. ≪Es un negocio muy grande y se necesitan muchos 55 60 trabajadores. La agricultura en Estados Unidos no funcionaría sin trabajadores agrícolas. ≫ 65

El viaje de Omar a Nueva York fue un poco más corto que la mayoría, ya que su hogar está en la Ciudad de México. Él ha estado en este país por tres años y siempre ha trabajado en la agricultura. 70

≪Mi única opción de entrar a los Estados Unidos era como ilegal ya que el consulado americano nunca me daría una visa, ≫ mencionó. 75

≪Yo crucé la frontera con un grupo de personas y con un coyote, y no conocía a nadie del grupo. Después me encontré con un amigo que me dijo que aquí había mucho trabajo y no mucha gente como en Florida o California. Estoy aquí sólo porque necesitan a muchos trabajadores. ≫ 80

85

Raúl, un trabajador agrícola de Oaxaca, mencionó que es mejor aquí que en los estados cerca de la frontera. ≪Hay más trabajos aquí, más oportunidades. ≫ 90

Eric Shoen de Rural Opportunities, Inc., una organización que ayuda a los inmigrantes, está de acuerdo. ≪Menos trabajadores vienen a la parte occidental de Nueva York, entonces sí, probablemente es más fácil obtener trabajo. ≫ 95

100

Mientras la mayoría de los trabajadores agrícolas y los grupos de ayuda afirman que la disponibilidad de empleos es lo que atrae a las personas, la razón por la llegada de Antonio fue más 105

110

que sorprendente.

≪Estoy aquí por el clima, ≫ dijo sin inmutarse. Después añadió ≪estuve en Miami por cinco años. Trabajé como constructor y era muy caliente y húmedo. Me gusta más aquí.≫ 115

Bob King de Cornell Cooperative Extension indicó que ≪hay una demanda muy fuerte para trabajadores en el área de la agricultura, y es todavía más fuerte en el área de los productos lácteos. ≫ 120

En años recientes algunos granjeros se han quejado de que no hay suficientes trabajadores en el área. Esto puede ser debido a la dificultad de ingresar a los Estados Unidos después del 11 de septiembre, ya que se aumentó la vigilancia por parte del departamento de inmigración o por el hecho de que muchos trabajadores han obtenido mejores trabajos en construcción. 125

130

135

La mayoría de las organizaciones que ayudan a los inmigrantes no están de acuerdo con esto. Velma Smith, directora de Rural Opportunities Inc. es una de ellas. 140

≪Tal vez haya escasez de trabajadores documentados. Sin embargo hay una saturación de trabajadores ilegales. ≫ 145

El debate sobre la inmigración y qué hacer con millones de personas que están aquí ilegalmente se ha convertido en un tema de mucha controversia recientemente, con diferentes reglas en el Congreso que buscan intensificar el control. 150

155

Muchos grupos de ayuda a los inmigrantes afirman que a pesar de la promulgación de 160

la legislación, siempre y cuando
exista pobreza en México,
muchos correrán el riesgo de
cruzar la frontera y
transportarse a áreas como   165
ésta.

1. La cosa quizá más curiosa en el primer párrafo es…
    (A) que no estás en México.
    (B) que estás en el estado de Nueva York.
    (C) que hay jóvenes de apariencia indígena.
    (D) que puedes comer chiles y tortillas calientes en el estado de Nueva York.

2. Muchos de los trabajadores agrícolas en este estado son…
    (A) de la parte norteña de México.
    (B) de la parte rural de México.
    (C) de la parte sureña de México.
    (D) de estados mexicanos.

3. En el párrafo 4 el «coyote» es…
    (A) alguien que cruza a los inmigrantes ilegales a los Estados Unidos.
    (B) un animal peligroso de que tienen que tener cuidado los inmigrantes al pasar la frontera.
    (C) la cantidad de dinero, $2.500 dólares, que pagan los inmigrantes ilegales para cruzar la frontera.
    (D) es lo que llaman el viaje por los Estados Unidos para llegar adonde hay trabajo.

4. En el sexto párrafo, según lo que dice Amy Kadar, podemos decir que…
    (A) la industria agrícola en Nueva York no es muy grande.
    (B) a la industria agrícola en Nueva York no le hacen falta trabajadores ilegales.
    (C) el trabajar ilegalmente en Nueva York es peligroso.
    (D) habría una crisis en la industria agrícola sin los trabajadores agrícolas.

5. La razón principal por la cual los trabajadores agrícolas se ven obligados a cruzar ilegalmente a los Estados Unidos es que…
    (A) no tienen el dinero para comprar una visa en el consulado americano.
    (B) el gobierno estadounidense no les dará visas para venir a trabajar.
    (C) el gobierno mexicano quiere que se queden a trabajar en México.
    (D) las entradas legales para cruzar están más lejos.

6. Otra razón por la cual muchos trabajadores agrícolas de México deciden venir al estado de Nueva York es que…
    (A) ya hay muchos trabajadores mexicanos aquí.
    (B) es más fácil llegar aquí.
    (C) hay más trabajos y menos trabajadores aquí.
    (D) la Oficina de Inmigración no los persigue tanto como en los estados de California y la Florida.

7. Una cosa sorprendente que ha influido en la decisión de algunos trabajadores de venir al estado de Nueva York es…
    (A) la necesidad de trabajadores agrícolas en el estado de Nueva York.
    (B) que hay trabajos en las industrias lácteas.
    (C) que hay trabajos en la construcción.
    (D) que el clima lo hace más agradable trabajar en el estado de Nueva York.

8. Más recientemente los granjeros de Nueva York han dicho que no tienen suficientes trabajadores por…
    (A) restricciones impuestas a partir del 11 de septiembre.
    (B) un sentimiento en contra de los inmigrantes que ha surgido a partir del 11 de septiembre.
    (C) unas mejoras en la economía mexicana que eliminan la necesidad de emigrar.
    (D) los inmigrantes que han comenzado a conseguir mejores trabajos profesionales.

9. Velma Smith piensa que…
    (A) no hay una falta de trabajadores documentados ahora.
    (B) hay una saturación de trabajadores documentados.
    (C) hay una abundancia de trabajadores indocumentados.
    (D) los granjeros del estado de Nueva York tienen razón.

10. De todos modos, la conclusión de muchos es que…
    (A) la promulgación de legislación para controlar a los inmigrantes ilegales ayudará.
    (B) la falta de trabajos aquí disminuirá el deseo de inmigrar a los Estados Unidos.
    (C) las nuevas reglas del Congreso van a intensificar el control sobre la inmigración ilegal.
    (D) si existe la pobreza en países vecinos muchos continuarán a arriesgarse en busca de una vida mejor.

Longer Reading Passage 8

≪**Están orgullosas de ser latinas**≫ **por Marketta Gregory, ≪ConXion≫, the Rochester** *Democrat and Chronicle*'**s monthly bilingual newspaper, page 17, April 2006. Used with permission.**

Natazia Torres disfruta el poder hablar en español e inglés. A ella le gusta saber bailar y ser latina.   1

≪Todos somos especiales de distintas maneras,≫ mencionó Natazia, de 11 años, con una sonrisa.   5

≪Entonces está funcionando,≫ mencionó Daisy Rivera Algarín, una de las organizadoras de ≪Soy única soy latina≫ y presidenta de Latinas Unidas.   10

El evento gratuito, el cual atrajo a más de 200 jóvenes a la escuela Franklin en Norton Street, se enfocó en el desarrollo de habilidades cotidianas como el manejo de dinero, autoestima y el elegir relaciones saludables.   15 ... 20

Éste es el cuarto año que Latinas Unidas patrocina este evento, y la tercera vez que Natazia ha asistido.   25

≪Me gusta que te dan cosas gratis,≫ mencionó Natazia, estudiante de quinto grado de la escuela #5.   30

≪Tenemos la oportunidad de hablar acerca de nuestra cultura y de asistir a talleres para ayudarnos con nuestro crecimiento. Podemos bailar y no estar apenadas.≫   35

Varias personas bailaron al final del evento. El grupo Arco Iris invitó a las jóvenes que asistieron al evento a bailar en el escenario.   40

Había gritos y aplausos. Jóvenes en faldas tradicionales mexicanas de color rojo, verde, morado y azul bailaron con otras jóvenes de camisetas y vaqueros.   45

≪¿No están orgullosas de ser latinas?≫, un presentador preguntó.   50

Un rugido de ≪Sí≫ se escuchó de la gente, la mayoría entre las edades de 7 y 17 años.

Algunos de los padres asistieron también, y cerca de 40 se quedaron para un taller de dos horas acerca de la educación de los hijos en dos culturas, mencionó Rivera Algarín. La sesión fue ofrecida en inglés y español.   55 ... 60

Ella mencionó que vio más apoyo y participación este año por parte de las familias. ≪Padres de familia están finalmente entendiendo,≫ mencionó Rivera Algarín, añadiendo que eventualmente Latinas Unidas espera alcanzar 1.000 jóvenes en el evento anual.   65 ... 70

Para aquellos que piensan
en asistir el año que viene,
Natazia mencionó que vale mucho
la pena.

«Es una gran manera de
expresarte y no deben de tener
miedo de asistir porque
75   aprenderán más de su herencia.

1. Natazia Torres se siente especial por…
   (A) ser única.
   (B) tener 11 años.
   (C) poder hablar sólo inglés.
   (D) ser latina.

2. «Soy única soy latina» fue un evento…
   (A) de bailes y música.
   (B) de conciertos y música latina.
   (C) para aprender cosas para tener una vida mejor.
   (D) para mantener y mejorar el uso del español por parte de los hispanos.

3. Al final del evento, los jóvenes podían…
   (A) vestirse a la mexicana.
   (B) bailar enfrente de todos.
   (C) conocer al grupo Arco Iris.
   (D) recibir cosas gratis.

4. Al final del evento, los padres podían…
   (A) participar en una presentación sobre la crianza de los hijos en un mundo multicultural.
   (B) participar en clases de inglés y español.
   (C) mostrar su orgullo de ser latinos.
   (D) participar en el baile.

5. Rivera Algarín piensa que han tenido éxito en que…
   (A) 1.000 jóvenes asistieron este año.
   (B) 200 jóvenes asistieron este año.
   (C) 40 padres asistieron este año.
   (D) los padres ya entienden la importancia de eventos así.

6. Según Natazia, vale la pena asistir porque…
   (A) les darán cosas gratis.
   (B) es una manera de expresar quién eres.
   (C) se aprende mucho.
   (D) se puede conocer a otros jóvenes.

7. Podemos decir que la meta de Latinas Unidas en patrocinar tal evento es…
   (A) fortalecer a las familias hispanas.
   (B) ayudar a las familias hispanas a asimilarse.
   (C) divertir a los niños hispanos.
   (D) promover la herencia hispana en toda la comunidad.

Longer Reading Passage 9

Programas Juveniles - Intercambio Juvenil

Para muchos jóvenes, la participación en el Programa de Intercambio Juvenil de los Leones es una experiencia que les cambia la vida. Viajar a otro país, vivir con una familia anfitriona y experimentar otra cultura son actividades que dejan huella.   5

Si desea leer el **artículo sobre intercambio juvenil y campamentos de jóvenes** que se publicó en la edición de la sede internacional de la Revista THE LION, **pulse aquí.**   10

Todos los años desde 1961, los jóvenes participan en el Programa Internacional de Intercambio Juvenil. El objetivo del programa es:

Crear y promover un espíritu de comprensión entre los pueblos del mundo.   15

A diferencia de otros programas de intercambio, el Programa Internacional de Intercambio Juvenil no se lleva a cabo para hacer turismo, ni tiene fines educativos ni laborales. En cambio, se trata de una oportunidad de aprendizaje cultural única.

Los participantes en el Programa Internacional de Intercambio   20
Juvenil de los Leones deben:

- Tener entre 15 y 21 años.
- Ser patrocinados por un club de Leones.
- Tener conocimientos básicos del idioma del país anfitrión.
- Ser aptos para representar a su comunidad, su club de   25
  Leones y su país.
- Estar dispuestos a aceptar las costumbres de otra cultura.

Los jóvenes que deseen participar en estos intercambios pueden solicitar el patrocinio del club de Leones de su localidad. Si se reciben numerosas solicitudes o si no se recibe ninguna, con   30
frecuencia los clubes de Leones organizan concursos de oratoria, concursos de redacción de ensayos o entrevistas personales para seleccionar a los jóvenes que participarán en los intercambios.

Los intercambios pueden tener lugar en cualquiera de los más de 190 países que cuentan con clubes de Leones. La mayoría de los   35
intercambios tiene una duración de entre cuatro a seis semanas. A menudo, los jóvenes que participan en los intercambios también lo hacen en el Programa Internacional de Campamentos Juveniles.

Los preparativos de viaje de los participantes están a cargo de los asesores de Intercambio Juvenil de la región patrocinadora y la   40
región anfitriona.

El costo del transporte (incluidos pasajes, seguro, tasas de aeropuertos, impuestos de aduana y el costo de las escalas y el alojamiento por una noche) están a cargo del club de Leones patrocinador. Estos costos pueden ser pagados por el club con los   45
fondos del distrito (si los hay), por el joven, por la familia del joven o por alguna combinación de estas opciones.

Más información

Directorio de intercambio juvenil

Información para presidentes y asesores

Información para potenciales participantes en los intercambios

Opiniones de participantes en los intercambios

Sea una familia anfitriona

Información sobre el club anfitrión

Información sobre el club patrocinador

Requisitos del seguro

«Programas juveniles – Intercambio juvenil» Lions Clubs Internacional, http://www.lionsclubs.org/ SP/content/youth_youth_exchange.shtml. Used with permission.

1. Este sitio web sería de interés para…
   (A) adultos que tienen interés en viajar.
   (B) jubilados que tienen interés en viajar.
   (C) jóvenes que quieren viajar por los Estados Unidos.
   (D) jóvenes que quieren experimentar otra cultura y país.

2. La meta de este programa es…
   (A) darles a los jóvenes posibilidades de viajar.
   (B) promover la comprensión entre culturas distintas.
   (C) darles la oportunidad de vivir con una familia anfitriona.
   (D) darles la oportunidad de acampar.

3. Este programa tiene motivos…
   (A) educativos.
   (B) turísticos
   (C) laborales.
   (D) culturales.

4. A los participantes les hace falta…
   (A) ser apoyados por un club.
   (B) tener menos de 21 años.
   (C) conocer las costumbres del país que visitan.
   (D) tener un conocimiento de la lengua que se habla en el país que visitan.

5. Si un club recibe muchas solicitudes, se hace la selección por medio de…
   (A) exámenes en la lengua del país.
   (B) una lotería.
   (C) competiciones académicas.
   (D) la fecha de la solicitud.

6. Por la duración del programa, probablemente se realizará…
   (A) durante las vacaciones de invierno.
   (B) durante las vacaciones de verano.
   (C) durante las vacaciones de primavera.
   (D) durante un semestre escolar.

7. La responsabilidad para la preparación de los viajeros está a cargo…
   (A) del club local.
   (B) de los padres.
   (C) de los participantes mismos.
   (D) de los líderes del intercambio en la región de donde son y adonde van.

8. Los gastos para el viaje son pagados por…
   (A) una combinación de recursos del club y de la persona que participa.
   (B) el distrito donde se encuentra el club.
   (C) el club local.
   (D) la persona que participa.

9. Mientras el participante está en el país, los gastos de comida y alojamiento son la responsabilidad…
   (A) del club en el país que se visita.
   (B) del participante.
   (C) del club en el país de origen.
   (D) de la familia anfitriona.

10. Si quieres más información sobre lo que piensan los que ya han participado, tienes que ver…
    (A) ≪Sea una familia anfitriona.≫
    (B) ≪Información para potenciales participantes en los intercambios.≫
    (C) ≪Opiniones de participantes en los intercambios.≫
    (D) ≪Información sobre el club patrocinador.≫

Longer Reading Passage 10

Pepita Jiménez por **Juan Valera,**
1874 (fragmento)
-I-
Cartas de mi sobrino
                    22 de Marzo.
Querido tío y venerado maestro: 1
Hace cuatro días que llegué con
toda felicidad a este lugar de
mi nacimiento, donde he
hallado bien de salud a mi   5
padre, al señor vicario y

a los amigos y
parientes. El contento de
verlos y de hablar con
ellos, después de tantos   10
años de ausencia, me ha
embargado el ánimo y me
ha robado el tiempo, de suerte
que hasta ahora no he podido
escribir a Vd.   15
Vd. me lo perdonará.
Como salí de aquí tan

niño y he vuelto hecho un
hombre, es singular la
impresión que me causan
todos estos objetos que
guardaba en la memoria.
Todo me parece más chico,
mucho más chico; pero
también más bonito que el
recuerdo que tenía. La casa
de mi padre, que en mi
imaginación era inmensa,
es sin duda una gran casa
de un rico labrador; pero más
pequeña que el Seminario.
Lo que ahora comprendo y
estimo mejor es el campo de
por aquí. Las huertas, sobre
todo, son deliciosas. ¡Qué
sendas tan lindas hay entre
ellas! A un lado, y tal vez
a ambos, corre el agua
cristalina con grato murmullo.
Las orillas de las acequias están
cubiertas de yerbas olorosas
y de flores de mil clases.
En un instante puede uno
coger un gran ramo de
violetas. Dan sombra a estas
sendas pomposos y
gigantescos nogales, higueras
y otros árboles, y forman los
vallados la zarzamora, el rosal,
el granado y la madreselva.
Es portentosa la multitud
de pajarillos que alegran estos
campos y alamedas.
Yo estoy encantado con las
huertas, y todas las tardes me
paseo por ellas un par de horas.
Mi padre quiere llevarme a
ver sus olivares, sus viñas,
sus cortijos; pero nada de esto
hemos visto aún. No he salido
del lugar y de las amenas huertas
que le circundan.
Apenas hay aquí quien
acierte a comprender lo que
llaman mi manía de hacerme
clérigo, y esta buena gente me
dice con un candor selvático

que debo ahorcar los hábitos,
que el ser clérigo está bien
para los pobretones; pero que
yo, soy un rico heredero,
debo casarme y consolar la
vejez de mi padre, dándole
media docena de hermosos y
robustos nietos.
El único defecto que hallan
en mí es el de que estoy
muy delgadito, a fuerza de
estudiar. Para que engorde
se proponen no dejarme
estudiar ni leer un papel
mientras aquí permanezca,
y además hacerme comer
cuantos primores de cocina
y de repostería se confeccionan
en el lugar. Está visto:
quieren cebarme. No hay
familia conocida que no me
haya enviado algún obsequio.
Ya me envían una torta de
bizcocho, ya un cuajado,
ya una pirámide de piñonate,
ya un tarro de almíbar.
Los obsequios que me hacen
no son sólo estos presentes
enviados a casa, sino que
también me han convidado a
comer tres o cuatro personas
de las más importantes del lugar.
Mañana como en casa de la
famosa Pepita Jiménez, de quien
Vd. habrá oído hablar sin
duda alguna. Nadie ignora aquí
que mi padre la pretende.
Mi padre, a pesar de sus
cincuenta y cinco años, está tan
bien que puede poner envidia
a los más gallardos mozos del
lugar. Tiene además el
atractivo poderoso, irresistible
para algunas mujeres, de sus
pasadas conquistas, de su
celebridad, de haber sido una
especie de D. Juan Tenorio.
No conozco aún a Pepita
Jiménez. Todos dicen que es
muy linda. Yo sospecho que será

una beldad lugareña y algo
rústica. Por lo que de ella se
cuenta, no acierto a decidir   120
si es buena o mala moralmente;
pero sí que es de gran despejo
natural. Pepita tendrá veinte
años; es viuda; sólo tres años
estuvo casada. Era hija de   125
doña Francisca Gálvez, viuda,
como Vd. sabe, de un capitán
retirado. Hasta la edad de diez
y seis años vivió Pepita con su
madre en la   130
mayor estrechez,
casi en la miseria.
Tenía un tío llamado
D. Gumersindo, poseedor
de un mezquinísimo   135
mayorazgo; pero D.
Gumersindo era un ser
extraordinario: el genio
de la economía. No se podía
decir que crease riqueza; pero   140
tenía una extraordinaria facultad
de absorción con respecto a la
de los otros, y en punto a
consumirla, será difícil hallar
sobre la tierra persona alguna   145
en cuyo mantenimiento,
conservación y bienestar hayan
tenido menos que afanarse la
madre naturaleza y la
industria humana. No se sabe   150
cómo vivió; pero el caso es que
vivió hasta la edad de ochenta
años, ahorrando sus rentas
íntegras y haciendo crecer su
capital por medio de préstamos   155
muy sobre seguros. Nadie por
aquí le critica de usurero, antes
bien le califican de caritativo,
porque siendo moderado en
todo, hasta en la usura lo era,   160
y no solía llevar más de un 10
por 100 al año, mientras que en
toda esta comarca llevan un 20 y
hasta un 30 por 100, y aún
parece poco.   165
    D. Gumersindo tenía
excelentes cualidades: era

afable, servicial, compasivo,
y se desvivía por complacer y
ser útil a todo el mundo   170
aunque le costase trabajo,
desvelos y fatiga, con tal de que
no le costase un real.
    Ya he dicho que era tío de la
Pepita. Cuando frisaba en los   175
ochenta años, iba ella a
cumplir los diez y seis.
Él era poderoso; ella
pobre y desvalida.
    En tan angustiosa situación,   180
empezó D. Gumersindo a
frecuentar la casa de Pepita y
de su madre y a requebrar a
Pepita con más ahínco y
persistencia que solía requebrar   185
a otras. Era, con todo, tan
inverosímil y tan desatinado
el suponer que un hombre, que
había pasado ochenta años sin
querer casarse, pensase en tal   190
locura cuando ya tenía un pie
en el sepulcro, que ni la madre
de Pepita, ni Pepita mucho
menos, sospecharon jamás
los en verdad atrevidos   195
pensamientos de D. Gumersindo.
Así es que un día ambas se
quedaron atónitas y pasmadas
cuando D. Gumersindo soltó
con la mayor formalidad y a   200
boca de jarro la siguiente
categórica pregunta:
—Muchacha, ¿quieres
casarte conmigo?
    Pepita, aunque la pregunta   205
venía después de mucha broma,
y pudiera tomarse por broma,
y aunque inexperta de las cosas
del mundo, por cierto
instinto adivinatorio que hay   210
en las mujeres y sobre todo
en las mozas, por cándidas
que sean, conoció que aquello
iba por lo serio, se puso
colorada como una guinda,   215
y no contestó nada. La madre
contestó por ella:

—Niña, no seas mal criada;
contesta a tu tío lo que
debes contestar: Tío, con   220
mucho gusto; cuando Vd.
quiera.

1. ¿Cómo se encuentra el protagonista?
   (A) muy feliz de visitar a su tío
   (B) muy triste de haber estado ausente por tanto tiempo
   (C) muy alegre de ver el pueblo donde nació
   (D) muy triste por la salud de su padre

2. Por sus ojos de hombre, ¿cómo se ve todo?
   (A) más feo que en sus recuerdos
   (B) más inmenso que en sus recuerdos
   (C) menos bonito que en sus recuerdos
   (D) más pequeño que en sus recuerdos

3. Por la descripción que nos da el protagonista en el segundo párrafo, podemos deducir que él está en…
   (A) el campo.
   (B) la ciudad.
   (C) la costa.
   (D) las montañas.

4. Al parecer, el padre del chico es…
   (A) un religioso.
   (B) un hombre rico.
   (C) un hombre pobre.
   (D) un hombre político.

5. ¿Qué profesión persigue Luis?
   (A) la de abogado
   (B) la de labrador
   (C) la de político
   (D) la de sacerdote

6. El defecto más grande que cualquiera pueda encontrar en Luis es el de…
   (A) no ser muy estudioso.
   (B) ser demasiado flaco.
   (C) ser muy social.
   (D) ser muy glotón.

7. Al padre de Luis le gustaría…
   (A) casarse con Pepita Jiménez.
   (B) casarla con Luis.
   (C) casarse con doña Francisca Gálvez, la madre de Pepita Jiménez.
   (D) ser un don Juan.

8. Podemos decir que el tío de Pepita era…
   (A) pobre pero caritativo.
   (B) rico pero caritativo.
   (C) avaro y mezquino.
   (D) trabajador y afable.

9. ¿Cuál era la diferencia de edad entre tío y sobrina?
   (A) dieciséis años
   (B) veinte años
   (C) sesenta y cuatro años
   (D) tres años

10. Se puede decir que el primer matrimonio de Pepita Jiménez fue…
    (A) por amor.
    (B) por necesidad.
    (C) por dinero.
    (D) a la fuerza.

Answers and Explanations for Longer Passages

Longer Reading Passage 1

1. A (lines 5–6: padecer = *to suffer from*)
2. C (lines 7–9: solitaria = *lonely*)
3. D (lines 18–20: materna = *maternal*)
4. A (lines 21–22 fantasía y romanticismo = *fantasy and romanticism*)
5. B (lines 26–33: en su cuarto… guardaba libros…)
6. A (lines 39–45: naufragio = *shipwreck* / barcos piratas = *pirate boats* / la pesca = *fishing* / fragatas = *frigates*)

Longer Reading Passage 2

1. B (lines 1–2: derecho = *law*)
2. B (lines 5–6: y punto = *end of story*)
3. D (lines 26–33: formados = *trained* / revalorizar = *to revalue*)
4. C (lines 34–36)
5. A (lines 40–44: "In this fusion of flavors, the encounter of two worlds took priority with complete openness and without grudges: the Andean and European.")

6. C (lines 45–52: "It was in the field of gastronomy where natives and invaders understood each other best…")
7. A (lines 54–59: fusión = *fusion*)
8. D (lines 74–80: despensa = *pantry* [where food supplies are stored] / nunca faltará ninguna variedad de nada = *no variety of anything will ever be lacking*)
9. A (lines 93–98)
10. B (lines 109–112: sin perder su escencia = *without losing its essence*)

Longer Reading Passage 3

1. B (lines 7–10: "…he never has problems with customs, after all, they are for scientific use.")
2. A (lines 13–17: "'…I have not found a species stronger, straighter, and easier to harvest than the *Guadua angustifolia*' that grows in his own country.")
3. B (line 24: prodigio = milagro = *miracle*)
4. C (lines 29–32: "…it grows faster than any other plant, which makes it an ideal renewable resource")
5. D (lines 54–58: "…Vélez has had to convince bureaucrats lacking in imagination from all over the world that he can build with bamboo in place of more widely accepted materials")
6. D (lines 82–87: "…a group of architects succeeded in getting the reviewers of the International Construction Code to approve a species of bamboo to be used as a construction material…")
7. A (lines 95–100: "…in countries like the United States, local building departments are not prepared to accept bamboo as a material…")
8. C (lines 103–107: "…the type of innovation that has marked his career is practically impossible in the developed world for another reason: lawyers." / pleitos = *lawsuits*)
9. C (lines 117–119: I do not want to be limited [typecast], like Sean Connery with James Bond.")
10. A (lines 128–129: "…one never knows from which side the rabbit is going to jump.")

Longer Reading Passage 4

1. A (lines 1–4: "The bullfight is a Spanish celebration considered a sport because of its competitiveness…")
2. D (lines 7–9: "…the bull was venerated, it represented a symbol of strength…")
3. C (lines 17–22: "In a like manner, bullfights were carried out during the Middle Ages to celebrate events having a certain importance, such as royal weddings and the birth of princes.")
4. B (lines 38–64)
5. D (lines 48–54: "…three bullfighters, dressed in their suit of lights and with three cornered hats, are those who in order of antiquity will show off their skills and will fight six bulls…")
6. B (lines 79–81: "…in order to test the ferocity of the animal and to measure its strength.")
7. C (lines 105–107: "…in order of importance: two ears and the tail, two ears, and one ear.")
8. A (108–112: "The attraction of the bullfight lies in the admiration of the audience of the bravery and skill that the bullfighter has when faced with the bull.")
9. D (lines 113–118: "…opposition has arisen in various places in the world because of the violence that killing the bull represents.")
10. D (lines 7–22)

Longer Reading Passage 5

1. B (lines 6–11: "We can be proud of our multicultural "Puerto-Ricanism" and the incredible mixture of Taino, Spanish, and African influences.")
2. D (lines 14–17: "…many of us do not connect the coffee industry with the immigration of families from the island of Corsica.")
3. A (lines 28–35: "Many people from Corsica began to immigrate to Puerto Rico in 1850, when Spain issued the Royal Decree of Graces, encouraging citizens of Spain, Ireland, Germany, and France to move to the Caribbean or South America.")
4. A (lines 40–42: "…many of those moved due to the similarities with their native island.")
5. C (lines 63–69: "During 1890, Puerto Rico established itself as the sixth largest producer of coffee in the world. For that reason, many countries tried to copy the production model of Puerto Rican coffee.")
6. B (lines 82–84: "Yauco coffee was sold to all the kings and queens of Europe.")
7. D (lines 113–118: "The majority of the coffee is sold to wholesalers, who sell the coffee to large corporations to mix it and distribute it under important American brand names.")
8. B (lines: 120–125: "…they are proud of the work they do and of the legacy that they have inherited from the people of Corsica, even though we might be Puerto Ricans in our hearts.")

Longer Reading Passage 6

1. B (lines 1–10: la huera = *orchard, small farm*)
2. A (lines 9–19: antecesores = *ancestors* / abuelos = *grandparents*)
3. A (lines 21–22)
4. D (lines 38–39: "…no mostraban gran prisa en el cobro de los arrendamientos…" = *they didn't show any great hurry in collecting the rent*)
5. C (lines 47–49: tormento = *torment*)

Longer Reading Passage 7

1. B (lines 12–18: "If you close your eyes, the smells, the music, the language will make you think that you are in Mexico. But that is not the case. You are in the western part of New York [state], not too far from the city of Rochester.")
2. C (lines 21–25: "…they are from towns from the rural areas of states like Oaxaca, Chiapas, and Guerrero; states located in the southern part of Mexico.")
3. A (lines 43–47: "…they had to pay around 2,500 dollars to a coyote so that he would transport them to the United States illegally.")
4. D (lines 59–65: "It is a very large business that needs many workers. Agriculture in the United States would not function without agricultural workers.")
5. B (lines 73–77: "My only option to enter the United States was as an illegal since the American Consulate would never give me a visa…")
6. C (lines 81–85: "After I met up with a friend who told me that there was a lot of work here and not many people come here like to Florida or California.")
7. D (line 112: "I am here because of the weather.")
8. A (lines 129–133: "This could be due to the difficulty in entering the United States after September 11, as vigilance on the part of the Department of Immigration increased…")
9. C (lines 147–148: "Nevertheless there is a saturation of illegal workers.")
10. D (lines 161–166: "…always and whenever poverty exists in Mexico, many will take the risk of crossing the border and traveling to areas like this.")

Longer Reading Passage 8

1. D (lines 3–4: "She likes to know how to dance and to be a Latina.")
2. C (lines 18–22: "…is focused on the development of daily skills such as money management, self-esteem, and selecting healthy relationships.")
3. B (lines 39–41: "…invited the young girls who attended the event to dance on the stage.")
4. A (lines 54–59: "Some of the parents attended also, and almost 40 stayed for a two-hour workshop about educating children in two cultures…")
5. D (lines 65–67: "Parents are finally understanding," Rivera Algarín mentioned…")
6. B (lines 76–79: "It is a great way to express yourself and they should not be afraid to attend because they will learn about their heritage.")
7. A (lines 18–22 and 54–59)

Longer Reading Passage 9

1. D (the title of the Web page)
2. B (lines 14–15: "To create and promote a spirit of understanding among the peoples of the world.")
3. D (lines 18–19: "…it is about a unique opportunity for cultural learning.")
4. A (line 23, second bullet: "To be sponsored by a Lions Club.")
5. C (lines 30–33: "…frequently Lions Clubs organize oratory competitions, essay competitions, or personal interviews to select the students who will participate in the exchanges.")
6. B (lines 35–36: "The majority of the exchanges have a duration of between four and six weeks.")
7. D (lines 39–41: "The preparation for the trip for the participants is the responsibility of the International Exchange from the region sponsoring the trip and from the region hosting the trip.")
8. A (lines 42–47: "The cost of transportation (including tickets, insurance, airport taxes, customs taxes, the cost of layovers and one night's lodging) are the responsibility of the sponsoring Lions Club. These costs can be paid for by the club with district funds (if there are any), by the youth, by the family of the youth, or by some combination of these.")
9. A (lines 48-49: "The expenses for food and lodging are the responsibility of the hosting Lions Club.")
10. C (fourth section under "more information": "Opinions of the participants in the exchanges.")

Longer Reading Passage 10

1. C (lines 2–4: "…I arrived with complete happiness in this place of my birth…")

2. D (lines 23–24: "Everything seems smaller to me, much smaller;")

3. A (lines 30, 34, 36, 46–50, 53)

4. B (line 30: "…a rich laborer;…")

5. D (lines 65–66: "…my obsession with becoming a cleric…")

6. B (lines 76–79: "The only defect they find in me is that of being very skinny, from studying too much.")

7. A (lines 103–104: "Nobody here is unaware that my father is courting her.")

8. D (lines 166–170: "Don Gumersindo had excellent qualities: he was affable, obliging, compassionate, and he would go out of his way to please and to be useful to everyone…")

9. C (lines 174–177: "I have already said he was Pepita's uncle. When he was getting on to being 80, she was going to be 16." [80 − 16 = 64])

10. B (lines 178–179: "He was powerful; she was poor and destitute.")

CHAPTER 7

Exam Section II, Part A
Interpersonal Writing

IN THIS CHAPTER

Summary: On the Advanced Placement Spanish Language Examination, you will be required to write an e-mail message, a letter, a journal entry, or a postcard of at least 60 words in length based on one prompt provided in the examination booklet. The interpersonal writing task is worth 10 percent of the total. This chapter will give you some ideas on how to write the best response possible in the time allotted. You will also be given some suggestions on how to go about preparing for this part of the examination.

- Read the question carefully. Look for the main idea or theme and related ideas or themes.
- Determine to whom the e-mail message, letter, or postcard is being addressed. If it is to a friend or relative, use familiar forms (*tú, vosotros, ustedes*). If it is to a company, an adult, or someone whom you do not know, use the formal forms (*usted, ustedes*). Of course, for a journal/diary entry you would use *yo*.
- Try to make a short quick list of nouns, verbs, adjectives, and adverbs that you might want to use. Remember, however, that you are to write an e-mail message, letter, or postcard, not just a list of answers or ideas.
- Remember the *purpose* of the piece of writing. For example, if it is to get information, resolve a dispute, make plans, etc., you will want to be sure to let the person to whom you are writing know that you want a response and how to get back to you.
- Set a timer or alarm for 10 minutes, then open to one of the topics and start writing. Be sure to stop immediately when the time is up so that you have an accurate idea of what you can do in 10 minutes.

- Once you know what you can do in 10 minutes, try each time thereafter to do a little more or to improve upon the quality of the work.
- Be sure to look at the rubric provided on pages 115–116 to see how you will be assessed.

Interpersonal Writing Practice

Some key words to look for:
- Un mensaje electrónico = an e-mail
- Una anotación en tu diario = an entry in your diary
- Una carta breve = a brief letter
- Un mensaje / recado = a message
- Una tarjeta postal = a postcard
- Una tarjeta = a card
- Una nota = a note
- Querido/a = Dear (informal)
- Estimado/a = Dear (formal)
- Un abrazo = a way to close a familiar letter
- Atentamente = a way to close a formal letter

Directions: For the following questions, you will write a message. You have 10 minutes to read the question and write your response. Your response should be at least 60 words in length.

Instrucciones: Para las preguntas siguientes, escribirás un mensaje. Tienes 10 minutos para leer la pregunta y escribir tu respuesta. Tu respuesta debe tener una extensión mínima de 60 palabras.

1. Escribe un mensaje electrónico. Imagina que escribes a un/a amigo/a que te ha invitado a una fiesta. Saluda a tu amigo/a y...
   - dale las gracias y acepta la invitación
   - pídele la información necesaria
   - pregúntale sobre el motivo de la fiesta
   - despídete de tu amigo/a.

2. Escribe una tarjeta. Imagina que tu primo/a ha sido seleccionado/a para el equipo de fútbol. Salúdalo/la y...
   - menciona su logro
   - expresa tu reacción a las noticias
   - ofrécele a tu primo/a tus mejores deseos
   - despídete de tu primo/a.

3. Escribe una anotación en tu diario. Imagina que fuiste a una fiesta en casa de un/a amigo/a y...
   - explica cómo te fue en la fiesta
   - describe qué hiciste
   - menciona a una persona que conociste
   - da tus impresiones de esta persona
   - da tu opinión de la fiesta.

4. Escribe una carta breve. Imagina que quieres trabajar en una tienda de ropa. La jefa de la tienda te pide que le escribas una carta breve para decirle por qué serías un/a candidato/a apropiado/a para el trabajo. Salúdala a la señora López y...
   - dale tus datos personales
   - indícale por qué crees que eres buen/a candidato/a para el trabajo
   - explica cómo estás preparado/a para este tipo de trabajo
   - despídete de ella.

5. Escribe un mensaje electrónico. Imagina que pediste por Internet una cámara digital. La has recibido pero no estás satisfecho/a con ella. Escríbele una carta breve a la compañía. Salúdalos y...
   - describe el artículo que compraste
   - explica por qué no estás satisfecho/a
   - pregúntales cómo remediar la situación
   - despídete.

6. Escribe un mensaje electrónico. Imagina que tú quieres hacer un viaje con unos amigos durante las vacaciones este verano y quieres conseguir información de una agencia de viajes. Salúdalo al señor Bianco y…
   - identifícate
   - explica adónde quisieras ir
   - dile cuánto podrías gastar
   - pídele recomendaciones sobre transporte y alojamiento
   - indícale quiénes irían
   - despídete de él.

7. Escribe una tarjeta postal. Imagina que tú estás de vacaciones con tu familia. Escríbele una postal a tu mejor amigo/a. Salúdalo/la y…
   - dile cómo son las vacaciones
   - comenta sobre el tiempo y el lugar donde estás
   - menciona lo que ya has hecho
   - dile los planes que todavía tienes
   - despídete de él/ella.

8. Escribe una nota. Imagina que recibiste una llamada de un/a amigo/a que quiere tu ayuda con algo. Escríbele una nota a tu mamá y…
   - dile adónde has ido
   - explica por qué has salido
   - menciona qué tienes que hacer para ayudar
   - dile cuándo volverás a casa
   - despídete de ella.

9. Escribe una nota. Imagina que estás en la oficina de uno de tus profesores. Tenías una cita con él para recibir ayuda pero no está. Escríbele una nota a tu profesor y…
   - dile por qué viniste
   - explica con qué querías que él te ayudara
   - pregúntale cuándo sea posible verlo
   - despídete de él.

10. Escribe una carta breve. Imagina que hoy es tu cumpleaños. Has recibido una tarjeta de tu abuela. Ella incluyó en la tarjeta un cheque para que puedas comprar algo que te guste. Escríbele una carta breve y…
    - salúdala
    - dale las gracias
    - explícale cómo piensas usar el dinero
    - dile qué planes tienes para celebrar tu cumpleaños
    - despídete de ella.

11. Escribe una anotación en tu diario. Imagina que mañana van a comenzar las clases para el próximo semestre. Es la noche antes. Escribe una anotación en tu diario y…
    - comenta sobre cómo te sientes
    - explica por qué te sientes así
    - escribe por qué será diferente este semestre
    - expresa tus deseos para el semestre
    - concluye tus pensamientos.

12. Escribe un mensaje electrónico. Imagina que acabas de volver de un programa de intercambio. Escríbele a la familia donde te quedaste y…
    - diles cómo te fue tu viaje de regreso
    - dales las gracias por recibirte en su casa
    - diles cómo te fue la experiencia y por qué
    - menciona algún recuerdo que siempre tendrás
    - despídete de ellos.

13. Escribe una nota. Imagina que tienes que trabajar el miércoles en la tienda donde trabajas pero no puedes. Escríbele una nota a tu jefe y…
    - salúdalo/la
    - explica por qué le escribes
    - explícale por qué no puedes trabajar
    - pídele perdón
    - ofrécele una solución
    - despídete de él/ella.

14. Escribe una carta breve. Imagina que acabas de volver de unas vacaciones. Descubres que dejaste algo en el hotel. Escríbeles una carta breve y…
    - salúdalos
    - identifícate
    - explica el problema
    - pídeles su ayuda
    - despídete de ellos.

15. Escribe un mensaje electrónico. Imagina que tienes un examen muy importante esta semana. Escribe un mensaje electrónico a un/a amigo/a y…
    - explícale la situación
    - pregúntale si quiere estudiar contigo
    - dile cuándo podrías hacerlo
    - sugiérele dónde podrían hacerlo
    - despídete de él/ella.

16. Escribe una anotación en tu diario. Imagina que te ha aceptado la universidad a que prefieres asistir. Escribe una anotación en tu diario y...
    - escribe lo que te ha pasado
    - escribe lo que te sientes y piensas
    - explica por qué te es tan importante
    - expresa tus deseos para los próximos cuatro años.

17. Escribe un mensaje electrónico. Imagina que habrá un evento especial en tu escuela. Escribe un mensaje electrónico a un/a amigo/a y...
    - salúdalo/la
    - describe el evento
    - dile dónde y cuándo será
    - invítalo/la a asistir contigo
    - despídete.

18. Escribe una carta breve. Imagina que un/a amigo/a tuyo/a te ha pedido ayuda con un problema. Escribe una carta breve y...
    - salúdalo/la
    - identifica el problema que fue mencionado
    - dale unas opciones para resolverlo
    - dile lo que tú harías
    - despídete.

19. Escribe una nota. Imagina que el club español ha ganado el dinero necesario para su fiesta para el fin del año. Y hay más dinero del que se necesita. Escribe una nota a tu profesor/a y...
    - ofrécele unas ideas sobre cómo el club podría usar el dinero que sobra
    - explícale por qué cada una de tus ideas sería buena
    - recomienda que todos los socios hablen de las ideas
    - despídete.

20. Escribe una carta breve. Imagina que el periódico de tu escuela ha pedido a sus lectores nominaciones para "la persona del año" de tu colegio. Escríbele al editor y...
    - nomina a una persona
    - explica por qué esta persona es digna de tal honor
    - explica cómo él/ella te ha influenciado
    - despídete.

INTERPERSONAL WRITING RUBRIC: BASED ON THE DRAFT RUBRIC FROM HTTP://APCENTRAL.COLLEGEBOARD.COM

	Description	Task Completion	Topic Development	Language Use
5 high	• demonstrates excellence in interpersonal writing*	• completes the task fully • covers all or most of the parts of the prompt • response is appropriate	• relevant response • completely or almost completely addresses prompt • excellent organization of ideas • social and cultural references are accurate	• few errors in complex structures • no pattern of errors • rich vocabulary • appropriate register for type of correspondence • excellent command of spelling, syntax, paragraphing, and punctuation
4 mid-range	• demonstrates command of the language in interpersonal writing*	• completes task appropriately • covers all or most of the parts of the prompt appropriately • task is completed appropriately	• relevant response • well developed • good organization and cohesive • social and cultural references generally correct	• complex structures used but contain more than a few errors • vocabulary well used • register is correct for type of correspondence • generally correct spelling, syntax, paragraphing, and punctuation
3 mid-range	• demonstrates competent use of the language in interpersonal writing*	• completes the task • adequate treatment of most parts of the prompt	• relevant response • organized adequately and flows adequately • social and cultural references are more or less appropriate to the task	• simple structures are handled well but not complex ones • adequate vocabulary with some interference from first language • register generally correct for type of correspondence • may have errors with regard to spelling, syntax, paragraphing, and punctuation

Continued

INTERPERSONAL WRITING RUBRIC: BASED ON THE DRAFT RUBRIC FROM HTTP://APCENTRAL.COLLEGEBOARD.COM—cont'd

	Description	Task Completion	Topic Development	Language Use
2 mid-low	• demonstrates barely competent use of the language in interpersonal writing*	• only partially completes the task • parts of the response are inappropriate to the prompt	• parts of the response are irrelevant • organization is inadequate in part • social and cultural references may be inaccurate to the task	• simple structures are not handled well • limited vocabulary • interference from the first language is present • register is not totally appropriate for type of correspondence • frequent errors with regard to spelling, syntax, paragraphing, and punctuation
1 low	• demonstrates lack of competent use of the language in interpersonal writing*	• the task is not completed • response is mostly inappropriate to the prompt	• the response is irrelevant • presentation is disorganized • social and cultural references are inaccurate to the task	• numerous errors in grammatical structures • very limited vocabulary • frequent interference from first language • register is not appropriate to the task • overwhelming errors with regard to spelling, syntax, paragraphing, and punctuation
0	• a zero may be given to a task when the response is totally off task or irrelevant, the student's response is in a language other than Spanish, or the student just restates the topic			

*Interpersonal writing is one in which one is writing to another person or persons and may receive or require a response.

CHAPTER 8

Exam Section II, Part A

Presentational Writing / Integrated Skills

IN THIS CHAPTER

Summary: You will be given some ideas on how to write the best essay possible in the time allotted. You will also be given some suggestions on how to go about preparing for this part of the examination. For the essay, you are given 55 minutes total: 10 minutes to work with the sources, 5 minutes to prepare your thoughts, and 40 minutes to write.

On the Advanced Placement Spanish Language Examination, you will be required to write a formal essay integrating reading and listening skills. The essay must contain at least 200 words on one topic provided in the examination booklet. To aid you in writing this essay you will be given three sources to consult, two written and one listening. You will have 7 minutes to read the two prompts. Then you will have approximately 3 minutes to listen to, and take notes on, the audio material. You should take notes on all of these sources and cite ALL of the sources in your essay. The essay is worth 20 percent of the total and therefore is a very important component of the examination.

This essay is designed to test your ability to interpret written and oral texts and use these to support your ideas in the essay. You should reference ALL three sources and cite them. Caution: do not just simply summarize the sources.

- Read the question carefully.

- You may wish to sketch a simple graphic organizer like one of those in this chapter on pages 119, 120, and 121 to help you organize your ideas.

- Under each related idea, write down one or two examples to illustrate it, using the sources provided.
- Under the examples, make a short list of nouns, verbs, adjectives, and adverbs that you might want to use. Remember, however, that you are to write an essay, not just a list of answers or ideas.
- Now you are ready to write. Having used the 5 minutes to prepare, you have a guide to assist you in your writing. You may make each of the "related ideas" a separate paragraph. The *introduction** will briefly restate the main theme and introduce the three related ideas. The fifth and final paragraph will briefly recap the main idea or theme and draw a personal *conclusion*. You will answer the question presented using the three sources and citing them appropriately. Remember that no new idea should appear in the last paragraph.
- Be sure to look at the rubric on pages 150–151 to see how you will be assessed.
- Be sure to study new vocabulary and expressions in the Appendixes to enrich your writing and make it flow more smoothly.

---

*Some people prefer to write the body of the essay first as their ideas and/or examples might change. In that case, you should leave some space at the beginning of your essay to go back and write the introduction once you have finished the body of the essay. If you do this, try to do it only in the first few practices. With practice, and an organizer, you should be able to write the essay from introduction to conclusion without needing to go back.

Graphic Organizer I: Flowchart

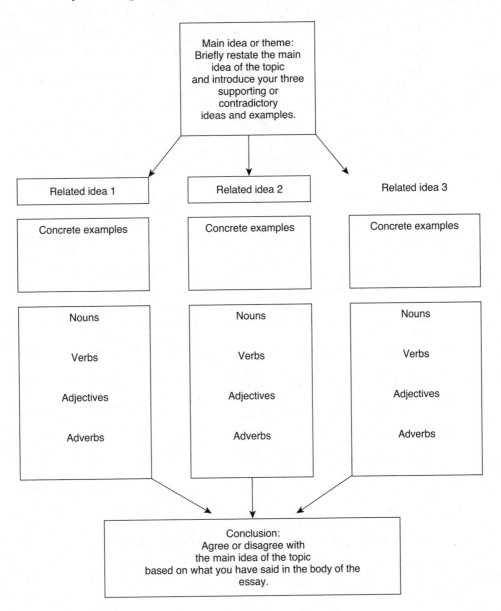

Graphic Organizer II: Venn Diagram

Another type of organizer that is quite useful when you are comparing and contrasting ideas is a Venn Diagram. A Venn Diagram is composed of two overlapping circles. Similarities are written where the circles overlap; differences are written in the nonoverlapping parts.

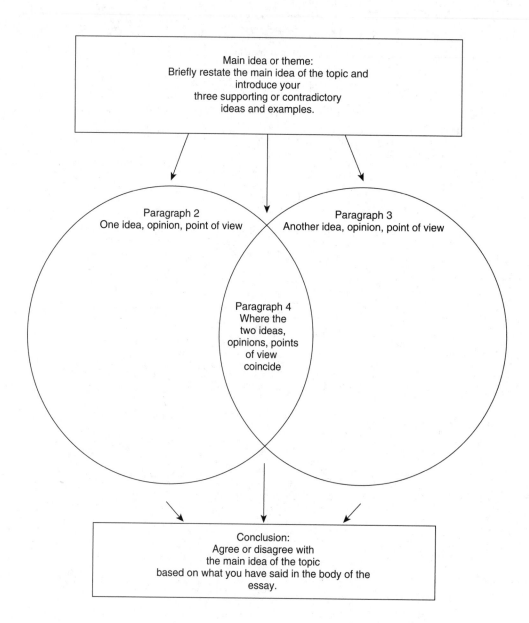

Main idea or theme:
Briefly restate the main idea of the topic and introduce your
three supporting or contradictory
ideas and examples.

Paragraph 2
One idea, opinion, point of view

Paragraph 3
Another idea, opinion, point of view

Paragraph 4
Where the
two ideas,
opinions, points
of view
coincide

Conclusion:
Agree or disagree with
the main idea of the topic
based on what you have said in the body of the
essay.

Graphic Organizer III: The "T" Chart

Another type of graphic organizer that might be useful is the basic "T" chart. On your exam booklet you can draw a "T" chart to compare two sides of a question, for example.

Una posición	Otra posición

Self-Assessment / Peer Checklist

The following is a checklist that you may use to check your work before turning it in to your teacher. You may also choose to copy this page and give it, along with your essay, to a classmate or two to help them critique your work.

The content:

- ☐ Addresses the essay topic
- ☐ Is understandable and clear
- ☐ Contains 200–250 words
- ☐ Is organized into paragraphs
- ☐ Has an introduction
- ☐ Has a conclusion
- ☐ Is written entirely in Spanish

The mechanics:

- ☐ Correct spelling
- ☐ Correct word choice (no false cognates or slang: e.g., **realizar** = *to fulfill, realize one's dreams;* **darse cuenta de** = *to realize, become aware*)
- ☐ Verb-subject agreement (***Tú y yo* nos habl*amos.***)
- ☐ Adjective-noun agreement (**Ést*a* es un*a* casa bonit*a*.**)
- ☐ Correct syntax (word order) (*noun + descriptive adjective:* **una ciudad moderna;** *indicator of quantity + noun:* **algunos libros**)
- ☐ Correct tenses
- ☐ Correct genders (**Es *un* problema muy gord*o*.**)

The Writing Process

When you are practicing your writing, you can learn a great deal, and become a better writer, by following the writing process outlined below.

Step 1: Sketch out your ideas using one of the graphic organizers shown on pages 119, 120, and 121 or another one.

Step 2: Write your first draft.

Step 3: Exchange your first draft with two other students. You might wish to give them a copy of the Self-Assessment / Peer Checklist. One student could review the message, and the other could review the mechanics.

Step 4: Revise your work in light of the suggestions received from your classmates. Look at the spelling and grammar but, most important, look at the message and its clarity. Were your classmates able to understand the message?

Step 5: Give your second draft to your teacher, tutor, or any person with whom you are working. Have that person critique your work.

Step 6: Take the comments/suggestions you received and write a final draft, clarifying your ideas, adding any additional details, and eliminating unnecessary or tangential information.

The actual day of the examination you will not have the luxury of following this process. You will have 55 minutes to prepare and write your essay, so the more you can practice beforehand, the better prepared you will be.

The day of the exam, pace yourself. You will have 10 minutes to read/listen to the sources. Take 5 minutes to make an outline (try to use a graphic organizer), 30 minutes to write, and the final 10 minutes to reread and make any necessary corrections (agreement, spelling, word choice) or amendments (additional thoughts or ideas to bolster your argument). *You will not have time to write a first draft and then a second.*

Presentational Writing Practice

Below are some practice essay topics. On the Advanced Placement Language Examination, you will be given only *one* topic on which you must prepare and write an essay of at least 200 words in 45 minutes. The instructions will be given in both English and Spanish; the question will be given only in Spanish.

After you have practiced a few essays using the writing process, you may wish to write some just as you will have to on the examination. Set a clock for 55 minutes and begin. Remember not to use a dictionary or any other aids during your time trial!

You will find the listening tracks for some of the questions on the accompanying recording. The scripts are located on pages 141–149 for these activities.

Pregunta 1: ¿Se debe ofrecer programas de educación bilingüe?

Fuente Nº 1

Fuente: Ésta es una carta del editor, Julio Sáenz, que apareció en febrero de 2007 en *ConXion*, el periódico bilingüe mensual del *Democrat and Chronicle* de Rochester, Nueva York. Used with permission.

La educación bilingüe les ofrece ventajas a todos

Cuando estaba cursando la educación primaria, le pregunté a mis padres si podía seguir a mis amigos, los cuales se habían transferido a un programa de educación bilingüe. La respuesta fue un determinante «¡no!», el cual traducido al inglés significa no.

Es sorprendente para muchos que los mismos padres inmigrantes se opongan a la educación bilingüe de sus hijos. En muchos casos, la oposición está basada en la creencia errónea que dicha educación atrasa el aprendizaje, ya que las clases son repetidas en ambos idiomas. Este punto de vista anticuado es incluso promovido por la página de Internet del Departamento de Educación de los Estados Unidos, la cual dice que el programa de educación bilingüe «es un programa educacional para estudiantes con limitaciones en inglés.»

Esta definición ignora las necesidades de la economía global de nuestros días. Una educación bilingüe es la herramienta perfecta para preparar a nuestros hijos para ser competitivos en el mercado del siglo XXI. La educación bilingüe no es sólo para niños que no pueden hablar inglés; provee ventajas para todos los niños en general.

Rochester cuenta con un buen ejemplo, la escuela Eugenio María de Hostos, localizada en la avenida Clifford, en la cual el 55 por ciento de los miembros de dicha institución educativa no son latinos.

Fuente Nº 2

Fuente: Las estadísticas vienen del National Center for Educational Statistics, http://nces.ed.gov/programs/youthindicators/indicators.asp?pubpagenumber=20&Showtablepage=TablesHTML/20.asp. El mapa y la lista de estados vienen de Wikipedia, the free encyclopedia, el 12 de mayo, 2007.

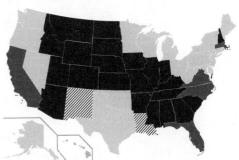

Estados donde el inglés es la lengua oficial en negro

Con la cuestión de la inmigración ilegal, principalmente de Latinoamérica, en cada temporada de elecciones, el tema de la educación bilingüe se pone candente otra vez. La situación ha llegado a tal punto que ha habido varias propuestas en el Congreso y en los cuerpos legislativos de algunos estados y hasta ciudades para hacer que el inglés sea la lengua «oficial» de la nación, el estado o la ciudad. Aunque el gobierno no reconoce ninguna lengua oficial, sus documentos se publican en inglés. En la actualidad, los estados donde el inglés es la lengua oficial incluyen Alabama (1990), Arizona (2006), Arkansas (1987), California (1986), Colorado (1988), Florida (1988), Georgia (1996), Illinois (1960), Indiana (1984), Iowa (2002), Kentucky (1984), Mississippi (1987), Missouri (1998), Montana (1995), Nebraska (1920), New Hampshire (1995), North Carolina (1987), North Dakota (1995), South Carolina (1987), South Dakota (1995), Tennessee (1984), Utah (2000), Virginia (1996) y Wyoming (1996). (*English Only Movements, from* Wikipedia, *the free encyclopedia*, el 12 de mayo, 2007) Hasta ciertos políticos se han metido en el debate emocional sobre la educación bilingüe. Newt Gingrich, el ex-Presidente de la Cámara de los Representantes de los Estados Unidos, metió la pata cuando dijo en un discurso que el concepto de la educación bilingüe perpetuaría «la lengua de vivir en los barrios bajos.» Para él y muchos otros, para tener éxito en América es necesario hablar inglés y abandonar las lenguas y culturas de los antepasados. Muchos todavía ven el éxito de los Estados Unidos en lo que se llama «el crisol cultural» donde todos se mezclan y cambian para ser más o menos uniformes. Para los que favorecen la educación bilingüe, ellos la ven como puente entre su lengua materna y el inglés mientras ayuda a conservar su identidad, tradiciones y, hasta cierto punto, su cultura.

Quizá no haya nada más personal que la lengua materna de un individuo. Pero, ¿se debe tener miedo de los programas bilingües? ¿Es que funcionan, como dicen sus partidarios, o es que no según sus detractores? En un artículo publicado en la página Web Kappan (de Phi Delta Kappa), a Richard Rothstein, en lo que él ha estudiado, le parece que no existe la crisis en la educación bilingüe que algunos piensen. Aquí hay unas estadísticas del National Center for Educational Statistics que nos muestran los cambios desde 1975 hasta 2004. Teniendo en cuenta la explosión en la inmigración hispana desde 1975 hasta ahora, estas estadísticas tienden a indicar que sí ha habido progreso. Pero como el mismo Sr. Rothstein dice en su artículo, «Tal vez podamos hacer mejor. Tal vez pudiéramos hacer mejor con menos educación bilingüe. Pero, tal vez que no. Lo que podemos decir con seguridad es que los datos no revelan una crisis, y el sistema para la educación de inmigrantes con el que hemos salido de paseo, con todos sus problemas, no parece estar en un estado de fracaso total.»

El porcentaje de los que terminan sus estudios secundarios:

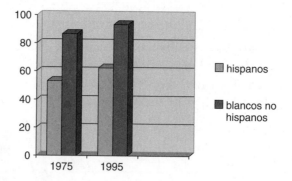

El porcentaje de los que se graduaron y se matricularon en una universidad:

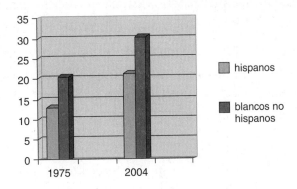

El porcentaje de los que se graduaron después de cuatro años de universidad:

TRACK 23

Fuente N° 3

Fuente: Ésta es adaptada de un artículo por Ana Femin, en que los entrevistados dieron sus opiniones sobre la cuestión de la educación bilingüe, y que apareció en febrero de 2007 en *ConXion*, el periódico bilingüe mensual del *Democrat and Chronicle* de Rochester, Nueva York. Used with permission.

Las personas que participan en la entrevista:
Juan López
Miriam Vázquez, directora de la escuela Eugenio María de Hostos
María Messina, una de las fundadoras del programa bilingüe en la escuela Monroe Middle School
Domingo García, presidente de la junta educacional

You will find the listening prompt on the accompanying recording. The listening script is located on pages 141–142 for this activity.

Pregunta 2: ¿Cómo pueden los jóvenes de hoy contribuir al bienestar de sus conciudadanos y promover la paz e igualdad en el mundo?

Fuente Nº 1

Fuente: La información presentada en esta fuente es adaptada de la página Web del Cuerpo de Paz, http://www.peacecorps.gov/index.cfm?shell=learn

Una oportunidad que ha existido desde 1961 para contribuir al bienestar humano y para compartir nuestros valores americanos es el Cuerpo de Paz, establecido durante la presidencia de John F. Kennedy. Ahora el Cuerpo de Paz sirve a 73 países en África, Asia, el Caribe, la América Central, la América del Sur, Europa y el Medio Oriente. Los voluntarios colaboran con miembros de las comunidades locales en la educación, el desarrollo comunitario, el medioambiente, la informática, la medicina, la salud (incluso el SIDA) y la juventud. Mientras muchos voluntarios son de varias edades, que incluyen jubilados y estudiantes universitarios, muchos son jóvenes.

En el campo de la educación, los voluntarios sirven de profesores de inglés, matemáticas, ciencias y comercio. Para servir a los jóvenes, los voluntarios trabajan con los jóvenes de 10 años a 25 años de edad que corren el riesgo de la delincuencia. El Cuerpo de Paz les ayuda a las comunidades a desarrollar programas para ayudarlos. En el campo de la salud, los voluntarios enseñan y promueven el conocimiento sobre temas como el agua potable, el SIDA y la nutrición. En la tecnología, los voluntarios ayudan a enseñarles cómo funciona la informática, desarrollar bancos de datos regionales y establecer redes para las empresas y los gobiernos locales.

Un joven que participó en el Cuerpo de Paz por dos años y medio en Guatemala es Chris. Después de graduarse de la universidad, y antes de seguir sus estudios posgraduados y doctorales, Chris ingresó en el Cuerpo de Paz. Chris les enseñó a miembros de su comunidad en Guatemala cómo plantar otros tipos de vegetales y legumbres para enriquecer su dieta y nutrición. Por ejemplo, Chris les enseñó a plantar zanahorias. Después de cosecharlas, un amigo suyo, otro voluntario, vino para enseñarles recetas tales como para la tarta de

Las áreas del mundo donde está el Cuerpo de Paz

zanahorias para que supieran cómo usar estas nuevas plantas. Hasta durante visitas a casa, Chris visitaba el colegio local para compartir sus experiencias con los estudiantes allí.

Cada mes los voluntarios reciben una cuota para pagar los gastos. También pueden recibir créditos hacia la educación, beneficios médicos, dinero para ayudar con la transición después de su servicio, y, claro, experiencias invaluables para servirles en cualquier campo que sigan.

¿Puede ser el trabajo de voluntario en el Cuerpo de Paz una opción para ti?

Fuente Nº 2

Fuente: La información en ésta se basa, en parte, en la página Web AmeriCorps, http://www.americorps.org/abut/ac/index.asp

En 1994 AmeriCorps se estableció y ahora sirve más de 2.000 organizaciones no lucrativas, agencias públicas y organizaciones religiosas. Esta organización les da a sus voluntarios la oportunidad de conectarse con la comunidad, conocer los problemas que afectan su comunidad, participar en actividades comunitarias (tales como la limpieza y seguridad de la comunidad) y la habilidad de crear nuevos programas según las necesidades específicas de la comunidad.

Los participantes pueden elegir entre una carrera en la educación, el trabajo social, el ejército y la seguridad pública. Pueden servir de tutores para los jóvenes necesitados, participar en programas de alfabetización, mejorar los servicios médicos, enseñar informática, limpiar parques, dirigir programas estudiantiles después de las clases y ayudar en casos de desastre. En cambio por su participación, los miembros de AmeriCorps ganan $4.725 para pagar la universidad o los estudios posgraduados, o pueden usar el dinero para pagar préstamos que ya tienen para la educación. Desde 1994 350.000 americanos han servido en AmeriCorps.

Los miembros de AmeriCorps ganan muchas veces más de lo que reciben. Ganan no sólo algún dinero sino también la experiencia, la educación y la oportunidad de hacer una diferencia en la vida de sus conciudadanos. Como dice su lema, «necesitas ser el cambio que quieres ver en el mundo.» Y esta experiencia puede cambiarlos.

Un ejemplo es Emily que después de graduarse de la universidad y antes de seguir sus estudios para la maestría, decidió alistarse y pasó dos años enseñando el español a niños menos afortunados en un colegio de St. Louis, Missouri. La experiencia le abrió los ojos a las necesidades que tienen los estudiantes menos privilegiados, algo que le impactó mucho. Al hablar con estudiantes compartiendo sus fotos y sus experiencias, ella les mostró cómo un individuo podía hacer una diferencia y cómo esta experiencia puede cambiar no sólo a los que reciben sino a los que dan.

Fuente Nº 3

Fuente: Un monografía del autor de este libro, Dennis Lavoie, informada en parte por "Burlington High School Community Service Policy" http://www.bsdvt.org/schools/bhs/services/linking/comm_serv_req%20new.html y "Community Service Requirements Can Discourage Those 'Not Ready' for Volunteering" http://www.locateadoc.com/articles.cfm/search/76

> Las personas que participan:
> Dennis Lavoie, autor y profesor de lengua española y francesa

You will find the listening prompt on the accompanying recording. The listening script is located on pages 142–143 for this activity.

Pregunta 3: ¿Es buena idea que los adolescentes trabajen a tiempo parcial mientras asisten al colegio?

Fuente Nº 1

Fuente: Esta información es adaptada de ACRN (American Career Resource Network), http://www.acrnetwork.org//parents/workopt.htm#1

Los adolescentes, el trabajo y los estudios …
¿Una buena idea o no?

Un dilema que existe tanto para los padres como sus hijos es el de si sus hijos deben mantener un trabajo mientras asisten al colegio. Las razones son varias por apoyar el trabajar durante la adolescencia. Algunos piensan que el trabajo les ayuda a los jóvenes a relacionar lo que aprenden en la escuela con una carrera en el futuro. En adición, la experiencia puede enseñarles cómo mejor manejar su tiempo y planear para respetar fechas límite para la entrega de proyectos y tareas. Mientras los jóvenes trabajan, aprenderán a seguir instrucciones, comunicarse con otros y cómo trabajar en equipo con otros. Hasta pueden ganar experiencia en el liderazgo. El trabajo puede servir para hacerles ver cómo es trabajar, descubrir lo que les gusta o no y conocerse a sí mismos en cuanto a sus habilidades.

El trabajo puede ser a tiempo parcial independiente del curso académico del estudiante, o puede estar relacionado directamente con sus estudios en el colegio.

Algunos programas existen para combinar los estudios académicos tales como los siguientes:

- programas de aprendizaje que combinan el trabajo con la instrucción que se recibe en la escuela.
- programas que se llaman «de educación cooperativa» donde el empleador, los padres y la escuela colaboran para que el joven reciba instrucción en destrezas necesarias para realizar cierto tipo de trabajo.
- puestos de interno donde las actividades del trabajo se estructuran para complementar lo que se aprende en las clases. El alumno puede ganar créditos mientras trabaja. Puede ser un puesto pagado o no.
- empresas basadas en la escuela tales como «Junior Achievement» donde los estudiantes organizan y dirigen una empresa en la escuela, como una librería.
- el estudio por servicio donde se combinan lo académico con un proyecto de servicio a la comunidad.
- programas de emparejar al alumno con un mentor que sigue la carrera que le interesa al alumno y donde se desarrolla una relación de largo plazo. El mentor le da al alumno apoyo, motivación, dirección y ayuda.
- acompañar a un profesional donde el alumno puede observar a un trabajador trabajando en la profesión que le interesa; puede ser de un día a varios.

Como se puede ver, existen muchas oportunidades para combinar la experiencia del mundo del trabajo con los estudios. El éxito en combinar las dos cosas depende del estudiante, el empleador, los padres y la escuela y cómo lo hacen. En el mejor caso puede ser de provecho para el estudiante ayudándole a hacer la transición al mundo del trabajo, o por lo menos ayudándole a decidir qué carrera seguir.

Fuente Nº 2

Fuente: Ésta es adaptada de un artículo escrito por Steven Greenhouse, "Problems Seen for Teenagers Who Hold Jobs", *The New York Times* ON THE WEB, January 29, 2001. http://www.nytimes.com/2001/01/29/nyregion/29TEEN.html?pagewanted= all&ei=50070&

La polémica de los adolescentes y el trabajo

Mientras muchos adultos piensan que el tener un trabajo a tiempo parcial sea una cosa positiva en cuanto a la maduración de sus hijos, puede también arriesgar su desarrollo académico. Muchos jóvenes que tienen trabajos a tiempo parcial los días de clase dicen que muchas veces se encuentran bastante cansados el día siguiente. Algunos reportan que a veces llegan tarde a clase, se duermen en clase o hasta faltan parte del día o el día completo por haber trabajado hasta tarde la noche anterior. Lo que pasa es que los beneficios de tener un trabajo, tales como aprender a ser responsables, ganar dinero y no meterse en líos, desaparecen cuando los chicos trabajan muchas horas. La Academia Nacional de Ciencias junto con el Consejo Nacional de Investigaciones y el Instituto de Medicina han descubierto que si un adolescente trabaja más de veinte horas por semana resulta en notas más bajas, un aumento en el abuso del alcohol y menos tiempo para pasar con los amigos y familiares. En un estudio realizado por el Consejo Nacional de Investigaciones con profesores de las universidades de Stanford, Temple y Minnesota encontraron efectos negativos cuando los jóvenes de dieciséis y diecisiete años trabajan más de veinte horas por semana. Notaron que estos jóvenes no tienen bastante tiempo ni energía para sus tareas, pierden actividades extracurriculares como clubes y deportes donde pueden desarrollarse social e intelectualmente. Otro dato que no se menciona a menudo es que cada año hay adolescentes que se matan en el trabajo por la falta de entrenamiento, supervisión y experiencia.

Este debate a veces llega a tal punto que hay un enfrentamiento entre los estudios y el trabajo y muchas veces los estudios sufren. Hay algunos grupos que han comenzado a pedir más restricciones en cuanto al trabajo de los jóvenes. Estos grupos incluyen asociaciones de pediatras, clubes de mujeres, sindicatos educativos, la Liga Nacional de Consumidores y la Asociación de Padres y Profesores (PTA). Claro está, hay grupos de empresarios, y hasta padres que trabajaron cuando eran jóvenes, que no quieren más regulaciones.

A pesar de todo, muchos expertos, profesionales y padres dicen que un trabajo, con horas responsables, sí puede ser de provecho para los adolescentes. Puede enseñarles a ser responsables, a trabajar con otros y hasta a contribuir dinero a la familia si le hace falta. En algunos estudios se ha visto que para los niños pobres el trabajo sí puede ser bueno. Los expertos dicen que el trabajar entre veinticinco y treinta horas o más por semana es excesivo si uno valora la educación, la participación en los deportes y actividades extracurriculares, el tiempo con la familia y los amigos.

Fuente Nº 3

Fuente: Una entrevista con un consejero de estudiantes de secundaria en un colegio del estado de Nueva York.

> Participantes en la entrevista:
> Entrevistadora
> Craig Howe, consejero

You will find the listening track on the accompanying recording. The listening script is located on pages 144–145 for this activity.

Pregunta 4: ¿Puede la ayuda directa tener éxito en países del tercer mundo?

Fuente Nº 1

Fuente: Ésta se basa en el sitio Web del Peace Corps, http://peacecorpsonline.org/messages/2629/2014416.html y Wikipedia, http://en.wikipedia.org/wiki/ AccionInternacional

Ayudando al individuo para llegar a ser autosuficiente

Desde la emergencia de los estados modernos los gobiernos se han dado ayuda militar y financiera, los unos a los otros, a veces por motivos altruistas y muchas veces teniendo en cuenta sus propios fines. Muchas veces el dinero que se ofrecía para el desarrollo y bienestar de los ciudadanos de un país subdesarrollado ha beneficiado a los líderes y a sus amigos y no al desarrollo humanitario. Algunos de los casos más notables de la historia del siglo XX incluyen lo que ocurrió en las Filipinas bajo el presidente Marcos (su mujer Imelda y sus mil y un pares de zapatos) y el presidente de Haití de por vida, Baby Doc Duvalier (su mujer Michelle y sus abrigos de piel en refrigeradores en un clima tropical). En ambos casos el dinero bien intencionado se encontró en los bolsillos de los líderes y sus partidarios mientras las masas sufrían.

Entonces unas personas visionarias pensaron, ¿por qué no ayudar directamente a la gente para que pudiera conseguir el dinero para llevar a cabo sus ideas y así lograr la auto-suficiencia? Joseph Blatchford es una de estas personas. En 1961 Joseph, entonces un jugador amateur de tenis de los Estados Unidos visitó a Caracas, Venezuela, y quedó horrorizado por la pobreza que vio. Entonces fundó Acción Internacional. Al principio ellos animaron a otros a donar dinero y hacer trabajo voluntario al estilo del Cuerpo de Paz. En los años setenta, la organización descubrió que no ayudaban a los más pobres a quienes les faltaban oportunidades económicas, trabajo y no tenían ningún sistema de apoyo nacional. Entonces Acción Internacional comenzó a darles préstamos a pequeños empresarios, el promedio de estos préstamos siendo de 500 dólares y algunos tan pequeños como de 75 dólares. Estos empresarios tenían dos problemas, los bancos no querían prestarles dinero porqué no tenían nada de valor para garantizar el préstamo. En cambio, las personas que sí les prestarían dinero les cobrarían un interés usurero. Acción Internacional les da préstamos con tasas de interés muy bajas. Para asegurar que los prestatarios repaguen los préstamos, Acción Internacional une al prestatario con otros prestatarios, parientes suyos y familiares, para que todos se apoyen. Por eso ellos han realizado un por ciento admirable de devolución de los préstamos que es superior al 96 por ciento que la de los bancos comerciales.

Ahora en el mundo hay más de 7.000 «micro-prestamistas». Muchos de los préstamos se hacen a mujeres. De ellas, los beneficios corren a miembros de sus familias y comunidades. Donde se practican programas de «micro-préstamos» se ha notado mejoramientos en la salud y la educación. Más que nunca estos programas reciben mucha atención. En 2006 Muhammad Yunus con su Banco Grameen recibió el Premio Nóbel de la Paz por su banco que hace «micro-préstamos» a las mujeres de Bangladesh.

Fuente Nº 2

Fuente: Ésta se basa en la página Web de "Pro Mujer", http://www.promujer.org/mission.html

Ayudando a las más necesitadas

Como dice en su declaración sobre su misión, la razón de ser de Pro Mujer ≪es de proveer a las mujeres más necesitadas de Latinoamérica la manera de crear sustento para ellas mismas y el futuro de sus familias por medio de micro-préstamos, entrenamiento en la operación de un negocio y apoyo médico.≫ Pro Mujer fue fundada en 1990 por Lynne Patterson, de los Estados Unidos, y Carmen Velasco, de Bolivia. Ellas estudiaron el éxito del Banco Grameen en Bangladesh en el campo de micro-préstamos pero descubrieron que las mujeres a quienes querían ayudar necesitarían más ayuda que la del préstamo. Conjunto con el préstamo, sus clientas necesitarían ayuda para manejar sus empresas y ayuda médica para sostenerse a sí mismas y a sus familias. Así es como el modelo de Pro Mujer nació.

Ahora Por Mujer funciona en la Argentina, Bolivia, Nicaragua, el Perú y México. ¿Por qué este enfoque en la mujer? Como las mujeres por todo el tercer mundo, las que reciben ayuda de Pro Mujer son las más pobres, siendo mujeres sin acceso a la educación, fuentes financieras y servicios de salud. Las mismas que también están encargadas de criar a la próxima generación de sus países. Por su situación estas mujeres no sólo necesitan ayuda financiera para establecer un negocio sino que también necesitan ayuda médica para sanarse o mantener su salud y la de su familia para en primer lugar poder trabajar y después el entrenamiento para un oficio y cómo mantener su empresa. Según su página Web, esta combinación puede hacer una diferencia muy grande en la vida de estas mujeres, sus familias y sus comunidades.

Fuente Nº 3

Fuente: Adaptada de la página Web de Oxfam America: Micro Loans, Macro-Impact, http://www.oxfamamerican.org/whatwedo/where_we_work_camexca/news_publications/art6081.html

You will find the listening track on the accompanying recording. The listening script is located on page 145 for this activity.

Pregunta 5: ¿Debe importarnos la extinción de ciertas lenguas en el mundo?

Fuente Nº 1

Fuente: Ésta es adaptada de ≪Lengua muerta≫ de Wikipedia, la enciclopedia libre, http://es.wikipedia.org.wiki/Lengua_muerta

Lenguas en vías de extinción

A través de la historia humana, comunidades de personas han desarrollado sistemas de comunicación. En los tiempos prehistóricos sólo se puede adivinar en cuanto a lenguas habladas. Sin embargo, estos seres prehistóricos sí nos han dejado un lenguaje pictórico en lugares como la Cueva de Altamira en la región española de Cantabria y la Cueva de las Manos en la Patagonia argentina. En el Perú los incas desarrollaron un sistema de comunicación a base de cuerdas anudadas llamadas quipos que desgraciadamente no se pueden descifrar hoy en día.

Según la enciclopedia libre de Wikipedia, las razones son varias por la extinción de ciertas lenguas. Estas razones incluyen la violencia (provocada por guerras, invasiones y colonizaciones), desastres naturales y enfermedades (que hacen desaparecer comunidades de hablantes), la evolución lingüística (un ejemplo sería el latín que a través de los siglos y contactos con otras culturas se convirtió en otras lenguas como el español), presiones económicas (cuando un pueblo se ve obligado a hacer que sus hijos aprendan otra lengua para tener éxito en la sociedad predominante), el llamado prestigio cultural (cuando una lengua extranjera se pone de moda por su prestigio) y el cambio voluntario.

En la actualidad, en Latinoamérica, hay 123 lenguas que se encuentran amenazadas con la extinción; pero, ¿es qué debe preocuparnos? El hecho es que con cada lengua que se desaparece, corremos el riesgo de perder no sólo la lengua y la cultura que van juntas, sino también la sabiduría y los conocimientos de los cuales las generaciones futuras podrían aprovecharse. Sólo tenemos que considerar los descubrimientos que se realizan en las selvas amazónicas en que vemos descubrimientos importantes en el campo de la medicina gracias a culturas y lenguas que se ven en peligro.

Fuente Nº 2

Fuente: Ésta es adaptada de un informe del Consejo Ejecutivo, 176ª reunión, París, el 12 de abril de 2007, Organización de las Naciones Unidas para la Educación, la Ciencia y la Cultura.

¿Se puede proteger las lenguas en peligro de extinción?

En la 176ª reunión del Consejo Ejecutivo de la Organización de las Naciones Unidas para la Educación, la Ciencia y la Cultura ellos trataron la polémica de las lenguas en peligro de extinción. Algunos de los datos que salieron de esta reunión incluyen que 50% de las 6.000 lenguas que existen en el mundo hoy corren el riesgo de extinción, 96% de las 6.000

lenguas habladas en el mundo son habladas por sólo 4% de la población mundial, 90% de las lenguas en el mundo no aparecen en Internet, una lengua desaparece casi cada dos semanas y a 80% de las lenguas les falta una transcripción escrita.

El comité reconoce que con la extinción de ciertas lenguas no sólo se pierden sistemas de comunicación sino sistemas culturales también. Cada lengua expresa prácticas sociales y humanas que su pérdida nos empobrece. La cuestión de la preservación de lenguas en peligro de extinción está en las manos del gobierno en el país en que se encuentran. Al tener en cuenta este hecho, este comité ha pedido al Director General que realice un estudio sobre la preservación y protección de las lenguas en peligro de extinción al nivel mundial por las Naciones Unidas.

TRACK 27

Fuente Nº 3

Fuente: Ésta es adaptada de «Lengua muerta», de Wikipedia, la enciclopedia libre, http://es.wikipedia.org/wiki/Lengua_muerta

You will find the listening track on the accompanying recording. The listening script is located on page 146 for this activity.

Pregunta 6: ¿Debe Puerto Rico hacerse el estado cincuenta y uno de los Estados Unidos?

Fuente Nº 1

Fuente: Éste es un fragmento de un artículo por el editor Julio Sáenz, que apareció en april de 2006 en *ConXion*, el periódico bilingüe mensual del *Democrat and Chronicle* de Rochester, Nueva York. Used with permission.

¿Debería Puerto Rico ser un estado?

El 25 de julio de 1898, los Estados Unidos declararon guerra contra España, iniciando la Guerra de Cuba. Las colonias españolas de Cuba, Puerto Rico y las Filipinas fueron entregadas a los Estados Unidos como parte de un tratado que terminó la guerra. Mientras Cuba y las Filipinas comenzaron el siglo como países independientes, Puerto Rico seguía siendo territorio de los Estados Unidos bajo la administración de un gobernador nombrado por los Estados Unidos.

En 1917, el Congreso americano les otorgó la ciudadanía a los puertorriqueños pero no fue hasta 1948 que la isla tuvo el derecho de elegir su propio gobernador. Puerto Rico adoptó su propia constitución en 1952, en la cual el término «estado libre asociado» fue aplicado para definir el estatus político que ha tenido hasta hoy en día. Hubo tres votos en las décadas recientes para decidir si Puerto Rico debe pedir su independencia, continuar y mejorar su estatus de estado libre asociado o ser un estado de los Estados Unidos. De acuerdo al servicio de noticias, Reuter, menos del tres por ciento de los puertorriqueños que votaron favorecieron la independencia en un referéndum en 1999. Las opiniones de las 3.8 millones de personas que habitan la isla están igualmente divididas en si Puerto Rico se queda como estado libre asociado o si se convierte en estado.

Fuente Nº 2

El mapa de Puerto Rico con datos sobre la isla.

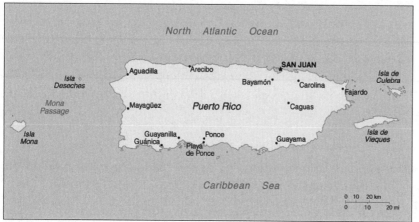

Datos: Puerto Rico

Nombre: el Estado Libre Asociado de Puerto Rico.

Capital: San Juan.

Gobierno: Democracia. Líderes: el presidente Barack Obama; el gobernador Luis Fortuño.

Población: 3.9 millones.

Grupos étnicos: origen español 81%, origen africano 8%, origen mixto y otros 11%.

Religiones: Católicos 85%, Protestantes y otros 15%.

Idiomas: español, inglés.

Capacidad de leer y escribir: 94%.

Producto interior bruto: $75.8 mil millones; per cápita: $19,300.

Relación a los Estados Unidos: los residentes tienen los mismos derechos y obligaciones que los de un ciudadano de los Estados Unidos, tales como el servicio militar y el pago de los impuestos para la seguridad social. Sin embargo, no pueden votar en las elecciones presidenciales y están obligados a pagar impuestos puertorriqueños sobre la renta (pero no los federales).

Fuente Nº 3

Fuente: Ésta es una conversación entre Iván Ramos, José Ramos y Domingo García.

> Las personas que participan en la conversación:
> Iván Ramos, hijo, nacido en los Estados Unidos
> José Ramos, padre, nacido en Rincón, Puerto Rico
> Domingo García, nacido en Puerto Rico

A friend, teacher, tutor, or parent will need to read this to you. The script is located on pages 146–147 for this activity.

Pregunta 7: ¿Se les debería conceder la amnistía a los inmigrantes?

Fuente Nº 1

Fuente: Ésta es una carta del editor, Julio Sáenz que apareció en mayo de 2006 en *ConXion*, el periódico bilingüe mensual del *Democrat and Chronicle* de Rochester, Nueva York. Used with permission.

El tema de la inmigración estalló de nuevo causando controversia en la conciencia de la nación. Es un tema que atrae a una multitud interesante: defensores de los inmigrantes, xenófobos y patriotas que usan la bandera americana para defender sus puntos de vista de un lado o del otro.

Mi madre se tomó el tiempo de cumplir con el proceso legal de inmigración para venir a este país, por lo que apenas me parece justo que aquéllos que rompen las reglas deban de ser recompensados.

Por otro lado, apenas parece justo que compañías puedan atraer a los inmigrantes, explotarlos y desecharlos después de que su sudor ha ayudado a construir este país.

Lo más importante aún, si escuchan con cuidado, más allá de todo el estrépito de los políticos y política, se escuchan historias humanas —las historias de las personas que han arriesgado sus vidas para venir aquí, de la misma manera en la que todos los americanos lo han hecho.

Fuente Nº 2

Fuente: Ésta es adoptada de un artículo que apareció en *Prensa Latina*, el 3 de mayo, 2007, http://www.prensa-latina.cu/article.asp?ID=%7BDD8B156D-FF96-49D2-8F10-B766282CAB2E%7D&language=ES#TopOfPage, "Reiteran importancia de mano de obra inmigrante en EE.UU."

¿Se debe legalizar a los inmigrantes indocumentados ya en los EE.UU.?

Parte importante del debate sobre la inmigración ilegal a los Estados Unidos tiene que ver con la economía. Mientras hay algunos que afirman que los inmigrantes rompen la ley y toman el trabajo de los ciudadanos, la realidad es que la economía se hundiría sin la mano de obra que los inmigrantes le brindan a la economía estadounidense. Estos inmigrantes ilegales hacen muchos trabajos en que los ciudadanos no tienen el menor interés. En adición, con una tasa relativamente baja de desempleo y de natalidad conjunto con un nivel más alto de educación entre los ciudadanos, no hay quienes que puedan llenar todos los trabajos disponibles en ciertos sectores.

En campos tales como la agricultura y la construcción muchos empresarios tienen miedo de que el Congreso estadounidense restringa aún más la entrada de los inmigrantes y les obligue a los que ya están que salgan. En una carta fechada el 20 de abril, 2007, ≪el sector constructivo estadounidense reiteró la importancia de la mano de obra de los inmigrantes y apoyó la legalización de estos trabajadores que ya se encuentran en el país.≫ La industria de la construcción emplea ahora unos 7 millones de personas y la necesidad de la mano de obra continuará a aumentar en el futuro.

En el estado de Nueva York, como en otros estados, los agricultores temen que el Servicio de Inmigración lleve a sus braceros, lo cual dejaría pudrir en los árboles y los campos las frutas y los vegetales que ellos recogen. Ya en el otoño de 2006 algunos agricultores no podían encontrar la mano de obra necesaria porque muchos inmigrantes ilegales tenían miedo de que el Servicio de Inmigración hiciera redadas en los campos para buscarlos y deportarlos.

Se calcula que ahora hay alrededor de 12 millones de inmigrantes ilegales en los Estados Unidos. En una encuesta realizada por *USA Today* y la Organización Gallup, 78 por ciento de los encuestados favorecen que los inmigrantes que ya están en los Estados Unidos reciban la oportunidad de cambiar su estatus a ser legal.

Fuente Nº 3

Fuente: Ésta es de la página de opinión que apareció en mayo de 2006 en *ConXion*, el periódico bilingüe mensual del *Democrat and Chronicle* de Rochester, Nueva York, en que los entrevistados respondieron a la pregunta: "¿Se les debería conceder la amnistía a los inmigrantes? Used with permission.

Las personas que participan en la entrevista:
Domingo Martínez, de Salinas, Puerto Rico
Roberto Burgos, de Aibonito, Puerto Rico
Lili Vega, Rochester, Nueva York
Héctor Vargas, Rochester, Nueva York

A friend, teacher, tutor, or parent will need to read this to you. The script is located on page 147 for this activity.

Pregunta 8: ¿Puede el ecoturismo servir para proteger el medio ambiente?

Fuente Nº 1

Fuente: Information from The Nature Conservancy website, www.nature.org/aboutus/travel/ecoturismo/about/art15170.html

En cuanto al ecoturismo, The Nature Conservancy, una organización que tiene como su misión la de «preservar las plantas, los animales y las comunidades naturales que representan la diversidad de vida sobre la Tierra al proteger las tierras y aguas que necesitan para sobrevivir,» apoya la práctica denominada «ecoturismo.» Las estrategias que plantean incluyen generar ganancias económicas del turismo para usarlas en la conservación, la reducción de peligros que corren la vida silvestre y las comunidades naturales y el apoyo para el ecoturismo. Este apoyo incluye la participación de la comunidad donde tiene lugar.

El problema que quizá sea el más grande es la preservación de la biodiversidad y los recursos naturales de sitios en peligro de ser desarrollados. Lo que pretende hacer el ecoturismo bajo The Nature Conservancy es poder generar el dinero para mantener y proteger los parques nacionales y otros lugares de importancia natural mientras les da a sus habitantes la manera de mantener la salud, la educación, el bienestar y el desarrollo de sus comunidades. El dinero recibido de lo que se cobra por la admisión, las concesiones, las visitas guiadas y las actividades como el buceo provee el financiamiento para conservar estos recursos naturales.

Con su doble enfoque, la preservación de la naturaleza y el desarrollo económico, la educación y la participación local, organizaciones como The Nature Conservancy esperan que lo que se llama el «ecoturismo comunitario» pueda servir a todos por el bien de todos.

Fuente Nº 2

Fuente: Adapted from information from the Center on Ecotourism and Sustainable Development (CESD) and The International Ecotourism Society (TIES), CESD/TIES Working Paper No. 104, revised April 2005, prepared by Zoë Chafe, Edited by Martha Money.

En un estudio realizado por el Center on Ecotourism and Sustainable Development (CESD) y The Internacional Ecotourism Society (TIES) se ve cuales serían posibles índices para el éxito de ofrecer un turismo responsable. Aquí hay algunos de los datos que resultaron de sus investigaciones sobre las preferencias y opiniones de turistas americanos y británicos:

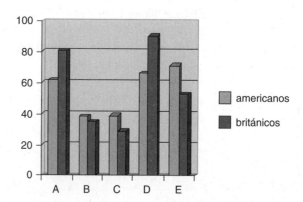

(A) Es importante aprender algo de la cultura, geografía y costumbres del país que se visita.

(B) Pagarían más para proteger el medio ambiente en el país que se visita.

(C) Escogerían compañías que protegen aspectos culturales e históricos en el país que se visita.

(D) Les importa la protección del medio ambiente en el país que se visita.

(E) El bienestar de la población local les importa en el país que se visita.

Estos datos podrían indicarnos la viabilidad de tales programas y el interés que tendrían turistas en participar en ellos.

Fuente Nº 3

Fuente: Ésta es adaptada de un artículo que apareció en lasprovincias.es, http://www.lasprovincias.es/valencia/20070411/internacional/ecuador-declara -emergencia-i

Las personas que participan en la entrevista:
Locutor de radio, Juan Miguel Ruíz

A friend, teacher, tutor, or parent will need to read this to you. The script is located on page 147 for this activity.

Pregunta 9: ¿Tiene la inclusión de las artes valor en el currículo escolar?

Fuente Nº 1

Fuente: Ésta se informó en parte del libro *Teaching with the Brain in Mind*, por Eric Jensen, © 1998, the Association for Supervision and Curriculum Development.

El valor del arte en el currículo

Algunas personas piensen que las artes (el arte, la música, el drama y el baile) no deben ser parte del currículo secundario. Con el advenimiento de «Que no se quede atrás ningún niño,» eastas personas piensan que se debe enfocar en las materias esenciales tales como matemáticas, ciencias, literatura y composición. Se sorprenderá saber que hay mucha evidencia que indica lo contrario. Además de servir como actividades agradables, también pueden contribuir al aprendizaje del alumno hasta en clases como lengua, matemáticas, historia y ciencias. No sólo pueden enriquecer estas clases, sino que pueden hacer que el alumno haga mejores conexiones con la materia y que la aprenda mejor. En su libro *Enseñar teniendo en cuenta la mente (Teaching with the Brain in Mind)*, Eric Jensen expone que «una base artística nutre la creatividad, la concentración y la atención a valores y la autodisciplina» (página 36). Según Jensen, los estudios indican que el estudio del arte no sólo enriquece al individuo estéticamente sino que puede ayudar el cerebro humano a hacer más y mejores conexiones (página 38).

Un ejemplo de esto se puede ver en una clase de lengua española donde se lee el cuento «A la deriva» por Horacio Quiroga. Al entrar en la clase el profesor ha bajado las luces y toca una cinta de sonidos de una selva tropical. Los estudiantes encuentran papel y lápices de pastel en sus pupitres. El profesor les dice que escuchen los sonidos con los ojos cerrados unos momentos y luego que dibujen lo que ellos oyen y ven en su mente. Después de unos diez minutos los estudiantes comparten sus dibujos y hablan de las sensaciones que han producido los sonidos. Esta actividad ha servido como introducción a un cuento que tiene lugar en las selvas amazónicas de la provincia de Misiones, Argentina. Para cerrar la lección, los estudiantes dibujan escenas del cuento para 'contar' la historia.

Como se ve de este ejemplo, esta combinación de arte, lengua y literatura enriquece la experiencia total de los alumnos y les ayuda a comprender más a fondo un cuento naturalista algo difícil.

Fuente Nº 2

Fuente: Esta información es de "AMERICANS for the ARTS," http://www.artsusa.org/public_awareness/facts

Lo saliente de las investigaciones realizadas sobre la enseñanza de las artes

En el campo académico, se ha visto que la inclusión de las artes en la educación general del alumno le puede brindar los siguientes resultados. Para el alumno que estudia las artes:

- es cuatro veces más probable que sea reconocido por sus logros académicos
- es tres veces más probable que sea elegido a un puesto en el gobierno estudiantil de su clase
- es cuatro veces más probable que participe en un concurso de matemáticas o ciencias
- es tres veces más probable que sea premiado por su asistencia a la escuela
- es cuatro veces más probable que gane un premio por escribir un ensayo o poema.

En la misma página Web se nota que los que estudian las artes, comparados con sus compañeros de clase, tienden a participar más en clubes juveniles, leer como pasatiempo, participar en programas al servicio de la comunidad y asistir a clases de arte, música y baile. (*Living the Arts through Language + Learning: A Report on Community-based Youth Organizations*, Shirley Brice Heath, Stanford University and Carnegie Foundation for the Advancement of Teaching, *Americans for the Arts Monograph*, November 1998.)

En la página Web http://www.culture.gov.on.ca/english/about/b050506.htm, en un informe del College Board (http://www.nasaa-arts.org/publications/critical-evidence.pdf) se puede ver claramente el impacto que el arte puede tener en el campo académico.

El patrón de los que toman arte y calificaciones en el examen SAT, 2005

	VERBAL	MATEMÁTICAS
4+ años de arte	534	540
4 años	543	541
3 años	514	516
2 años	508	517
1 año	501	515
1/2 año o menos	485	502
El promedio de todos que tomaron el examen SAT	508	520

Fuente: 2005 College-Bound Seniors: Total Group Profile Report, The College Board, 2005, Table 3-3; SAT Scores of Students Who Study the Arts: What We Can and Cannot Conclude about the Association, Kathryn Vaughn and Ellen Winner (Fall 2000).

Hasta los negocios entienden el valor del arte en el desarrollo completo del alumno. En la misma página Web, se nota que la inclusión del arte en el currículo fomenta la disciplina, la habilidad de solucionar problemas, la imparcialidad en el razonamiento valorativo, la apreciación de la calidad de su trabajo y la habilidad de establecer metas. En adición puede ayudar a los estudiantes que corren el riesgo de la delincuencia.

Más que una frivolidad, las artes sí tienen una importancia en la educación total del individuo, no sólo estéticamente, sino académica y socialmente también.

Fuente Nº 3

Fuente: Una entrevista con unos profesores de Fairport High School, Fairport, New York, sobre el uso del arte.

> Participantes en la entrevista:
> Dennis Lavoie, entrevistador
> Sra. Gillette, profesora de inglés
> Sra. Griffith, profesora de teatro
> Sra. Karr, profesora de inglés
> Sra. Steffer, profesora de arte

A friend, teacher, tutor, or parent will need to read this to you. The script is located on page 148 for this activity.

Pregunta 10: ¿Vale la pena participar en un programa de intercambio?

Fuente Nº 1

Fuente: Ésta se informó en parte de la página Web de AFS, una organización que ofrece programas de intercambio internacionales, http://www.afs.org/afs_or/view/3150

¿Vale la pena participar en un programa de intercambio escolar?

Cada año millones de estudiantes de todo el mundo participan en programas de intercambio estudiantil. Las razones quizá sean tan numerosas como estudiantes que participan. Algunos lo hacen para pasar unas semanas o meses agradables en un lugar exótico. Otros quieren conocer a nuevas personas y nuevas culturas o mejorar su habilidad de comunicarse en otra lengua. La realidad es que se puede realizar todas estas metas y más. Un programa, AFS, realizó un estudio independiente de sus programas y encontró que los que participan en estos programas se hacen más competentes en funcionar en otras culturas, traban más amistades con personas de otras culturas, hablan con más soltura lenguas extranjeras y conocen más sobre otras culturas.

Existen varios tipos de programas que les ofrecen a los estudiantes la oportunidad de experimentar un intercambio estudiantil. Hay programas en que los estudiantes pueden visitar por un par de semanas un país extranjero quedándose con una familia y asistiendo a clases como observadores en el colegio anfitrión. También existen programas en que los estudiantes pueden pasar un semestre, o hasta un año, viviendo con una familia anfitriona y asistiendo a clases por las cuales pueden recibir crédito en su escuela. Además se ofrecen programas en plan de excursión en que los estudiantes se quedan en hoteles y viajan de ciudad en ciudad dando un vistazo de pájaro al país anfitrión.

Cada opción tiene su propio valor según lo que el estudiante quiera llevar consigo de la experiencia. De todos modos, sí que es una experiencia que vale la pena. El estudiante y su familia son los que necesitan determinar lo que quieren conseguir, el tiempo que les es disponible y los recursos financieros.

Fuente Nº 2

Fuente: Ésta se informó en parte de la página Web de la Universidad de Maryland, Programas Internacionales, http://www.international.umd.edu/studyabroad/623

Los beneficios de estudiar en el extranjero

El estudiar en el extranjero puede enriquecer la vida de cualquier individuo que se arriesgue. Como los Estados Unidos es un país tan enorme muchos no tenemos la oportunidad de conocer a otros que son cultural y lingüísticamente diferentes de nosotros. La experiencia de pasar algún tiempo en otro país puede ser una experiencia que cambia nuestra vida por lo mejor. En la página Web de la Universidad de Maryland, International Programs, ellos enumeran los beneficios para los que participan en programas en el extranjero. Según ellos, el participar en programas así estimula la disciplina académica, ayuda al alumno a funcionar en sistemas diferentes, anima la independencia y puede hasta ayudarle en el momento de buscar trabajo. Al nivel práctico, si uno estudia en un país extranjero le facilita la adquisición de una lengua. Cuando todo que le rodea está escrito en otra lengua, cuando todos alrededor de uno hablan otra lengua, es mucho más fácil adquirir la lengua que en una clase en el colegio o la universidad. Además, la experiencia da vida a lo que se ha aprendido en los salones de clase. Se puede conocer de primera mano el arte, la cultura y la historia del país. Hasta algunos estudios han mostrado que los que se han aprovechado de programas de estudios en el extranjero tienden a hacer mejor sus estudios en la universidad.

Al nivel personal, yo vine de un pueblecito a la orilla del lago Ontario en el estado de Nueva York. La población del pueblo era de unos 1.500 habitantes y mi clase en el colegio, de 151 estudiantes. En el verano de 1971, entre mi primer año y segundo año en el colegio, yo fui a Saltillo, México, para pasar ocho semanas. Viví con una familia en que nadie hablaba inglés y seguí cursos de lengua, música y baile en un instituto. Fue una experiencia inolvidable que me llevó más tarde a pasar mi año junior estudiando en la universidad Complutense de Madrid en España.

Aquella primera experiencia en 1971 fue un momento clave en mi vida y me ha llevado a vivir en otros países y a aprender otros idiomas. Me dio de veras una vida muy distinta a la que habría tenido si no me hubiera arriesgado.

Fuente Nº 3
Fuente: Una entrevista con unos estudiantes de secundaria que han participado en programas de intercambio.

Participantes en la entrevista:
Dennis Lavoie, entrevistador
Shaughn, un estudiante de último año
Courtney, una estudiante de último año
Justin, un estudiante de último año

A friend, teacher, tutor, or parent will need to read this to you. The script is located on pages 148–149 for this activity.

Scripts for Presentational Writing

TRACK 23

Question 1:

Narrador: Para Juan López, un chico de 17 años, fue importante inscribirse en un programa bilingüe porque quería aprender acerca de sus raíces hispanas, a pesar de que nació aquí.

Juan López: Quería dominar ambos idiomas, el español y el inglés. Puedo ahora leer y escribir en inglés y español.

Narrador: Para María Messina, quien ayudó a fundar el programa bilingüe en la escuela Monroe Middle School hace 21 años, ella cree que una de las barreras que los estudiantes enfrentan es el nivel de comprensión en su idioma natal.

María Messina: Puede ser que estén aprendiendo el contexto. Pero, si no tienen habilidades en el idioma, no aprenderán lo que se supone que tienen que aprender.

Narrador:	El presidente de la junta directiva educacional, Domingo García, reconoce que la educación bilingüe es importante para estudiantes que no entienden instrucciones en inglés.
Domingo García:	Tenemos muchos estudiantes de Cuba, la República Dominicana y Puerto Rico que no saben ni una palabra de inglés. Los que no se aprovechan del programa se arriesgan a retrasarse por el idioma.
Narrador:	También, Domingo García explica el programa dual que se ofrece sólo hasta el sexto grado. Es un programa diseñado para estudiantes que quieren aprender un segundo idioma. Para entrar en el programa el estudiante necesita tener buenos conocimientos del inglés o del español.
Domingo García:	Blancos, negros e hispanos están en la lista de espera para este programa. Cuando se completa, los estudiantes son completamente bilingües.
Narrador:	Para María Messina, el programa bilingüe ayuda a los estudiantes recién llegados a este país a poder adaptarse a la cultura y al nuevo idioma.
María Messina:	Las escuelas deberían de continuar con el programa para estudiantes recién llegados para que aprendan cómo funcionan las cosas aquí y que se sientan que pertenecen. Cuando se sienten fuera de lugar, se sienten perdidos y se quieren ir.
Narrador:	Para Miriam Vázquez, directora de la escuela Eugenio María de Hostos, el ser bilingüe es casi una necesidad.
Miriam Vázquez:	Adondequiera que vayas, ves información en inglés y español. Las personas bilingües tienen más oportunidades de trabajo en esta población creciente. Los estudiantes de programas bilingües están aprendiendo en español e inglés. Todas las personas tienen la habilidad de aprender más de un idioma.

TRACK 24   **Question 2:**

el autor:	En años recientes ha habido un debate fuerte sobre la cuestión de obligar a los estudiantes secundarios a hacer servicio comunitario como requisito para la graduación, un diploma especial o hasta como requisito para ciertos cursos u organizaciones. Los que requieren el servicio comunitario ven los beneficios de él como una conexión más estrecha con la comunidad, el conocer a nuevas personas, la oportunidad de compartir con otros sus conocimientos mientras se ganan nuevos y la experiencia que les puede servir en el futuro.
	El programa del Bachillerato Internacional requiere que los alumnos hagan lo que se llama CAS (Creatividad, Acción y Servicio) como parte de los requisitos para sacar su diploma. El candidato necesita cumplir 150 horas en CAS durante los dos años del programa. Éstas no sólo tienen que ver con el servicio comunitario sino también con la participación en los deportes, las artes y otras actividades.

El Colegio de Burlington, Vermont, es un ejemplo entre varios que tiene una norma sobre el servicio comunitario. Su norma requiere que cada alumno haga 10 horas de servicio comunitario cada año que está en el colegio. No se puede esperar hasta el último año para cumplir con la norma de 40 horas en total, 10 por año. Si no se cumplen las 10 horas cada año, el alumno puede recibir más horas adicionales que hacer y corre el riesgo de no graduarse.

En el colegio donde enseño yo hay cursos que requieren servicio comunitario como parte de su currículo. Hay un curso electivo para los estudiantes de último año que ofrece el departamento de Estudios Sociales sobre el gobierno. Cada alumno en el curso necesita cumplir 10 horas y mantener un diario de la experiencia. También la Sociedad Honoraria Nacional y la Sociedad Honoraria Hispánica requieren que sus socios hagan actividades para el beneficio de la comunidad.

A pesar de estos programas bienintencionados, algunos piensan que si el alumno no está listo para hacer el servicio comunitario, puede tener un impacto negativo en cuanto a su participación futura en estas actividades. El doctor Arthur A. Stukas de la Universidad de Colorado del Norte indica que se puede mitigar los efectos negativos si la escuela les ofrece la posibilidad de seleccionar actividades que les interesan o en que tienen las destrezas necesarias para tener éxito.

TRACK 25 **Question 3:**

entrevistadora: ¿Es que muchos de sus estudiantes tienen puestos a tiempo parcial después de las clases y los fines de semana?

consejero: ¡Huy! Sí, un número significativo de mis estudiantes tienen trabajos. Si adivinara, diría que entre veinticinco por ciento y treinta y tres por ciento los tienen.

entrevistadora: ¿Encuentra que el trabajo puede chocar con el trabajo escolar de los estudiantes?

consejero: Muchas veces puede causar problemas, principalmente entre el horario de trabajo y los requisitos escolares. Por ejemplo, si un estudiante tiene un examen o un proyecto para el lunes y tiene que trabajar el domingo. Depende también del turno que trabaja el alumno. Trabajar un turno de las cuatro hasta las siete puede ser menos problemático que un turno de las seis hasta las diez. Normalmente los empleadores dirán que los estudios son más importantes que el trabajo... pero en la actualidad, si el alumno tiene que trabajar un turno el día antes de un examen, el empleador no puede fácilmente dejarlo no trabajar.

entrevistadora: ¿Cómo son los padres cuando ocurre un conflicto entre el trabajo y los estudios?

consejero: Los padres normalmente son fantásticos y dicen que los estudios siempre son más importantes que el trabajo... claro, puede ser que lo dicen porque creen que es lo que yo quiero oír. Por lo general van a decir que o el estudiante tiene que trabajar menos o dejar el trabajo. Pero a veces hay problemas financieros y el estudiante sí tiene que trabajar.

entrevistadora: En su experiencia, ¿has visto a estudiantes que dejan un curso o cambian a un curso menos riguroso por un trabajo parcial?

consejero: Sí, se ve estudiantes, en particular de último año, que dejarán un curso o cambiarán su curso a uno menos difícil, sobre todo si es un curso que no necesitan para graduarse. Los de último año también tienen actividades como los deportes, la vida social y, claro, el trabajo.

entrevistadora: ¿Hay un tipo de trabajo que sea más problemático que otro?

consejero: Ninguno me llama la atención. Es siempre una cuestión de las horas que trabajan y cuándo las trabajan.

entrevistadora: ¿Qué dice la ley sobre el trabajo de los jóvenes?

consejero: Esto depende de la edad del estudiante. Entre los de catorce y quince años durante el año escolar pueden trabajar de los lunes a los jueves tres horas por día y los viernes, sábados y domingos ocho horas. Pero no pueden trabajar más de dieciocho horas por semana. De dieciséis a diecisiete años de los lunes a los jueves pueden trabajar cuatro horas por día y los viernes, sábados y domingos ocho horas por día hasta un máximo de vientiocho horas por semana.

entrevistadora: ¿Cuáles son algunos aspectos positivos para los jóvenes de tener un trabajo?

consejero: Pues, sin orden particular, el dinero, y las cosas intangibles como la responsabilidad, la independencia y la madurez. Hay que tener en cuenta la tienda, el empleador y los clientes.

entrevistadora: Si su hijo o hija le dijera que quisiera tener un trabajo, ¿cómo le respondería?

consejero: Esto dependería de su situación. Es decir si hace bien en sus clases, si participa en otras actividades como la música, los deportes o si hace trabajo de voluntario. Si tuviera el tiempo e hiciera bien en sus estudios, sí le permitiría. Cuando yo era consejero al nivel universitario, siempre notaba la diferencia entre los estudiantes que trabajaban para pagar su educación y los que los padres la pagaban. Los que ganaban su propio dinero y pagaban los estudios eran más maduros y los tomaban mucho más en serio.

entrevistadora: Muchas gracias por haberme permitido entrevistarlo hoy sobre este tema.

TRACK 26

Question 4:

¿Es que los programas de micro-préstamos pueden en práctica tener éxito en mejorar las vidas de las personas y comunidades en que se utilizan? En su página Web, la organización norteamericana, Oxfam, dice que sí. En un ejemplo de México se muestra cómo estos programas pueden impactar la vida de una comunidad. En cooperación con ASETECO (Asesoramiento Técnico a las Comunidades de Oaxaca) Oxfam muestra cómo los micro-préstamos pueden tener, como dice en su página Web, un macro-impacto.

En las áreas rurales de Oaxaca 70 por ciento de las mujeres son analfabetas; son las responsables de educar a sus hijos y les falta comida y acceso a ayuda financiera. En este área ASETECO tiene centros de ahorros y préstamos. Esta ayuda directa ayuda a romper el ciclo de la pobreza apoyando con dinero a estas mujeres pobres mejorando sus vidas y la de la comunidad. Algunos ejemplos incluyen una fábrica establecida por mujeres que hace muebles con las hojas de la palma. Han tenido tanto éxito que una compañía italiana de muebles compra su producto. Otro ejemplo es Chocolate Yuvila, una fábrica de chocolates organizada por un grupo de mujeres.

También, las mujeres en estas comunidades cultivan vegetales, construyen sanitarios y fabrican hornos que producen menos humo dañino.

Como es fácil de ver, Oxfam en colaboración con ASETECO sí hace una diferencia.

TRACK 27

Question 5:

Lenguas muertas que no lo son

Hay un fenómeno curioso que existe en cuanto a las lenguas muertas y es que aunque dicen "lenguas muertas" algunas todavía son habladas por ciertos grupos de individuos. Algunos ejemplos incluyen el latín, el griego clásico y el sánscrito.

En el caso del latín, sigue siendo la lengua oficial de la Iglesia Católica. No sólo se usa en el Vaticano sino que continúa evolucionando. En un artículo por Pierre Georges en *Le Monde*, él nota que más de 60.000 palabras y expresiones nuevas han sido añadidas al léxico latino. Claro está que el latín sobrevivió en textos científicos y filosóficos hasta el siglo XIX.

La situación no es sin esperanzas. Ha habido casos en que han tratado de rescatar una lengua de la extinción y en que han tenido bastante éxito. El ejemplo que sobresale más es el caso del hebreo, lengua muerta que se ha resucitado. Se había conservado como lenguaje litúrgico pero al nacer el estado de Israel el deseo de tener una lengua "neutral" como su lengua oficial ocasionó el renacimiento del hebreo.

Unos ejemplos de lenguas que luchan para su supervivencia son el vasco de España y Francia y el bretón de Francia que ahora tienen más hablantes que en 1954. En la República de Irlanda el irlandés es lengua oficial y se enseña en sus escuelas aunque el inglés predomina.

Mientras el panorama para la supervivencia de las lenguas minoritarias sea poco favorable, sí ha habido éxitos y bien puede ser que con un esfuerzo al nivel nacional y mundial más lenguas podrán sobrevivir.

Question 6:

Iván Ramos: Puerto Rico lo tiene todo, y aún más que otros países independientes, así que, ¿por qué no puede ser independiente?

Yo estoy por la independencia pero manteniendo lazos fuertes con los Estados Unidos porque las personas tienen el derecho a elegir su propio destino.

José Ramos: Es una isla con pocos recursos naturales y no puede sobrevivir sola... Si tuviéramos petróleo, minas o hasta fincas de cañas, pues quizás. Las fincas que teníamos ya no están y ahora están cubiertas en cemento. Las construcciones nuevas han endeudado a Puerto Rico e hipotecado su futuro. ¿Cómo podrán pagar eso si llegan a ser independientes?

Iván Ramos: ¿Qué recursos naturales tiene el Japón? Ellos tienen gente, la riqueza de Puerto Rico está en su población educada.

Domingo García: La independencia es una noción romántica pero si uno le pregunta a la gente que está en la isla, aún aquéllos que prefieren el estatus de estado libre asociado, elegirían ser un estado independiente. Ya no es una opción, estamos muy integrados. Miles de los nuestros han muerto defendiendo este país en sus guerras, aún así, técnicamente, todavía somos ciudadanos de segunda clase.

Question 7:

Domingo Martínez: Yo estoy de acuerdo con la amnistía, pero ahora mismo no hay una legislación clara de lo que se podría ofrecerles. Este movimiento (las manifestaciones pro inmigrantes) hace que los políticos piensen y creo que saldrá una fórmula muy favorable para todos los hispanos, no solamente para los inmigrantes… Los hispanos en América se están despertando.

Roberto Burgos: Yo creo que la gente está aquí ilegalmente por la promesa de un mejor futuro y están aquí para perseguir el sueño de esa promesa. Y creo que deberíamos de crear esa oportunidad para todas esas personas que están aquí con sus familias y niños, trabajando o buscando trabajo.

Lili Vega: Ellos (los inmigrantes) deberían de quedarse aquí, no deberíamos de ser tan duros con esa ley; ellos no son criminales, son seres humanos y necesitamos tratar a todos como seres humanos y todos deberíamos de ser libres.

Héctor Vargas: Yo estoy de acuerdo con la amnistía. Estas personas están aquí, y se están aprovechando de ellas, y no sólo eso, sino que están aquí por diferentes razones, no sólo por trabajo… los necesitamos a todos, hay mucha gente aquí y a veces nos olvidamos de quienes son.

Question 8:

Juan Miguel Ruíz: Muy buenas tardes radioyentes, les habla Juan Miguel Ruíz desde Madrid con las noticias en breve.

Por Internet hoy el sitio Web http://www.lasprovincias.es presenta un informe sobre las Islas Galápagos de Ecuador. Estas islas fueron denominadas Patrimonio de la Humanidad en 1979 por las Naciones Unidas como representan un recurso único de nuestro planeta que contiene especies de animales y vegetales únicas en el planeta. Fue en estas islas donde el científico británico Charles Darwin realizó sus investigaciones sobre la evolución, el tema de su libro *El origen de las especies*. Una delegación de UNESCO ha llegado a las islas para averiguar si hace falta incluirlas en la lista de patrimonios naturales en riesgo. En este momento estas joyas naturales sufren una crisis institucional, ambiental y social según el presidente de Ecuador. Esta crisis se debe a varios factores como la pesca indiscriminada, la introducción de especies no nativas y el crecimiento en el número de residentes y turistas. Ha llegado la situación a tal punto que el presidente de la República ha lanzado un decreto para suspender temporalmente el permiso para permitir nuevas licencias turísticas, operaciones aéreas y nuevas residencias. Por su parte la UNESCO ha discutido con las autoridades ecuatorianas los problemas que las islas enfrentan e ideas para asegurar su conservación.

Éste ha sido Juan Miguel Ruíz con las noticias en breve. Muy buenas tardes a todos.

Question 9:

entrevistador: ¿Cómo incluye el arte en sus lecciones?

Sra. Gillette: Pues, lo incluyo en mis lecciones de mitología.

Sra. Griffith: Lo incluyo al emplear la música cuando enseño la poesía.

Sra. Karr: Bueno, en los cursos del penúltimo año vemos la música y el arte cuando estudiamos las décadas de los veinte, los cincuenta y los sesenta.

entrevistador: ¿Qué valor tiene la inclusión del arte en sus lecciones?

Sra. Karr: Añade un poquito de ambiente, o sea color, al plan académico. Los alumnos tienen que aprender muchos datos y el arte los ayuda a ser más equilibrados y también les facilita a veces el trabajo.

Sra. Griffith: Esto depende del alumno. Algunos pueden hacer mejor las conexiones con lo que estudian.

Sra. Gillette: La inclusión del arte en una lección puede atraer a los alumnos que no tienden a participar activamente en la clase.

Sra. Griffith: Puede ayudar mucho si el alumno aprende mejor visualmente.

Sra. Karr: Es un cambio de lo usual.

Sra. Steffer: Ayuda a los alumnos para que puedan solucionar problemas de una manera más creativa. Los alumnos que estudian las artes tienden a enfocar un problema de una manera diferente de lo que se hace en un curso más bien académico. Les da una manera diferente de ver el mundo.

entrevistador: Les doy las gracias a todas por haber compartido sus ideas conmigo hoy.

Question 10:

entrevistador: ¿Por qué decidieron ustedes participar en un programa de intercambio en España?

Shaughn: En parte porque mi madre fue una vez y siempre me decía que fue fantástica la experiencia. Yo jamás había viajado al extranjero y pensaba que me hacía falta hacerlo. Quería ver otros países.

Courtney: Quería viajar al extranjero para tener la experiencia. Quería viajar, tener nuevas experiencias y conocer a nuevas personas. También, pensaba que sería divertida.

Justin: Muchos en mi familia hablan español y quería mejorar mi español para sentirme más cómodo con la lengua. También, me parecía ser un lugar divertido para visitar.

entrevistador: Pues, ¿qué aprendieron o cómo los cambió la experiencia?

Shaughn: Mejoré mucho mi español y, además, ahora tengo amigos en un país extranjero. Ahora deseo aun más estudiar en el extranjero, si me es posible, en la universidad. Me abrió los ojos a una nueva cultura y me mostró que aunque hablan una lengua diferente, todos somos iguales.

Courtney: No lo sé. Creo que me hizo más abierta a experiencias diferentes. También, como Shaughn, aprendí a ser más abierta y a experimentar cosas nuevas.

Justin: Yo también me creo ser más abierto a experimentar cosas nuevas. La comida era diferente. Hablo con mayor soltura ahora. La experiencia de adaptarme a una cultura completamente diferente fue muy buena.

entrevistador: ¿Lo harían otra vez en el futuro? ¿Y lo recomendarían a otros?

Shaughn: Absolutamente. Me encantaba todo. Era muy divertido.

Courtney: Sí, sin duda alguna.

Justin: Claro. Sin duda alguna yo quiero hacerlo mientras estudie en la universidad. Me gustaría tener un puesto de internado en España. Me fue provechoso y me gustaría hacerlo otra vez.

entrevistador: Les agradezco su participación en esta entrevista y espero que todos tengan la oportunidad de visitar a España otra vez, tan pronto como sea posible.

PRESENTATIONAL WRITING RUBRIC: BASED ON THE DRAFT RUBRIC FROM HTTP://APCENTRAL.COLLEGEBOARD.COM

	Description	Task Completion	Topic Development	Language Use
5 high	• excellent example of presentational writing*	• completes all parts of the task appropriately • cites all sources • sources are well used	• relevant • complete and well organized • correct or mostly correct information • synthesizes well the information rather than summarizing or merely quoting it • accurate social and cultural references	• few errors • no pattern of errors • rich vocabulary • excellent spelling, syntax, paragraphing, and punctuation • appropriate register for the presentation
4 mid-range	• demonstrates a command of the language in presentational writing*	• cites all sources • task completed appropriately	• relevant • well developed • good organization and cohesive • synthesizes information rather than summarizing or merely quoting it • social and cultural references generally correct	• complex structures used but contain more than a few errors • vocabulary well used • spelling, syntax, paragraphing, and punctuation are generally correct • register is correct for type of presentation
3 mid-range	• competent example of presentational writing*	• cites and includes most of the sources • completes task appropriately	• answer is developed in a relevant way • organized and flows adequately • information is more or less accurate but may not be precise • tends to summarize or quote sources rather than synthesize them • social and cultural references are more or less appropriate to the task	• simple structures are handled well but not complex ones • good use of vocabulary with some interference from first language • spelling, syntax, paragraphing, and punctuation display errors • register generally correct for type of presentation

2 mid-low	• barely competent example of presentational writing*	• only includes some sources in the presentation • the subject and task are only completed in part	• presentation of the topic might be irrelevant • organization is inadequate in part • information from the sources is limited or incorrect • very little synthesis of the information is evident • social and cultural references may be inaccurate to the task	• simple structures are not handled well • limited vocabulary • frequent interference from first language • frequent errors in spelling, syntax, paragraphing, and punctuation • register is not totally appropriate
1 low	• incompetent example of presentational writing*	• only one or two of the sources used in the presentation and used poorly • the task is not completed	• presentation of the topic is irrelevant • presentation is disorganized • information from the sources is limited and mostly incorrect • little or no synthesis of the information is evident • social and cultural references are inaccurate to the task	• numerous errors in grammatical structures • very limited vocabulary • frequent interference from first language • spelling, syntax, paragraphing, and punctuation are overwhelmingly incorrect • register is not appropriate to the task
0	• a zero may be given to a task when the student has failed to write anything, the response is totally off task or irrelevant, the student's response is in a language other than Spanish, or the student just restates the topic and source information			

*Presentational writing is a piece of writing that presents a theme or ideas on a topic, as the name implies.

CHAPTER 9

Exam Section II, Part B

Interpersonal Speaking: Simulated Conversation

IN THIS CHAPTER

Summary: In this part of the examination, you will be asked to participate in one simulated conversation. You will be given 30 seconds to look at an outline of the conversation. A setting for the conversation will follow on the audio. You will then be given 1 minute to look at the outline of the conversation again. Finally you will be asked to imagine that you are in the situation explained in the setting. You will find the listening tracks for some of the conversations in this section on the accompanying recording. You can recruit a friend, parent, teacher, or tutor to read the prompts for the other conversations to you. After listening to the first line of the conversation, you will have 20 seconds in which to record your answer on your own tape. The conversation will then proceed, allowing for you to participate five to six times. This part of the examination is worth 10 percent of the total. The scripts of the simulated conversations start on page 167. A sample rubric, which will help you evaluate your responses, appears at the end of this chapter on pages 179–180.

- When given the first 30 seconds to look at the outline, try to guess what the context will be. Look for any key words that might indicate what you will have to say.
- Once you have heard the setting for the conversation and have another minute to look at the outline, try to jot down in the margins of the page some key words or expressions that you might like to use.

- Once the simulated conversation begins, try to concentrate and listen carefully: listening is a skill that must be practiced. How well you understand the question will affect your score.
- Try to determine what tenses are being used (present, past, future, conditional, etc.). Make sure you answer in the appropriate tense.
- Try to use some high-order structures in your response—the subjunctive, for example—whenever possible or appropriate.
- Listen for a key word, or words that you might want to use in your response.
- Try not to waste valuable time restating the whole question; get right to the answer! Look at the following example:
  Question: **Cuando no tienes clase, ¿qué haces?**
  - Weak answer: **Cuando no tengo clase, yo salgo con mis amigos...**
  - Better answer: **Salgo con mis amigos y a veces vamos al cine o al centro comercial para reunirnos con otros amigos allí.**
- Try to use the full 20 seconds for your response. You want to give the raters as long a sample of your speaking as possible. But stop as soon as you hear the tone indicating the speaker is about to continue the conversation, even if your answer is incomplete.
- Answer *every* question, even if you are not completely sure of what is being asked. (Remember that the theme for the conversation could help you make an educated guess about any questions that you might not completely understand.)
- Speak clearly and do not be afraid of correcting yourself if you make an error. However, don't waste a lot of time trying to correct yourself; this can bog you down.
- Be sure to follow the proctor's instructions carefully.
- Once you have done one of the conversations, look at the script to clear up any doubts you may have.

Interpersonal Speaking Practice

Directions: You will now participate in a simulated conversation. First, you will have 30 seconds to read the outline of the conversation. Then you will listen to a message and have 1 minute to reread the outline of the conversation. The conversation will then begin. Each time it is your turn, you will have 20 seconds to respond; a tone will indicate when you should begin and end speaking. You should participate in the conversation as fully and appropriately as possible.

Instrucciones: Ahora participarás en una conversación simulada. Primero, tendrás 30 segundos para leer el esquema de la conversación. Entonces, escucharás un mensaje y tendrás 1 minuto para leer de nuevo el esquema. Siempre que te toque, tendrás 20 segundos para responder; una señal te indicará cuándo debes empezar y terminar de hablar. Debes participar en la conversación de la manera más completa y apropiada posible.

TRACK 28 — **Simulated Conversation #1**

(A) El mensaje
[*You will hear the message on the recording.* Escucharás el mensaje en la grabación.]

(B) La conversación
[*The shaded lines reflect what you will hear on the recording.* Las líneas en gris reflejan lo que escucharás en la grabación.]

María	• *Te saluda.*

Tú	• *Salúdala y pregúntale que le pasa.*

María	• *Responde y te explica el problema.*

Tú	• *Trata de calmar y tranquilizar a María.*

María	• *Te pide tu opinión.*

Tú	• *Responde a la pregunta.*

María	• *Te hace otra pregunta.*

Tú	• *Responde a la pregunta.*

María	• *Te pide tu consejo.*

Tú	• *Responde a la pregunta.*

TRACK 29 — **Simulated Conversation #2**

(A) El mensaje
[*You will hear the message on the recording.* Escucharás el mensaje en la grabación.]

(B) La conversación
[*The shaded lines reflect what you will hear on the recording.* Las líneas en gris reflejan lo que escucharás en la grabación.]

Entrevistadora	• *Te saluda.*

Tú	• *Salúdala y preséntate.*

Entrevistadora	• *Te explica por qué te concede la entrevista.* • *Te hace una pregunta.*

Tú	• *Responde a la pregunta.*

Entrevistadora	• *Continúa la entrevista.* • *Te hace una pregunta.*

Tú	• *Responde a la pregunta.*

Entrevistadora	• *Continúa la entrevista.* • *Te hace otra pregunta.*

Tú	• *Responde a la pregunta.*

Entrevistadora	• *Continúa la entrevista.* • *Te hace una pregunta.*

Tú	• *Responde a la pregunta.*

Entrevistadora	• *Continúa la entrevista.* • *Te hace una pregunta.*

Tú	• *Responde a la pregunta.*

Entrevistadora	• *Termina la entrevista y se despide de ti.*

Simulated Conversation #3

TRACK 30

(A) El mensaje
[*You will hear the message on the recording.* Escucharás el mensaje en la grabación.]

(B) La conversación
[*The shaded lines reflect what you will hear on the recording.* Las líneas en gris reflejan lo que escucharás en la grabación.]

Señor Martínez	• *Te saluda.*

Tú	• *Salúdalo.* • *Responde a la pregunta.*

Señor Martínez	• *Te hace una pregunta.*

Tú	• *Responde a la pregunta.*

Señor Martínez	• *Te pide más información.*

Tú	• *Responde a la pregunta.*

Señor Martínez	• *Te hace otra pregunta.*

Tú	• *Dale las gracias.* • *Responde a la pregunta.*

Señor Martínez	• *Vuelve.* • *Te da lo que buscas.*

Tú	• *Dale las gracias y despídete.*

TRACK 31

Simulated Conversation #4

(A) El mensaje
[*You will hear the message on the recording.* Escucharás el mensaje en la grabación.]

(B) La conversación
[*The shaded lines reflect what you will hear on the recording.* Las líneas en gris reflejan lo que escucharás en la grabación.]

Agente	• *Te saluda.*

Tú	• *Salúdalo.* • *Preséntate.*

Agente	• *Te hace una pregunta.*

Tú	• *Responde a la pregunta.*

Agente	• *Te pide más información.*

Tú	• *Responde a la pregunta.*

Agente	• *Te hace otra pregunta.*

Tú	• *Responde a la pregunta.*

Agente	• *Te hace una pregunta.*

Tú	• *Contéstale en el negativo.*

Agente	• *Se despide de ti.*

Tú	• *Despídete de él.* • *Agradécele por su tiempo.*

TRACK 32

Simulated Conversation #5

(A) El mensaje
[*You will hear the message on the recording.* Escucharás el mensaje en la grabación.]

(B) La conversación
[*The shaded lines reflect what you will hear on the recording.* Las líneas en gris reflejan lo que escucharás en la grabación.]

Paco	• *Te saluda.*

Tú	• *Salúdalo.* • *Trata de calmarlo.*

Paco	• *Te da las gracias.* • *Te explica la situación.*

Tú	• *Hazle una pregunta.*

Paco	• *Te responde.* • *Te hace una pregunta.*

Tú	• *Responde a la pregunta.*

Paco	• *Continúa la conversación.* • *Te hace una pregunta.*

Tú	• *Responde a la pregunta.*

Paco	• *Te explica que hay un problema.*

Tú	• *Ofrécele una sugerencia.*

Paco	• *Reacciona a la sugerencia.*

Tú	• *Termina la conversación.*

TRACK 33

Simulated Conversation #6

(A) El mensaje
   [*You will hear the message on the recording.* Escucharás el mensaje en la grabación.]
(B) La conversación
   [*The shaded lines reflect what you will hear on the recording.* Las líneas en gris reflejan lo que escucharás en la grabación.]

Tu amiga	• *Te saluda.* • *Empieza la conversación.*
Tú	• *Salúdala.* • *Contesta su pregunta.*
Tu amiga	• *Te dice lo que pensaba hacer.* • *Te hace una pregunta.*
Tú	• *Responde a la pregunta en el afirmativo.* • *Sugiere una opción.*
Tu amiga	• *Responde.* • *Te hace otra pregunta.*
Tú	• *Responde a la pregunta.*
Tu amiga	• *Te hace una pregunta.*
Tú	• *Expresa tu opinión.*
Tu amiga	• *Te hace otra pregunta.*
Tú	• *Expresa tu opinión.*
Tu amiga	• *Se despide de ti.*
Tú	• *Despídete.* • *Repite los planes.*

TRACK 34

Simulated Conversation #7

(A) El mensaje
[*You will hear the message on the recording.* Escucharás el mensaje en la grabación.]

(B) La conversación
[*The shaded lines reflect what you will hear on the recording.* Las líneas en gris reflejan lo que escucharás en la grabación.]

Taquillera	• *Te saluda.* • *Te hace una pregunta.*
Tú	• *Salúdala.* • *Responde a su pregunta.* • *Pide información sobre el partido.*
Taquillera	• *Te da la información.*
Tú	• *Pídele sobre el precio.*
Taquillera	• *Contesta tu pregunta.*
Tú	• *Dile el tipo de entrada que quieres.* • *Dile cuántas quieres.*
Taquillera	• *Te hace una pregunta.*
Tú	• *Responde a la pregunta.*
Taquillera	• *Ella repite la información.* • *Te hace otra pregunta.*
Tú	• *Contesta la pregunta en el negativo.* • *Dale las gracias.* • *Despídete de ella.*

Simulated Conversation #8

(A) El mensaje

[*You will hear the message on the recording.* Escucharás el mensaje en la grabación.]

(B) La conversación

[*The shaded lines reflect what you will hear on the recording.* Las líneas en gris relejan lo que escucharás en la grabación.]

Tu mamá argentina	• *Te hace una observación.*
Tú	• *Reacciona a lo que te dice.*
Tu mamá argentina	• *Te hace unas preguntas.*
Tú	• *Responde a las preguntas.*
Tu mamá argentina	• *Te hace una pregunta.*
Tú	• *Responde a la pregunta.*
Tu mamá argentina	• *Te hace una pregunta.*
Tú	• *Responde a la pregunta.*
Tu mamá argentina	• *Te hace una pregunta.*
Tú	• *Responde a la pregunta.*
Tu mamá argentina	• *Te hace una pregunta.*
Tú	• *Responde a la pregunta.*

TRACK 36

Simulated Conversation #9

(A) El mensaje
   [*You will hear the message on the recording.* Escucharás el mensaje en la grabación.]

(B) La conversación
   [*The shaded lines reflect what you will hear on the recording.* Las líneas en gris reflejan lo que escucharás en la grabación.]

Dependienta	• *Te saluda.* • *Te hace una pregunta.*
Tú	• *Salúdala.* • *Responde a su pregunta.*
Dependienta	• *Te hace una pregunta.*
Tú	• *Responde a la pregunta.*
Dependienta	• *Te hace otra pregunta.*
Tú	• *Responde a la pregunta.*
Dependienta	• *Te hace una pregunta.*
Tú	• *Responde a la pregunta.*
Dependienta	• *Te muestra algunas cosas.* • *Te hace una pregunta.*
Tú	• *Reacciona a lo que te muestra.* • *Responde a la pregunta.*
Dependienta	• *Te hace una pregunta.*
Tú	• *Responde a la pregunta.*

TRACK 37

Simulated Conversation #10

(A) El mensaje

[*You will hear the message on the recording.* Escucharás el mensaje en la grabación.]

(B) La conversación

[*The shaded lines reflect what you will hear on the recording.* Las líneas en gris reflejan lo que escucharás en la grabación.]

Recepcionista	• *Contesta y te saluda.* • *Te hace una pregunta.*
Tú	• *Salúdala.* • *Explícale uno de los problemas.*
Recepcionista	• *Te responde.* • *Te hace una pregunta.*
Tú	• *Explícale otro problema.*
Recepcionista	• *Te hace otra pregunta.*
Tú	• *Responde a la pregunta.* • *Hazle una pregunta sobre dónde se puede comer.*
Recepcionista	• *Responde a la pregunta.* • *Te pide más información.*
Tú	• *Dale la información que te pide.*
Recepcionista	• *Te hace unas recomendaciones.*
Tú	• *Pídele recomendaciones para algo que hacer después.*
Recepcionista	• *Te hace unas recomendaciones.*
Tú	• *Dale las gracias.* • *Despídete de ella.*

Simulated Conversation #11

(A) El mensaje
[*You will hear the message. Escucharás el mensaje.*]

(B) La conversación
[*The shaded lines reflect what you will hear. Las líneas en gris reflejan lo que escucharás.*]

Estudiante	• *Te saluda.* • *Se te presenta a ti.*
Tú	• *Salúdalo.* • *Preséntate a él.*
Estudiante	• *Te hace una pregunta.*
Tú	• *Responde a la pregunta.*
Estudiante	• *Te explica su día.*
Tú	• *Reacciona.* • *Pídele sobre los deportes.*
Estudiante	• *Contesta la pregunta.*
Tú	• *Reacciona.* • *Pregúntale sobre otras actividades.*
Estudiante	• *Responde a la pregunta.* • *Te hace una pregunta.*
Tú	• *Responde a la pregunta.* • *Pídele algo sobre las clases.*
Estudiante	• *Te responde.*
Tú	• *Reacciona.* • *Despídete de él.*

Simulated Conversation #12

(A) El mensaje

[*You will hear the message.* Escucharás el mensaje.]

(B) La conversación

[*The shaded lines reflect what you will hear.* Las líneas en gris reflejan lo que escucharás.]

Policía	• *Te saluda.* • *Se te presenta a ti.* • *Te pide tu ayuda.*
Tú	• *Salúdalo.* • *Preséntate a él.* • *Reacciona.*
Policía	• *Te hace una pregunta.*
Tú	• *Responde a la pregunta.*
Policía	• *Te hace una pregunta.*
Tú	• *Responde a la pregunta.*
Policía	• *Te hace una pregunta.*
Tú	• *Responde a la pregunta.*
Policía	• *Te pide información.*
Tú	• *Dale la información que pide.*

Simulated Conversation #13

(A) El mensaje

[*You will hear the message.* Escucharás el mensaje.]

(B) La conversación

[*The shaded lines reflect what you will hear.* Las líneas en gris reflejan lo que escucharás.]

Tu amiga	• *Te hace una pregunta.*
Tú	• *Responde a la pregunta.*

Interpersonal Speaking: Simulated Conversation ‹ **165**

Tu amiga	• *Te hace una pregunta.*

Tú	• *Responde a la pregunta.*

Tu amiga	• *Te hace una pregunta.*

Tú	• *Responde a la pregunta.*

Tu amiga	• *Te hace una pregunta.* • *Te pide tu opinión.*

Tú	• *Responde a la pregunta.* • *Dale tu opinión.*

Tu amiga	• *Te hace una pregunta.* • *Te pide tu opinión.*

Tú	• *Responde a la pregunta.* • *Dale tu opinión.*

Tu amiga	• *Te hace una pregunta.*

Tú	• *Responde a la pregunta.* • *Despídete de tu amiga para ir a clase.*

Simulated Conversation #14

(A) El mensaje
[*You will hear the message.* Escucharás el mensaje.]

(B) La conversación
[*The shaded lines reflect what you will hear.* Las líneas en gris reflejan lo que escucharás.]

Dependiente	• *Te saluda.* • *Te hace una pregunta.*

Tú	• *Salúdalo.* • *Dile porque has llamado.*

Dependiente	• *Te hace una pregunta.*

Tú	• *Responde a la pregunta.*

Dependiente	• *Te hace una pregunta.*

Tú	• *Responde a la pregunta.*

Dependiente	• *Te hace una recomendación.* • *Te hace una pregunta.*

Tú	• *Reacciona.* • *Responde a la pregunta.*

Dependiente	• *Te da información.* • *Se despide de ti.*

Tú	• *Dale las gracias.* • *Despídete de él.*

Simulated Conversation #15

(A) El mensaje
   [*You will hear the message.* Escucharás el mensaje.]
(B) La conversación
   [*The shaded lines reflect what you will hear.* Las líneas en gris reflejan lo que escucharás.]

Tu padre chileno	• *Hace una observación.* • *Te hace una pregunta.*

Tú	• *Reacciona.* • *Responde a la pregunta.*

Tu padre chileno	• *Expresa una opinión.* • *Te hace una pregunta.*

Tú	• *Expresa tu opinión sobre el tema.*

Tu padre chileno	• *Te explica un programa.* • *Te hace una pregunta.*

Tú	• *Responde a la pregunta.*

Tu padre chileno	• *Expresa una opinión.* • *Te hace una pregunta.*

Tú	• *Reacciona.* • *Responde a la pregunta.*

Tu padre chileno	• *Te hace una pregunta.*

Tú	• *Responde a la pregunta.*

Tu padre chileno	• *Hace una observación.*

Tú	• *Reacciona.*

Scripts for Interpersonal Speaking

TRACK 28 **Simulated Conversation 1: Script for the recording**

(Narrador)   Ahora tienes treinta segundos para leer el esquema de la conversación.

(30 seconds)

(Narrador)   Imagina que has recibido un mensaje de tu amiga María. Ella va a estudiar un año en España. Ella está nerviosa y quiere hablarte sobre el viaje que ella va a emprender.

(María)   [Answering machine] [Beep] Hola, soy María. Como sabes, la semana que viene salgo para pasar un año estudiando en España. Se me ha entrado un ataque de nervios sobre este viaje y me gustaría hablar contigo. Voy a estar en el Café Miraflores esta tarde a las dos. Espero verte allí. Chao.

(Narrador)   Ahora tienes un minuto para leer de nuevo el esquema de la conversación.

(1 minute)

Ahora imagina que te encuentras en el Café Miraflores para hablar con tu amiga.

[*Now press record to start the recorder.*]
[Ahora presiona el botón de grabar para que empiece la grabación.]

(María)   ¡Por fin has llegado! Gracias por haber venido.

TONE (20 seconds) TONE

(María)   Es que salgo la semana próxima para España y ahora no sé si es una buena idea.

TONE (20 seconds) TONE

(María)   Si tú tuvieras la oportunidad de ir, ¿irías?

TONE (20 seconds) TONE

(María)   ¿Piensas de verdad que podré pasar un año entero en el extranjero lejos de mi familia y amigos?

TONE (20 seconds) TONE

(María)   ¿Y qué pasa si yo no comprendo lo que me dicen las personas?

TONE (20 seconds) TONE

TRACK 29 **Simulated Conversation 2: Script for the recording**

(Narrador) Ahora tienes treinta segundos para leer el esquema de la conversación.

(30 seconds)

(Narrador) Imagina que recibes un mensaje telefónico de una tienda en que tú has solicitado un trabajo. Quisiera que tú pasaras por la tienda para una entrevista.

(Female voice) [Answering machine] [Beep] Buenos días, le habla la señorita Pérez. Acabo de leer su solicitud para un trabajo en nuestra tienda ≪Disco Mundo≫. Quisiera que pasara por la tienda esta tarde para una entrevista.

(Narrador) Ahora tienes un minuto para leer de nuevo el esquema de la conversación.

(1 minute)

Ahora imagina que te encuentras en la tienda ≪Disco Mundo≫ para la entrevista.

[*Now press record to start the recorder.*]
[Ahora presiona el botón de grabar para que empiece la grabación.]

(Entrevistadora) Buenas tardes. Siéntese usted, por favor. Yo soy Juana Pérez y soy la encargada de esta tienda.

TONE (20 seconds) TONE

(Entrevistadora) Estoy encantada. Como usted sabe tenemos unos trabajos a media jornada aquí en la tienda. ¿Podría hablarme un poco acerca de usted?

TONE (20 seconds) TONE

(Entrevistadora) Muy bien. Ahora, ¿podría usted decirme qué cursos sigues que le ayudarían en un trabajo aquí?

TONE (20 seconds) TONE

(Entrevistadora) Bueno, ¿y por qué piensa usted que sería persona adecuada para ese tipo de trabajo?

TONE (20 seconds) TONE

(Entrevistadora) ¿Qué experiencia ha tenido usted en vender cosas al público?

TONE (20 seconds) TONE

(Entrevistadora) Entonces, para terminar, ¿cuándo podría usted comenzar?

TONE (20 seconds) TONE

(Entrevistadora) Muchas gracias por venir y hablarme. Le comunicaremos pronto nuestra decisión. Adiós.

TRACK 30 **Simulated Conversation 3: Script for the recording**

(Narrador) Ahora tienes treinta segundos para leer el esquema de la conversación.

(30 seconds)

(Narrador) Imagina que has recibido un mensaje del señor Martínez de la compañía aérea Iberia.

(Sr. Martínez)   [Answering machine] [Beep] Buenas tardes, le habla el señor Martínez de la compañía aérea Iberia. Hemos encontrado su maleta y puede pasar por nuestras oficinas para recogerla cuando sea conveniente. Gracias.

(Narrador)   Ahora tienes un minuto para leer de nuevo el esquema de la conversación.

(1 minute)

Ahora imagina que te encuentras en las oficinas de Iberia para recoger la maleta.

[*Now press record to start the recorder.*]
[Ahora presiona el botón de grabar para que empiece la grabación.]

(Sr. Martínez)   Buenas tardes, por favor, siéntese. Usted ha venido para recoger su maleta, ¿verdad?

TONE (20 seconds) TONE

(Sr. Martínez)   ¿Podría usted darme su nombre, dirección y número de teléfono, por favor?

TONE (20 seconds) TONE

(Sr. Martínez)   Muy bien, perfecto. Entonces, ¿podría usted describir su maleta y lo que hay adentro?

TONE (20 seconds) TONE

(Sr. Martínez)   Perfecto. Mientras usted espera, ¿le gustaría tomar algo?

TONE (20 seconds) TONE

(Sr. Martínez)   Bueno, aquí tengo su maleta y parece que todo está en orden. Perdone la inconveniencia y espero poder servirle en el futuro.

TONE (20 seconds) TONE

TRACK 31   ## Simulated Conversation 4: Script for the recording

(Narrador)   Ahora tienes treinta segundos para leer el esquema de la conversación.

(30 seconds)

(Narrador)   Imagina que quieres hacer un viaje al extranjero. Has llamado a una agencia de viajes para planear el viaje. El agente te ha dejado un mensaje telefónico.

(Sr. López)   [Answering machine] [Beep] Buenos días. Soy Juan López. Usted me llamó para planear un viaje. Estaré en la oficina esta mañana si puede pasar por aquí. Me quedo a su servicio, adiós.

(Narrador)   Ahora tienes un minuto para leer de nuevo el esquema de la conversación.

(1 minute)

Ahora imagina que te encuentras en la agencia de viajes.

[*Now press record to start the recorder.*]
[Ahora presiona el botón de grabar para que empiece la grabación.]

(Sr. López)   Buenos días. Soy Juan López. Siéntese, por favor.

TONE (20 seconds) TONE

(Sr. López)   Encantado. Bueno, para comenzar, ¿dónde piensa usted pasar sus vacaciones?

TONE (20 seconds) TONE

(Sr. López)   Muy bien, ¿y cómo le gustaría viajar y en qué tipo de hotel quisiera quedarse?

TONE (20 seconds) TONE

(Sr. López)   ¿Y cuánto dinero desearía pagar?

TONE (20 seconds) TONE

(Sr. López)   Bueno, me parece que tengo el viaje perfecto para usted. Aquí tengo un folleto para revisar. ¿Tiene usted preguntas?

TONE (20 seconds) TONE

(Sr. López)   Llámeme cuando hayan decidido lo que quisieran hacer.

TONE (20 seconds) TONE

TRACK 32   **Simulated Conversation 5: Script for the recording**

(Narrador)   Ahora tienes treinta segundos para leer el esquema de la conversación.

(30 seconds)

(Narrador)   Imagina que tu amigo necesita comprar un regalo especial. Te ha dejado el siguiente mensaje.

(Paco)   [Answering machine] [Beep] Hola, soy Paco. No te olvides de estar en la entrada del Corte Inglés esta tarde a las cuatro. Quiero que me ayudes a seleccionar un regalo.

(Narrador)   Ahora tienes un minuto para leer de nuevo el esquema de la conversación.

(1 minute)

Ahora imagina que te encuentras con tu amigo Paco en el Corte Inglés.

[_Now press record to start the recorder._]
[Ahora presiona el botón de grabar para que empiece la grabación.]

(Paco)   Pues hombre, gracias por haber venido. Necesito tu ayuda.

TONE (20 seconds) TONE

(Paco)   Mil gracias, pues necesito comprarle un regalo a mi padre, es su cumpleaños.

TONE (20 seconds) TONE

(Paco)   A mi padre le gustaría cualquier cosa que le compre. ¿Tienes unas ideas?

TONE (20 seconds) TONE

(Paco)   Buenas ideas. Pues, creo que le compraré una camisa, ¿qué te parece?

TONE (20 seconds) TONE

(Paco)   ¡Éste es el colmo! No tengo suficiente dinero conmigo.

TONE (20 seconds) TONE

(Paco)   Gracias, la idea es estupenda.

TONE (20 seconds) TONE

TRACK 33   **Simulated Conversation 6: Script for the recording**

(Narrador)   Ahora tienes treinta segundos para leer el esquema de la conversación.

     (30 seconds)

(Narrador)   Imagina que tú ves a tu amiga en la biblioteca. Tienes una conversación con ella sobre planes para el fin de semana.

(Narrador)   Ahora tienes un minuto para leer de nuevo el esquema de la conversación.

     (1 minute)

     Ahora imagina que ustedes se encuentran y hablan sobre el fin de semana.

     [*Now press record to start the recorder.*]
     [Ahora presiona el botón de grabar para que empiece la grabación.]

(Tu amiga)   Hola, ¿qué tal? ¿Tienes planes para este fin de semana?

     TONE (20 seconds) TONE

(Tu amiga)   Pensaba ver una película este fin de semana. ¿Te gustaría acompañarme?

     TONE (20 seconds) TONE

(Tu amiga)   Me parece una buena idea, ¿qué día querrías ir y a qué hora?

     TONE (20 seconds) TONE

(Tu amiga)   Bien. Mira, ¿te importa que venga María con nosotros? Ella está sola este fin de semana y es una chica estupenda.

     TONE (20 seconds) TONE

(Tu amiga)   ¿Dónde quieres que nos encontremos?

     TONE (20 seconds) TONE

(Tu amiga)   Perfecto, nos vemos entonces, chao.

     TONE (20 seconds) TONE

TRACK 34   **Simulated Conversation 7: Script for the recording**

(Narrador)   Ahora tienes treinta segundos para leer el esquema de la conversación.

     (30 seconds)

(Narrador)   Imagina que tú estás en México y ves en la televisión que va a haber un partido de fútbol. Tú llamas a la taquilla para información.

(Narrador)   Ahora tienes un minuto para leer de nuevo el esquema de la conversación.

     (1 minute)

     Ahora imagina que contestan el teléfono.

[*Now press record to start the recorder.*]
[Ahora presiona el botón de grabar para que empiece la grabación.]

(Taquillera)   [Sound of the phone ringing and being picked up.] Buenas tardes, la taquilla del estadio municipal, ¿en qué puedo servirle?

TONE (20 seconds) TONE

(Taquillera)   Pues, el partido es este sábado a las cuatro de la tarde aquí en el estadio municipal.

TONE (20 seconds) TONE

(Taquillera)   Tenemos tres tipos de entradas, las de 160 pesos quedan cerca del campo, las de 80 están más arriba y las de 40 quedan en las andanadas o sea la parte más arriba del estadio.

TONE (20 seconds) TONE

(Taquillera)   Pues, muy bien. ¿Y cómo le gustaría pagarlas? Si quiere pagar en efectivo, tendrá que venir al estadio. De otra manera podemos enviarle las entradas o guardarlas aquí en la taquilla para recoger el día del partido.

TONE (20 seconds) TONE

(Taquillera)   Muy bien, tengo sus entradas para este sábado en el estadio municipal para el partido de las cuatro. ¿Hay algo más en que puedo servirle?

TONE (20 seconds) TONE

TRACK 35   Simulated Conversation 8: Script for the recording

(Narrador)   Ahora tienes treinta segundos para leer el esquema de la conversación.

(30 seconds)

(Narrador)   Imagina que tú has pasado unas semanas con una familia en la Argentina. Hoy tú vuelves a casa y mientras esperas el vuelo hablas con tu madre argentina sobre tus experiencias.

(Narrador)   Ahora tienes un minuto para leer de nuevo el esquema de la conversación.

(1 minute)

Ahora imagina que estás en el aeropuerto esperando tu vuelo de regreso.

[*Now press record to start the recorder.*]
[Ahora presiona el botón de grabar para que empiece la grabación.]

(Tu mamá   [Sound of people talking in the background and a flight announcement.]
argentina)   Pues, tu tiempo con nosotros se ha volado. No puedo creer que ya sales para los Estados Unidos.

TONE (20 seconds) TONE

(Tu mamá   Y ¿cómo has pasado tu tiempo con nosotros? ¿Te ha gustado?
argentina)

TONE (20 seconds) TONE

| (Tu mamá argentina) | ¿Cuál es tu recuerdo más impresionante de tu visita con nosotros? |

TONE (20 seconds) TONE

| (Tu mamá argentina) | ¿Cómo crees que esta experiencia te ha ayudado? |

TONE (20 seconds) TONE

| (Tu mamá argentina) | ¿Te gustaría volver a visitarnos algún día? |

TONE (20 seconds) TONE

| (Tu mamá argentina) | Si un día pudiéramos visitarte, ¿qué cosas quisieras compartir con nosotros en tu país? |

TONE (20 seconds) TONE

TRACK 36   Simulated Conversation 9: Script for the recording

| (Narrador) | Ahora tienes treinta segundos para leer el esquema de la conversación. |

(30 seconds)

| (Narrador) | Imagina que tú estás en una tienda. Necesitas comprar ropa para una ocasión especial. |
| (Narrador) | Ahora tienes un minuto para leer de nuevo el esquema de la conversación. |

(1 minute)

Ahora imagina que estás en la tienda para comprar la ropa.

[*Now press record to start the recorder.*]
[Ahora presiona el botón de grabar para que empiece la grabación.]

| (Dependienta) | Buenas tardes, ¿en qué puedo servirle? |

TONE (20 seconds) TONE

| (Dependienta) | ¿Para qué tipo de evento necesitará usted la ropa? |

TONE (20 seconds) TONE

| (Dependienta) | ¿Qué artículos de ropa le hará falta y de qué tamaño? |

TONE (20 seconds) TONE

| (Dependienta) | ¿Hay unos colores que le favorezcan más que otros? |

TONE (20 seconds) TONE

| (Dependienta) | Pues, aquí tengo lo que quiere en azul, negro y gris. ¿Qué le parece? |

TONE (20 seconds) TONE

| (Dependienta) | Perfecto, ¿y cómo le gustaría pagar por lo que ha seleccionado? |

TONE (20 seconds) TONE

Simulated Conversation 10: Script for the recording

(Narrador)   Ahora tienes treinta segundos para leer el esquema de la conversación.

(30 seconds)

(Narrador)   Imagina que te quedas en un hotel en Bogotá. Tienes unos problemas y preguntas y llamas la recepción.

(Narrador)   Ahora tienes un minuto para leer de nuevo el esquema de la conversación.

(1 minute)

Ahora imagina que estás en tu hotel El Libertador y llamas la recepción.

[*Now press record to start the recorder.*]
[Ahora presiona el botón de grabar para que empiece la grabación.]

(Recepcionista)   [Sound of dialing and phone being answered.] Buenos días, Hotel El Libertador, ¿en qué puedo servirle?

TONE (20 seconds) TONE

(Recepcionista)   Lo siento mucho. Llamaré inmediatamente a la consejería para arreglar el problema. ¿Hay algo más que necesite usted?

TONE (20 seconds) TONE

(Recepcionista)   Bueno, lo arreglaremos también, claro. ¿Cuándo va usted a estar fuera del cuarto?

TONE (20 seconds) TONE

(Recepcionista)   Mientras usted está fuera arreglaremos el cuarto. En cuanto a restaurantes, depende cuánto dinero le gustaría pagar y el tipo de comida porque hay varios por aquí.

TONE (20 seconds) TONE

(Recepcionista)   Muy bien. Hay uno a dos cuadras del hotel. Salga del hotel y doble a la derecha. Después de pasar el segundo semáforo el restaurante estará a su derecha.

TONE (20 seconds) TONE

(Recepcionista)   Después de comer hay unas discotecas en la misma calle. O si usted prefiere, hay también unos cines en la calle de la Merced.

TONE (20 seconds) TONE

Simulated Conversation 11: Script

(Narrador)   Ahora tienes treinta segundos para leer el esquema de la conversación.

(30 seconds)

(Narrador)   Imagina que hablas con el estudiante de intercambio de México que pasa un año en tu escuela. Ustedes hablan de las cosas diferentes y similares entre su escuela y la tuya.

(Narrador)   Ahora tienes un minuto para leer de nuevo el esquema de la conversación.

(1 minute)

Ahora imagina que acabas de conocer al estudiante y ustedes hablan de tu escuela y la de él.

[*Now press record to start the recorder.*]
[Ahora presiona el botón de grabar para que empiece la grabación.]

(Estudiante) [Sound of student voices in the background like in a school hallway.]
Hola, me llamo Paco García. Soy de Saltillo México y paso el año aquí en tu colegio.

TONE (20 seconds) TONE

(Estudiante) Mucho gusto. ¿Puedes describirme cómo es el día típico aquí en tu escuela?

TONE (20 seconds) TONE

(Estudiante) Muy interesante. Nuestro día es más largo porque tenemos casi una hora y media para el almuerzo. Así que no terminamos hasta las cuatro y media o las cinco.

TONE (20 seconds) TONE

(Estudiante) Pues, jugamos al baloncesto y al fútbol en la clase de educación física pero no tenemos equipos para los deportes en la escuela. Podemos participar en equipos de la comunidad.

TONE (20 seconds) TONE

(Estudiante) Tenemos varios clubes como ustedes pero nuestros clubes tienen sus reuniones durante el recreo. ¿Cuándo tienen ustedes sus reuniones para los clubes? ¿Es fácil o difícil hacerse socio?

TONE (20 seconds) TONE

(Estudiante) Tenemos las mismas clases que ustedes. Lo diferente es que ustedes cambian de aulas y nosotros nos quedamos en el aula y los profesores cambian de aulas. Hasta tenemos los casilleros en la misma clase.

TONE (20 seconds) TONE

Simulated Conversation 12: Script

(Narrador) Ahora tienes treinta segundos para leer el esquema de la conversación.

(30 seconds)

(Narrador) Imagina que has visto un accidente. Llamaste a la policía para que vinieran. Ahora un policía quiere hacerte unas preguntas sobre lo ocurrido.

(Narrador) Ahora tienes un minuto para leer de nuevo el esquema de la conversación.

(1 minute)

Ahora imagina que el policía te habla y quiere que tú le digas lo que tú viste.

[*Now press record to start the recorder.*]
[Ahora presiona el botón de grabar para que empiece la grabación.]

(Policía) Perdone usted. Yo soy el capitán Villareal. ¿Podría usted darme alguna información sobre lo ocurrido?

TONE (20 seconds) TONE

(Policía) ¿Aproximadamente a qué hora ocurrió el accidente y dónde estaba usted?

TONE (20 seconds) TONE

(Policía)   Muy bien, ¿y podría usted describirme el coche que entró primero en la bocacalle?

TONE (20 seconds) TONE

(Policía)   ¿Y cómo era el coche que pasó la señal sin parar?

TONE (20 seconds) TONE

(Policía)   Muy bien. Gracias por habernos ayudado. Ahora necesitaré su nombre, dirección y número de teléfono en caso de que necesitemos ponernos en contacto con usted sobre el accidente.

TONE (20 seconds) TONE

Simulated Conversation 13: Script

(Narrador)   Ahora tienes treinta segundos para leer el esquema de la conversación.

(30 seconds)

(Narrador)   Imagina que tú planeas una fiesta para celebrar el Cinco de Mayo con una amiga del Círculo Español de tu escuela.

(Narrador)   Ahora tienes un minuto para leer de nuevo el esquema de la conversación.

(1 minute)

Ahora imagina que tú y tu amiga hablan de los planes para la celebración.

[*Now press record to start the recorder.*]
[Ahora presiona el botón de grabar para que empiece la grabación.]

(Tu amiga)   Bueno, nos han seleccionado para planear la fiesta para el Cinco de Mayo. ¿Qué piensas que debemos servir?

TONE (20 seconds) TONE

(Tu amiga)   Muy bien, yo puedo ayudar a preparar la comida. ¿Quién podría ayudarme con ella y con las bebidas?

TONE (20 seconds) TONE

(Tu amiga)   ¿Qué actividades piensas que debemos tener durante la fiesta?

TONE (20 seconds) TONE

(Tu amiga)   ¿Conoces a alguien que tenga discos compactos de música mexicana, o no importa el tipo de música que haya?

TONE (20 seconds) TONE

(Tu amiga)   ¿A quiénes vamos a invitar y cuánto dinero crees que nos hace falta para las provisiones y decoraciones?

TONE (20 seconds) TONE

(Tu amiga)   Muy bien, parece que todos los planes están en orden. Ay, una cosa más, ¿dónde vamos a tener la fiesta y cuándo?

TONE (20 seconds) TONE

Simulated Conversation 14: Script

(Narrador)   Ahora tienes treinta segundos para leer el esquema de la conversación.

(30 seconds)

(Narrador)   Imagina que compraste una cámara digital pero no funciona bien.

(Narrador)   Ahora tienes un minuto para leer de nuevo el esquema de la conversación.

(1 minute)

Ahora imagina que llamas la tienda donde compraste la cámara.

[*Now press record to start the recorder.*]
[Ahora presiona el botón de grabar para que empiece la grabación.]

(Dependiente)   [Sound of a phone ringing and being picked up] Buenas tardes, ≪Foto Mundo≫, ¿cómo puedo ayudarle?

TONE (20 seconds) TONE

(Dependiente)   Lo siento mucho que haya tenido problemas con la cámara. ¿Podría usted explicarme el problema con el aparato?

TONE (20 seconds) TONE

(Dependiente)   ¿Qué modelo compró usted y cuándo lo compró?

TONE (20 seconds) TONE

(Dependiente)   Bueno, recomiendo que usted traiga la camera a la tienda para que podamos revisarla. ¿Cuándo piensa usted que sea possible?

TONE (20 seconds) TONE

(Dependiente)   Cuando venga, es importante que traiga el recibo. Nos vemos pronto y otra vez siento mucho la molestia.

TONE (20 seconds) TONE

Simulated Conversation 15: Script

(Narrador)   Ahora tienes treinta segundos para leer el esquema de la conversación.

(30 seconds)

(Narrador)   Imagina que estás en Santiago de Chile de estudiante de intercambio. Tú y tu padre chileno hablan del medio ambiente.

(Narrador)   Ahora tienes un minuto para leer de nuevo el esquema de la conversación.

(1 minute)

Ahora imagina que tú y tu padre chileno tienen una conversación sobre problemas ambientales.

[*Now press record to start the recorder.*]
[Ahora presiona el botón de grabar para que empiece la grabación.]

(Tu padre chileno)   ¡Ay, que día más feo! A veces la contaminación del aire es horrorosa aquí en Santiago. Creo que es el mayor problema ecológico que tenemos. ¿Cómo es la calidad del aire donde vives?

TONE (20 seconds) TONE

(Tu padre chileno)	Es fácil para mí creer en el concepto de calentamiento global con toda esta contaminación. ¿Cuál es tu opinión del calentamiento global?
	TONE (20 seconds) TONE
(Tu padre chileno)	Pues, por lo menos tenemos un programa de reciclaje. Reciclamos botellas y envases de vidrio y plástico y el papel también. ¿Existe tal programa en tu comunidad?
	TONE (20 seconds) TONE
(Tu padre chileno)	Me parece muy buena idea. Tenemos que proteger nuestro planeta, es el único que tenemos. Yo trato de ayudar al usar el transporte público, es bueno y barato. ¿Cómo es el transporte público donde vives?
	TONE (20 seconds) TONE
(Tu padre chileno)	He oído que el agua embotellada es muy popular en los Estados Unidos. ¿Por qué es tan popular? ¿Hay problemas con el agua en los Estados Unidos?
	TONE (20 seconds) TONE
(Tu padre chileno)	Pues, ojalá que podamos salvar el medio ambiente para las generaciones futuras.
	TONE (20 seconds) TONE

INTERPERSONAL SPEAKING RUBRIC: BASED ON THE DRAFT RUBRIC FROM HTTP://APCENTRAL.COLLEGEBOARD.COM

	Description	Task Completion	Topic Development	Language Use
5 high	• excellent presentation in an interpersonal speaking situation*	• complete • responds to all parts of conversation • task completed appropriately	• relevant • complete • well organized • accurate social and cultural references	• few errors • no pattern of errors • rich vocabulary • excellent pronunciation • appropriate register for the presentation • highly fluent
4 mid-range	• demonstrates command of the language in an interpersonal speaking situation*	• responds to all or most parts of the conversation • task completed appropriately	• relevant • well developed • good organization and cohesive • social and cultural references generally correct	• complex structures used but contain more than a few errors • vocabulary well used • very fluent • very good pronunciation • register is correct for type of presentation
3 mid-range	• presentation is competent in an interpersonal speaking situation*	• responds to most of the prompts • completes task appropriately	• answer is developed in a relevant way • organized and flows adequately • social and cultural references are more or less appropriate to the task	• simple structures are handled well but not complex ones • good use of vocabulary with some interference from first language • good pronunciation • register generally correct for type of presentation
2 mid-low	• presentation is barely competent in an interpersonal speaking situation*	• some responses inappropriate • the task is only completed in part	• presentation might be irrelevant • organization is inadequate in part • social and cultural references may be inaccurate to the task	• simple structures are not handled well • limited vocabulary • not fluent, choppy • pronunciation may cause problems with comprehension of the message • register is not totally appropriate

Continued

INTERPERSONAL SPEAKING RUBRIC: BASED ON THE DRAFT RUBRIC FROM HTTP://APCENTRAL.COLLEGEBOARD.COM—cont'd

	Description	Task Completion	Topic Development	Language Use
1 low	• presentation is not competent in an interpersonal speaking situation*	• most responses inappropriate • the task is not completed	• presentation of the topic is irrelevant • presentation is disorganized • social and cultural references are inaccurate to the task	• numerous errors in grammatical structures • very limited vocabulary • frequent interference from first language • barely fluent • pronunciation causes problems with comprehension of the message • register is not appropriate to the task
0	• a zero may be given to a task when the student has failed to speak, the response is totally off task or irrelevant, the student's response is in a language other than Spanish, or the student just restates the topic and source information			

*Interpersonal speaking is a conversation between two people in which ideas are shared, questions asked, and questions answered.

Exam Section II, Part B
Presentational Speaking / Integrated Skills

You will be asked to prepare an oral presentation using two sources, one written and one aural. Some of the aural prompts, which are radio reports, can be found on the accompanying recording. For the prompts not included on the audio, you will need to have them read to you by a friend, parent, teacher, or tutor. Scripts for the sample reports begin on page 191. You will record your answers on your own device. First you will be given 5 minutes to read the printed source, an article. Then, you will hear the radio report. Take notes on what you hear as you will need to use this information in your presentation. You will then have 2 minutes to organize your ideas for the presentation. After 2 minutes, turn on the recording device and make your presentation. This part of the test is worth 10 percent of the total. The suggested time for all of Section II, Part B, Presentational Speaking, is approximately 10 minutes. A sample rubric is provided at the end of this chapter on pages 198–199.

- Read the printed article very carefully. You might choose to underline key words or ideas that you may wish to cite.
- Listen very carefully to the aural prompt. Take notes as you listen. You will need to cite the information in your oral presentation.
- Try to concentrate and listen carefully: Listening is a skill that must be practiced.
- Try to determine which tenses to use, based on the question (present, past, future, etc.).

- Try to get some high-order structures into your response—the subjunctive, for example.
- Listen for a key word, or words, that you might want to use in your response.
- You will notice in the rubric at the end of the chapter that the higher scores are awarded for presentations where you have *contrasted and compared* the information provided. Simple summarization of the two sources will receive a lower score.

- REMEMBER, you must CITE and INTEGRATE both sources!
- You must FULLY and COMPLETELY address the task.

Presentational Speaking Practice

Directions: The following question is based on the accompanying printed article and audio selection. First you will have 5 minutes to read the printed article. Afterward, you will hear the audio selection; you should take notes while you listen. Then you will have 2 minutes to plan your answer and 2 minutes to record it.

Instrucciones: La pregunta siguiente se basa en el artículo impreso y la selección auditiva. Primero, tendrás 5 minutos para leer el artículo impreso. Después, escucharás la selección auditiva; debes tomar apuntes mientras escuchas. Entonces, tendrás 2 minutos para preparar tu respuesta y 2 minutos para grabarla.

Pregunta 1: Imagina que tienes que hacer una presentación formal ante tu clase de español sobre el tema a continuación.

El artículo impreso describe el fondo histórico de la celebración llamada el Cinco de Mayo; la monografía que vas a escuchar es sobre cómo se celebra en los Estados Unidos. En una presentación formal, vas a comparar el significado histórico y el significado actual de la celebración del Cinco de Mayo.

La derrota francesa el cinco de mayo 1862

Mientras la Guerra Civil rugía en los Estados Unidos, los franceses aprovecharon de la situación para poder tratar de extender su influencia en las Américas. Por la lucha de independencia de España, la Guerra de Texas y su propia guerra civil, México tenía una deuda externa muy grande. España, Inglaterra y Francia le habían prestado dinero y México no podía devolvérselo. Por esta razón y el deseo francés de poder tomar posición en las Américas, con el apoyo de los conservadores mexicanos, Francia invadió a México e instaló a Maximiliano de Hapsburgo como emperador Maximiliano I. Pero Maximiliano sólo iba a gobernar por 3 años, de 1864 hasta 1867. Cuando los conservadores vieron que Maximiliano simpatizaba con Benito Juárez y los ideales liberales de sus partidarios, los conservadores lo abandonaron. Maximiliano y dos de sus generales fueron ejecutados en Querétaro en 1867. Años más tarde, transfirieron su cuerpo a Austria para estar enterrado con otros de su familia.

El cinco de mayo no conmemora la derrota final de los franceses y Maximiliano, sino la primera victoria de los mexicanos en contra de los franceses en la batalla de Puebla de 1862. La razón original por la cual se celebraba era la victoria del General Zaragoza en contra de los franceses después de que aquéllos habían llegado a Veracruz. Los franceses llegaron a Veracruz e intentaron avanzar hacia la capital. Pero en Puebla el ejército mexicano los esperaba y aunque lucharon en contra de un ejército mejor preparado y almacenado, los mexicanos ganaron aquella batalla.

Entonces el cinco de mayo, de verdad, reconoce la valentía y la victoria del ejército mexicano en 1862 a principios de la invasión francesa y el breve reinado de Maximiliano.

Monografía de radio
La celebración del Cinco de Mayo en los Estados Unidos

Directions: The following question is based on the accompanying printed article and audio selection. First you will have 5 minutes to read the printed article. Afterward, you will hear the audio selection; you should take notes while you listen. Then you will have 2 minutes to plan your answer and 2 minutes to record it.

Instrucciones: La pregunta siguiente se basa en el artículo impreso y la selección auditiva. Primero, tendrás 5 minutos para leer el artículo impreso. Después, escucharás la selección auditiva; debes tomar apuntes mientras escuchas. Entonces, tendrás 2 minutos para preparar tu respuesta y 2 minutos para grabarla.

Pregunta 2: Imagina que tienes que hacer una presentación formal ante tu clase de español sobre el tema a continuación.

El artículo impreso describe la historia del primer embajador de los Estados Unidos a México, Joel Roberts Poinsett, y la flor de Nochebuena; en la monografía que vas a escuchar se cuenta la leyenda de la flor de Nochebuena. En una presentación formal, vas a hablar sobre esta flor y cómo llegó a ser símbolo de la Navidad.

Fuente: los datos de este artículo vienen de Wikipedia, http://wikipedia.org/wiki/Poinsettia

La flor de Nochebuena

En 1821 México por fin afirmó su independencia y poco después los Estados Unidos reconocieron a México y le mandaron su primer embajador, Joel Roberts Poinsett. Durante su estancia en México, Poinsett conoció una flor llamada en la lengua náhuatl, lengua de los aztecas, cuitluxochitl, que florecía en el mes de diciembre en las regiones tropicales del sur de México. Para los aztecas esta flor simbolizaba la pureza y hasta usaban la savia de la planta para curar fiebres. Al volver a los Estados Unidos Poinsett llevó algunas de estas flores consigo y desde entonces se hicieron populares durante el mes de diciembre para celebrar la Navidad. En inglés se llama poinsettia por el embajador Poinsett.

En realidad, la flor de Nochebuena no es una flor, sino un arbusto y sus flores no son flores sino las hojas en las puntas de sus ramas que se cambian al color rojo. La planta puede ser arbusto o llegar a ser un árbol pequeño. A través de los años los horticultores han creado 109 variedades de esta planta que originalmente era una planta silvestre. De éstas las tres más populares son la roja, la rosada y la blanca. En una encuesta 69 por ciento de la gente prefiere la roja, 14 por ciento la rosada y 7 por ciento la blanca.

Como esta "flor" florece en el mes de diciembre, tiene flores en la forma de estrellas y antiguamente representaba la pureza, se convirtió fácilmente en símbolo de la Navidad.

Monografía de radio
La leyenda de la flor de Nochebuena

Directions: The following question is based on the accompanying printed article and audio selection. First you will have 5 minutes to read the printed article. Afterward, you will hear the audio selection; you should take notes while you listen. Then you will have 2 minutes to plan your answer and 2 minutes to record it.

Instrucciones: La pregunta siguiente se basa en el artículo impreso y la selección auditiva. Primero, tendrás 5 minutos para leer el artículo impreso. Después, escucharás la selección auditiva; debes tomar apuntes mientras escuchas. Entonces, tendrás 2 minutos para preparar tu respuesta y 2 minutos para grabarla.

Pregunta 3: Imagina que tienes que hacer una presentación formal ante tu clase de español sobre el tema a continuación.

El artículo impreso plantea el debate sobre si los Estados Unidos son «un crisol» de culturas (la metáfora histórica) o mejor una ensaladera de muchas culturas; la monografía que vas a escuchares varias celebraciones étnicas que tienen lugar en los Estados Unidos. En tu presentación trata de contestar la pregunta, ¿son los Estados Unidos un crisol o una ensaladera?

Los Estados Unidos, ¿crisol de culturas o ensaladera de culturas?

Tradicionalmente en clases de historia por los Estados Unidos los profesores y los textos han empleado la metáfora del crisol para explicar la combinación y asimilación de culturas en los Estados Unidos. Como se hace con los metales en un crisol real, cada ola de inmigración a los Estados Unidos se ha fundido con la cultura predominante para convertirse en algo nuevo. Pero, ¿es esto exactamente lo que pasa en práctica? ¿Es que cada grupo se une por completo con la cultura americana a costo de perder su identidad?

Muchos grupos a través de la historia se han juntado con otros que comparten una cultura y un idioma al llegar a los Estados Unidos. En ciudades grandes y hasta en las pequeñas, se puede ver barrios italianos, alemanes, franceses, irlandeses, chinos, etcétera. Mientras algunos de estos barrios sólo existen históricamente, otros todavía han mantenido su carácter cultural. Más recientemente las olas de inmigración de Vietnam, China, el Medio Oriente y Latinoamérica han creado nuevos barrios étnicos.

En el pasado, para los de la primera generación sobre todo, ha habido el deseo de integrarse por completo. En mi propio caso mi abuela rehusó forzosamente hablar francés fuera de la casa y por consiguiente yo tuve que aprenderlo en la universidad. Pero en nuestros días parece que hay un deseo más fuerte por preservar la herencia mientras se asimila a la nueva cultura. Puede ser porque los números de inmigrantes que llegan son más numerosos o simplemente que hay un deseo humano de recordar y celebrar las raíces. Hasta en las comunidades más establecidas, como la italiana y la irlandesa, hay clubes y asociaciones que se empeñan en conservar la cultura y hasta la lengua materna.

Parece que teniendo en cuenta todo esto, la metáfora no representa perfectamente la asimilación cultural de los Estados Unidos. A lo mejor la metáfora de la ensaladera funciona mejor. Como en una ensaladera mezclamos muchos vegetales con sabores, apariencias y texturas diferentes, mientras que se combinan los sabores hasta cierto punto, los ingredientes no pierden por completo su esencia y sabor originales.

Monografía de radio
Celebraciones de nuestras herencias

Directions: The following question is based on the accompanying printed article and audio selection. First you will have 5 minutes to read the printed article. Afterward, you will hear the audio selection; you should take notes while you listen. Then you will have 2 minutes to plan your answer and 2 minutes to record it.

Instrucciones: La pregunta siguiente se basa en el artículo impreso y la selección auditiva. Primero, tendrás 5 minutos para leer el artículo impreso. Después, escucharás la selección auditiva; debes tomar apuntes mientras escuchas. Entonces, tendrás 2 minutos para preparar tu respuesta y 2 minutos para grabarla.

Pregunta 4: Imagina que tienes que hacer una presentación formal ante tu clase de español sobre el tema a continuación.

El artículo impreso es sobre la importancia del maíz como base de alimentación en México; en la monografía vas a escuchar una leyenda sacada del *Popol Vuh*, el libro sagrado de la creación de los mayas quiché. En una presentación formal, vas a hablar de la importancia histórica y cultural que tiene y ha tiendo el maíz para los mexicanos y sus ancestros.

Fuente: Algunos de los datos para este artículo vienen de "México, Hombres de Maíz", http://www.las-buenas-mesas.com/hmaiz.html.

El maíz, fuente de la vida

Tanto como la harina y el pan han representado la base de la comida europea, el maíz ha representado la vida para muchas civilizaciones precolombinas. El cultivo del maíz fue una actividad importante en estas culturas y hasta tenía importancia en su religión. En la cultura zapoteca el dios del maíz se conocía como "Pitao Cozobi" (dios de las mieses). En la cultura mexica había la diosa Chicomecoatl, que tenía mazorcas de maíz en sus manos, y Cintéotl (dios del maíz). Como se ve, el hecho de tener un dios o una diosa para representar algo elemental indica claramente la importancia que tenía esta planta para aquellos pueblos. El maíz servía también como ofrenda a los dioses, y rezaban y ofrendaban a aquellos dioses para que tuvieran buenas cosechas de maíz de las cuales dependía la supervivencia de sus culturas.

Nadie sabe exactamente donde se originó el maíz pero se cree que tiene sus orígenes en el valle de Tehuacan en el estado actual de Puebla. Su cultivo había evolucionado cuando llegaron los primeros españoles. Era y sigue siendo el alimento básico de muchos pueblos precolombinos y forma la base de muchas comidas mexicanas que se conocen hoy en día. El maíz se emplea en platos como tacos, enchiladas, tamales, y bebidas como el pozole. Con la comida, en vez de comer pan o panecillos como los europeos, los mexicanos normalmente comen tortillas de maíz.

Como la harina se ha formado la base alimenticia de países europeos, por ejemplo Francia, y la papa ha servido históricamente ese papel en Irlanda, el maíz sigue siendo la base de la comida de México, su fuente de vida.

Monografía de radio
La leyenda maya quiché de la creación

Directions: The following question is based on the accompanying printed article and audio selection. First you will have 5 minutes to read the printed article. Afterward, you will hear the audio selection; you should take notes while you listen. Then you will have 2 minutes to plan your answer and 2 minutes to record it.

Instrucciones: La pregunta siguiente se basa en el artículo impreso y la selección auditiva. Primero, tendrás 5 minutos para leer el artículo impreso. Después, escucharás la selección auditiva; debes tomar apuntes mientras escuchas. Entonces, tendrás 2 minutos para preparar tu respuesta y 2 minutos para grabarla.

Pregunta 5: Imagina que tienes que hacer una presentación formal ante tu clase de español sobre el tema a continuación.

El artículo impreso es sobre una bebida importante para la gente de Paraguay, Argentina y Brasil; en la monografía vas a escuchar una leyenda sobre los orígenes de esta bebida. En una presentación formal, vas a hablar de una bebida popular en Paraguay, Argentina y Brasil, su valor nutritivo y sus orígenes legendarios.

Fuente: Algunos de los datos para este artículo vienen de "Yerba Mate or Hierba Mate", http://www.miyerbamate.com/content/Yerba+Mate+hierba+mate+permier+south+american+beverge.html

La yerba mate, ¿bebida o elixir?

La yerba mate es una infusión muy popular en la Argentina, el Paraguay y el Brasil que muchos toman como los ingleses disfrutan de su té. Es una bebida que tiene cafeína como el café o té pero también dicen que tiene propiedades medicinales. Según los indios guaraníes de Paraguay, la yerba mate ayuda a elevar la inmunidad, limpiar y desintoxicar la sangre, combatir el cansancio, estimular los procesos mentales, controlar el apetito, menguar los efectos de ciertas enfermedades, restaurar el color al pelo, ayudar el sistema nervioso y retrasar el proceso de envejecimiento.

La verdad es que esta infusión sí ofrece ciertas vitaminas y minerales. En un estudio realizado en Francia por el Instituto Pasteur y la Sociedad Científica de París, concluyeron que la yerba mate tiene casi todas las vitaminas y minerales necesarias para sostener la vida.

Para hacer la infusión, se hace una especie de té con las hojas molidas del árbol yerba mati, que primero son empapadas en agua fría y luego se añade el agua caliente. Mientras se bebe, se continúa a añadir agua caliente a las hojas hasta que se haya agotado toda la esencia.

Como se sabe, la yerba mate también tiene cierta ceremonia. Se mezclan las hojas y el agua caliente en una calabaza seca, o sea un «mate». Muchas veces estos mates se decoran con pintura o se cubren con piel u otra cosa. Después de «cebar» (preparar) la hierba mate, se bebe con una bombilla que filtra los pedazos de las hojas para que sólo la infusión entre en la boca.

Aunque la yerba mate no sea tan conocida ni tan popular como otros alimentos de Hispanoamérica, sí se puede conseguir casi por todas partes. Hasta compañías como «Tazo» y «Mi yerba mate» ofrecen versiones de esta bebida tan premiada por los habitantes de la Argentina, el Brasil y el Paraguay.

TRACK 42

Monografía de radio
El regalo de la yerba mate

Fuente: Esta monografía se informó de dos artículos: "La leyenda de la yerba mate", http://www.practique-espanol.com/cultura.literatura/literatura021104.html y "Yerba Mate or Hierba Mate – Summary", http://www.miyerbamate.com/content/ Yerba+Mate+ hierba+mate+permier+south+american+beverage.html

---

Directions: The following question is based on the accompanying printed article and audio selection. First you will have 5 minutes to read the printed article. Afterward, you will hear the audio selection; you should take notes while you listen. Then you will have 2 minutes to plan your answer and 2 minutes to record it.

Instrucciones: La pregunta siguiente se basa en el artículo impreso y la selección auditiva. Primero, tendrás 5 minutos para leer el artículo impreso. Después, escucharás la selección auditiva; debes tomar apuntes mientras escuchas. Entonces, tendrás 2 minutos para preparar tu respuesta y 2 minutos para grabarla.

Pregunta 6: Imagina que tienes que hacer una presentación formal ante tu clase de español sobre el tema a continuación.

El artículo impreso es sobre el artista Salvador Dalí; en la monografía vas a escuchar un informe sobre el artista Joan Miró. En tu presentación vas a comparar a estos dos pintores.

Fuente: Este artículo se informó de «Salvador Dalí» de Wikipedia, la enciclopedia libre, http://en.wikipedia.org/wiki/Salvador_Dal%C3%AD

Salvador Dalí: realidad deformada

Salvador Felipe Jacinto Dalí í Domènech nació el 11 de mayo, 1904, en la región autónoma de Cataluña en España. De joven le atraía el arte y asistía a una escuela de dibujo. En 1916 Dalí descubrió el arte moderno a través de un amigo de familia que viajaba mucho a París. En 1917 su padre, Salvador Dalí i Cuisí, organizó su primera exhibición en su propia casa y dos años después realizó su primera exhibición pública en el Teatro Municipal de Figueres. Luego Dalí se fue a Madrid para continuar sus estudios de arte en la Escuela de Bellas Artes de San Fernando en 1922.

Como muchos artistas de su época, Dalí pasó por varias etapas: el realismo, el impresionismo, el cubismo, el dadaísmo y el surrealismo. Esta última etapa es quizá la por la cual Dalí sea más reconocido. También, como otros de su época, Dalí experimentó con muchos medios artísticos diferentes para expresarse. Su estilo se expresó a través de la pintura, el dibujo, la fotografía y la escultura. Hasta en 1929 Dalí colaboró con el director Luis Buñuel en una película llamada *Un chien andalou* (*Un perro andaluz*). Esta película corta fue surrealista.

Durante los años 20 y 30 Dalí conoció y se hizo amigo de otros artistas y autores importantes como Pablo Picasso, Joan Miró, Man Ray, Federico García Lorca y André Breton. Pero al terminar la Guerra Civil Española, mientras muchos intelectuales decidieron no volver a España por la dictadura de Franco, Dalí sí volvió y fue expulsado del movimiento surrealista por eso.

El surrealismo de Dalí es lo que él mismo llamó «el método crítico paranóico de dar entrada en la subconsciencia para mejor creatividad artística.» Él representaba cosas reales y reconocibles pero en formas exageradas que no corresponden a la realidad. Una de sus obras surrealistas más famosas es *La persistencia de la memoria* o *Relojes blandos* (1931) donde se ve un fondo que parece ser un desierto con rocas y un árbol desnudo donde hay relojes que se derriten sobre las rocas y una rama del árbol. También se ven hormigas que aparecen en algunos de sus cuadros. Otro cuadro es «Un sueño causado por el vuelo de una abeja alrededor de una granada un segundo antes de despertarse» donde hay dos leones que vuelan hacia una mujer desnuda sobre una roca. En el fondo hay un elefante con piernas muy largas y delgadas. El surrealismo expresado por Dalí es algo como una pesadilla donde se ven los objetos que existen en la realidad, pero éstos son deformados... una realidad deformada.

Salvador Dalí murió en Figueres, España, el 23 de enero, 1989.

Monografía de radio
Joan Miró, un mundo de fantasía

Fuente: Esta monografía se informó de Wikipedia, la enciclopedia libre, http://wwwen.wikipedia.org/wiki/Joan_Mir%C3%B3 y Artists Rights Society (ARS), New York, http://www.mcs.cshuayward.edu/~malek/Miro.html

Pregunta 7: Imagina que tienes que dar una presentación formal ante tu clase de español sobre el tema a continuación.

El artículo impreso es sobre el héroe de la guerra de independencia, José de San Martín; en la monografía vas a escuchar un informe sobre otro héroe de la independencia, Simón Bolívar. En tu presentación vas a comparar a estos dos héroes.

Fuente: Este artículo se informó de Wikipedia, la enciclopedia libre, http://www.en.wikipedia.org/wiki/José_de_San_Martín

José de San Martín, héroe del Cono Sur

José de San Martín Matorras nació el 25 de febrero, 1778, en Yapeyú, Argentina. Cuando era joven el padre de José fue transferido a España. En España él ingresó en el Real Seminario de Nobles para estudiar. Allí él conoció a Bernardo O'Higgins, el futuro héroe de Chile. Mientras estaba en Madrid, se estalló la Guerra de Independencia Española en contra de las tropas de Napoleón. José se alistó y luchó para los españoles en contra de los franceses.

En 1812, después de la derrota de los franceses, San Martín volvió a la Argentina y se juntó con otros para conseguir la independencia de la Argentina. Bajo el liderazgo de San Martín, la Argentina, Chile y el Perú consiguieron su independencia de la Corona Española.

Una de las hazañas más impresionantes de San Martín fue su dirección del Ejército de los Andes. Para atacar a los españoles en Chile, San Martín necesitaba cruzar los Andes pero el ejército español controlaba los pasos. Entonces, en 1817 San Martín dirigió a sus hombres por los Andes en un área difícil de cruzar y por eso no protegida por los españoles. Algunos comparan esta hazaña con la de Aníbal cuando cruzó los Alpes para atacar a Roma.

Con Bernardo O'Higgins, San Martín consiguió la independencia de Chile en 1818. Después, San Martín continuó hasta Lima, Perú, donde fue nombrado protector del Perú y su primer presidente. En 1822 San Martín y Simón Bolívar tuvieron una reunión en Guayaquil, Ecuador. Nadie sabe lo que ocurrió en la reunión pero Bolívar tomó el mando de liberar al Perú. Poco después, San Martín dimitió su cargo como líder de sus fuerzas y dejó al Perú. Él rehusó participar en la política y el ejército y después de la muerte de su mujer, se fue para vivir en un autoexilio en Francia desanimado por la turbulencia política en la Argentina.

José de San Martín murió el 20 de septiembre, 1850, en Francia. Junto con Simón Bolívar, José de San Martín es reconocido hoy como uno de los grandes libertadores de la América del Sur y es el héroe nacional de la Argentina. Sus restos mortales fueron transferidos de Francia y ahora se encuentran en la Catedral de Buenos Aires en el país que liberó.

Monografía de radio
Simón Bolívar, un sueño sin realizar

Fuente: Esta monografía se informó de la Biblioteca Virtual de Simón Bolívar, http://www.geocities.com/Athens/Acropolis/7609/eng/bio.html

Pregunta 8: Imagina que tienes que hacer una presentación formal ante tu clase de español sobre el tema a continuación.

El artículo impreso es sobre la importancia del caballo como símbolo en el arte; en la monografía vas a escuchar un informe sobre dos caballos famosos de la literatura e historia españolas. En una presentación formal, vas a hablar de la importancia del caballo en el arte comparando dos caballos famosos de la literatura e historia españolas.

Fuente: Este artículo se informó de The Holisticshop Dictionary, Horse, http://www.holisticshop.co.uk/dictionary/horse.html

El caballo, animal noble

A través de la historia, el caballo ha representado el poder, la lealtad, la fuerza y la fecundidad. Los hindúes, griegos, caballeros y reyes de la antigüedad veneraban el caballo. El vaquero norteamericano, el charro mexicano y el gaucho argentino dependían de sus fieles compañeros tanto en el trabajo como en la defensa; eran sus amigos íntimos. Los indígenas norteamericanos también valoraban estos animales. En la Edad Media el caballo y su caballero representaban el poder y el mando. Había fiestas donde el caballero y su jinete mostraban su valentía y destreza al participar en una justa o torneo. Tan importante era que hasta la crianza de los caballos se hizo importante para preservar y continuar las características más deseables en ciertas razas de caballos. Ciertos caballos se criaban por su rapidez, como el caballo andaluz y el caballo árabe. Otros se criaban para el trabajo como el caballo crianza Morgan, que se desarrolló en el estado de Vermont, para necesidades agrícolas y militares.

El caballo y su jinete muchas veces se convirtieron casi en uno compartiendo su identidad. En la televisión norteamericana de los años 50 el vaquero Roy Rogers siempre andaba con su fiel caballo Trigger y el Zorro también con su Tornado. Se ve en el arte, la pintura y la escultura, donde el jinete y el caballo se representan para mostrar el poder y el rango de la persona. Líderes, generales, reyes, reinas, emperadores, todos a través de la historia han sido representados con sus caballos: el emperador Carlos V de España por Tiziano, el rey Felipe IV por Velázquez y el rey Carlos IV y la reina María Luisa por Goya. Hasta dicen que hay una leyenda urbana que dice que según la posición de los pies del animal en la pintura o escultura, se puede deducir cómo se murió su jinete.

Aun en tiempos modernos el caballo ocupa un lugar singular por su lealtad, su inteligencia y su majestuosidad. Mientras el caballo sigue en el trabajo de los vaqueros y policías, también se ve en muestras de agilidad, desfiles en honor de difuntos y como mascotas con que su jinete comparte una vida singular. Y, no obstante, en algunos lugares continúa en su papel de transporte para personas y mercancías.

Monografía de radio
Rocinante y Babieca

Fuente: Esta monografía se informó de ≪Rocinante≫ y ≪Babieca≫ de la enciclopedia libre Wikipedia, http://www.en.wikipedia.org/wiki/Babieca y http://www.enwikipedia.org/wiki/ Rocinante y El diccionario de la Real Academia Española, http://buscon.rae.es/dreal y http://www.elmundo.es/quijote/capitulo.html?cual-1

Pregunta 9: Imagina que tienes que hacer una presentación formal ante tu clase de español sobre el tema a continuación.

El artículo impreso es sobre la música y el baile llamados la salsa; en la monografía vas a escuchar un informe sobre el baile y la música flamencos. En una presentación formal, vas a hablar de dos bailes y generos de música importantes para la cultura española y la cultura caribeña y sus raíces históricas.

Fuente: Este artículo se informó de Centralhome.com, "History of Salsa", http://www.centralhome.com/salsa.htm

La salsa: música y baile picantes

La salsa tan popular en Cuba y Puerto Rico es un estilo de música y baile que surgió de los encuentros culturales y la mezcla de éstos. Cuando los españoles llegaron y colonizaron las Antillas, ellos llevaron consigo su música y baile, los dos influenciados por el encuentro cultural árabe, judío, cristiano y gitano que había ocurrido en la Península Ibérica a través de los siglos. Para tener mano de obra en las nuevas colonias, los españoles llevaron esclavos de África para trabajar en las casas, las minas y los campos de los colonizadores. Estos africanos también llevaron consigo sus tradiciones entre las cuales había la música y el baile. Nadie puede decir a ciencia cierta cuáles fueron los orígenes de la salsa pero es fácil deducir que los bailes y las canciones llevados por ambos grupos se influenciaron mutuamente.

Según Jaime Andrés Pretil, podemos decir que la salsa nació en Cuba. En Cuba las rumbas de origen africano se mezclaron con el son de la gente cubana y con la música española y los ritmos africanos del tambor. Con la independencia de Haití, muchos franceses se trasladaron a Cuba para vivir y añadieron su ≪contra-danze≫ o sea ≪danzón≫.

La salsa se toca y baila en muchos países, así que hay ciertas variaciones según el país. En la República Dominicana, Colombia y Puerto Rico hay ciertas diferencias. Eventualmente este fenómeno llegó a Nueva York donde recibió el nombre ≪salsa≫. Claro está, el baile no se creó allí, sino el nombre para denominar la música.

La salsa continúa en sus países de origen y se ha puesto muy popular casi por todo el mundo. Y, ¿qué le pasa?, pues en cada lugar donde se baila, el baile continúa evolucionando con características de donde se encuentra. Es justo, como la salsa, baile y música, de verdad es una mezcla cultural.

Monografía de radio
El flamenco, un mestizaje cultural

Fuente: Esta monografía se informó de ≪Historia del flamenco≫ por Daniel Muñoz, http://www.eup.us.es/portada/alumnos/cultura/aula_musica/aulamus/Historia/Hist-F1.html

Pregunta 10: Imagina que tienes que hacer una presentación formal ante tu clase de español sobre el tema a continuación.

El artículo impreso es sobre el chocolate; en la monografía vas a escuchar un informe sobre la banana. En una presentación formal, vas a hablar de dos productos importantes para la cocina latina, uno que vino *de* las Américas y otro que vino *a* las Américas por el encuentro cultural entre el nuevo y el viejo mundos.

Fuente: Este artículo se informó de ≪Chocolate, la historia americana de este alimento≫, http://www.historiacocina.com/historia/articulos/chocolate.html

El chocolate, regalo del nuevo mundo

Después del encuentro cultural entre Europa y las Américas, comenzó un intercambio alimenticio. Los españoles llevaron con ellos de vuelta a España alimentos nuevos y exóticos, uno de los cuales siendo el chocolate.

Para los aztecas y mayas, entre otros, el chocolate, el fruto de la planta cacao, fue muy importante. Los mayas lo usaron como dinero y para comerciar con otras tribus. Bernal Díaz, quien acompañó a Cortés en la conquista de México, lo mencionó por primera vez en su crónica de la conquista. Se dice que Moctezuma lo bebía en grandes cantidades. Pero en aquel entonces el chocolate no era la golosina dulce que conocemos hoy en día. El chocolate azteca se mezclaba con miel, vainilla, pimienta y macazuchil. Los aztecas creían que el chocolate tenía calidades médicas y afrodisíacas.

Al llegar a Europa los europeos añadieron el azúcar al chocolate para crear dulces y bebidas, y así cambiaron su sabor y propósito alimenticio original. Aunque los europeos cambiaron el chocolate, todavía se puede gozar de él como lo hicieron los indígenas en platos como el mole, que consiste en una salsa de chocolate, chiles y otras especies, y también en bebidas como el atole, en que se puede mezclarlo con masa de maíz, agua, piloncillo, canela y vainilla, que sigue siendo muy popular durante la Navidad.

De todos los regalos que el mundo recibió del Nuevo Mundo, quizá el chocolate sea el más dulce y más premiado por todo el mundo.

Monografía de radio
La banana, cultivo y alimento gracias al intercambio colombino

Fuente: Esta monografía se informó de ≪History of Bananas≫, http://www.mindspring.com/~miessau/bananas/story.html y "Columbian Exchange", http://www.answers.com/topic/columbian-exchange

Scripts for Presentational Speaking

TRACK 38

Question 1:
La celebración del Cinco de Mayo en los Estados Unidos

≪¡Vengan todos para celebrar el Cinco de Mayo en el restaurante México Lindo! Habrá música, baile y descuentos en comida típica de México. ¡Que vengan todos!≫

Se puede oír este tipo de anuncio cada año por las fechas del Cinco de Mayo que en los Estados Unidos se ha convertido en una ocasión para festejar, celebrar y ofrecer rebajas en tiendas y restaurantes. En la actualidad, el Cinco de Mayo se celebra mucho más ahora en ciertas partes de los Estados Unidos que en el mismo México donde se originó para reconocer la victoria de los mexicanos sobre los franceses en la batalla de Puebla al comienzo de la ocupación francesa del siglo XIX.

El Cinco de Mayo, para muchos aquí en los Estados Unidos, se ha convertido en otra ocasión para tener una fiesta, pero para los hispanos de ascendencia mexicana es mucho más. Esta celebración para ellos ya no es para conmemorar una victoria mexicana de hace más de un siglo, sino para celebrar y mostrar su orgullo por sus raíces. Es el momento cada año para recordar quienes son, de donde son y de reconocer su cultura. En ciudades, y hasta pueblos pequeños, donde hay residentes de México o residentes mexicano-americanos, hay fiestas, bailes, música y comida todos típicos de México que quizá varíen sólo por la región de donde son las personas que celebran.

Esta celebración también ha tenido un impacto en la población mayoritaria. En cualquier tienda se puede ver platos de papel, servilletas, carteles, comida y bebidas a la venta para este día. Las tiendas ofrecen rebajas especiales y los restaurantes comida, música y bebidas mexicanas. Con el paso del tiempo esta celebración mexicana ha sido cogida por muchos en este país y se está haciendo parte de la cultura estadounidense celebrada por casi todos. Pero el Cinco de Mayo tiene en particular un significado muy especial para los mexicano-americanos y los inmigrantes documentados e indocumentados de México, es una celebración de quienes son.

TRACK 39

Question 2:
La leyenda de la flor de Nochebuena

Como ha ocurrido en muchos casos por la historia de la humanidad, se han creado muchas leyendas para tratar de explicar fenómenos naturales, desastres y hasta cómo ciertas cosas se crearon. Éste es el caso también con la flor de Nochebuena. La leyenda es así…

Érase una vez una familia de labradores. Había un padre, una madre y unos niños. Una de las niñas se llamaba María. El mes de diciembre había llegado y todo el pueblo estaba preparando para la celebración de la Navidad. Los hombres ayudaban a preparar la iglesia, los niños practicaban para cantar y las madres limpiaban y ayudaban en la iglesia. El sacerdote de la parroquia le había pedido a la madre de María que hiciese una manta nueva para la estatua del niño Jesús que ponían en el pesebre la Nochebuena. Desgraciadamente la madre de María se cayó enferma antes de terminar la manta. María intentó terminarla pero acabó por destruirla. Avergonzada y sin un regalo para llevar al niño Jesús, María decidió no ir a la iglesia para celebrar la Nochebuena. Ella se escondía para ver la procesión cuando de repente una mujer apareció a su lado y hasta conocía su nombre. Esta mujer la animó a ir a la celebración. Cuando María protestó porque no tenía regalo para el niño Jesús, la mujer le señaló unas hierbas altas y verdes. Le dijo que las llevase como regalo. María recogió las hierbas, pero cuando volvió a hablar con la señora, ella ya no estaba. María entró en la iglesia silenciosamente, se acercó al pesebre, depositó las hierbas, y con los ojos cerrados empezó a rezar. De repente ella oyó a los otros en la iglesia que comenzaron a susurrar. Ella abrió sus ojos y vio que cada hierba estaba coronada de una flor roja en forma de una estrella. De hecho, al salir de la iglesia, todas las hierbas silvestres estaban coronadas de estrellas rojas. Y así es cómo llegó a existir la flor de Nochebuena.

Question 3:

Celebraciones de nuestras herencias

Hay una tradición muy larga de celebraciones de la herencia de nuestros antepasados. En muchas ciudades cada año hay desfiles y festivales que celebran la historia, lengua, tradiciones y comidas de casi todos los grupos étnicos que hay en los Estados Unidos. Cada año los irlandeses celebran el día de San Patricio, el 17 de marzo, con desfiles y fiestas. También en marzo muchas comunidades italianas celebran el día de San José, el 19 de marzo. El festival de Octubre se celebra en comunidades de herencia alemana y las comunidades chinas celebran su año nuevo que cambia de fecha cada año según su calendario. Las otras comunidades étnicas no se quedan atrás tampoco, con festivales griegos, lituanos, japoneses, turcos, rusos, etcétera.

Entonces, ¿qué hay de esperar de los inmigrantes hispanos? Donde hay una concentración de inmigrantes hispanos también hay celebraciones de sus raíces. En la Florida donde hay muchos cubano-americanos hay festivales de la herencia cubana. Por ejemplo, en Cayo Hueso (Key West) llevan varios años celebrando la herencia cubana con un festival en junio. En mayo, en Nueva York, se celebra el Desfile de Orgullo Puertorriqueño donde se puede oír a la gente gritar «viva Puerto Rico». En California y el suroeste se celebra cada mayo el Cinco de Mayo con motivo de celebrar la cultura mexicana. En algunas ciudades hay simplemente festivales hispanos que celebran todo lo hispano.

Como es fácil de ver, la tradición de celebrar nuestras raíces no es un fenómeno nuevo. Tampoco es algo que debilita la cultura estadounidense como algunos pensarían. Al contrario, mientras estos festivales, antiguos y nuevos, celebran nuestras raíces, también nos enriquecen. El festival de Octubre ya no se limita a personas de ascendencia alemana, tampoco se limita el Cinco de Mayo a los mexicanos ni el día de San Patricio a los irlandeses. Estas fiestas se han hecho parte de nuestra cultura en que todos podemos celebrar y compartir nuestras raíces.

Question 4:

La leyenda maya-quiché de la creación

Cada civilización tiene sus propias leyendas para explicar fenómenos naturales, cosas, costumbres y hasta para engrandecer a líderes y héroes de la cultura. Como en todas las culturas había un deseo de explicar lo inexplicable, como la creación del hombre. Una leyenda que viene de la civilización maya tiene que ver con esto.

En la tradición judeocristiana que viene del Medio Oriente, se ve en *Génesis* la historia de la creación de Adán y Eva. Según la Sagrada Escritura, Adán fue creado por Dios del barro y Eva de una costilla de Adán.

En el caso de los mayas, su texto sagrado, el *Popol Vuh*, cuenta la historia de la creación del maya-quiché. Cuando los dioses decidieron crear al hombre trataron varias veces pero no tuvieron éxito. Una vez usaron el barro, como en la historia cristiana, pero los hombres de barro se disolvieron cuando llegaron las lluvias. Luego intentaron crear al hombre de la madera, pero estos hombres no tenían corazón y no podían hablar con los dioses. Entonces hicieron una inundación para borrarlos de la tierra. Por fin hicieron al hombre del maíz y así nació la raza maya.

Esta leyenda nos muestra la importancia que tiene el maíz para los mayas. El maíz para los mayas fue de suma importancia, un elemento sagrado. El hombre fue creado del maíz y vivió gracias a él. Sin el cultivo del maíz, el hombre no existiría. La importancia se podía ver en su sociedad también como era su producto más importante a que dedicaron mucho tiempo y desarrollaron maneras de cultivarlo.

Entonces, el maíz para el maya quiché fue su raíz y su sustento y sigue siéndolo hoy en día. Se puede ver fácilmente la importancia que tiene el maíz no sólo en la cultura maya sino en otras culturas de la América del Norte y Centroamérica.

TRACK 42

Question 5:
El regalo de la yerba mate

Siendo una bebida muy importante para los guaraníes claro está que había un deseo de explicar el origen de algo tan premiado. En realidad existen dos leyendas que explican el origen de la hierba mate, una infusión, con propiedades medicinales, que se bebe en la América del Sur, sobre todo en la Argentina y en el Paraguay.

La primera de estas leyendas cuenta que la yerba mate tiene sus orígenes en los bosques del Paraguay. La leyenda cuenta que los ascendientes de los guaraníes habían cruzado un gran océano para llegar a lo que llamamos hoy las Américas. Con el paso del tiempo la tribu se dividió en dos bandas, los guaraníes y los tupíes según el nombre del hermano que era su líder. Los tupíes rechazaron sus prácticas agrícolas a favor de una vida nómada mientras los guaraníes continuaron con su vida agrícola cultivando la tierra y haciéndose artesanos. Los guaraníes esperaban la llegada de su dios, Pa'i Shume. Cuando éste llegó, estaba muy contento con la vida que llevaban los guaraníes y les enseñó ciertas prácticas agrícolas. También les dio a conocer los secretos benéficos de las plantas. El secreto más importante que compartió con ellos fue cómo recoger y preparar las hojas del árbol mati.

Otra leyenda que se cuenta sobre los orígenes de la yerba mate tiene que ver con dos diosas, Así (la Luna) y su amiga Aria (la Nube) que bajaron a la tierra en forma humana. Mientras caminaban un jaguar las vio y se preparaba para atacarlas. Un indio viejo vio lo que iba a pasar y mató al animal. El viejo entonces las llevó a su humilde casa donde su mujer les preparó algo para comer de lo poco que tenían. Al volver al cielo, las diosas quisieron recompensar el acto del indio. Una noche, mientras dormía la familia del indio, las diosas hicieron que lloviera semillas que se brotaron en árboles pequeños de hojas verdes. El próximo día Así apareció al indio y le dijo que en recompensa por su acto le regalaba una nueva planta, la yerba mate.

Estas dos leyendas, aunque muy diferentes, muestran la importancia que tenía y sigue teniendo la yerba mate para los habitantes del Paraguay y la Argentina.

Question 6:
Joan Miró, un mundo de fantasía

Joan Miró i Ferrà nació el 20 de abril de 1893 en Barcelona, España. Miró estudió arte en la Escuela de Bellas Artes de Barcelona y también en la Academia Galí. Miró se expresó por medio de pinturas, esculturas y cerámicas. Sus primeras obras muestran la influencia de los colores brillantes y formas simples y expresivas del fauvismo, el cubismo y el arte folklórico catalán que consistía en sólo dos dimensiones, y hasta el arte románico español.

En 1920 Miró se fue a París donde se había establecido una comunidad de artistas en el barrio Montparnasse. Allí fue influenciado por los poetas, escritores y artistas surrealistas y dadaístas. A diferencia de otros, Joan Miró nunca se hizo socio de ninguno de los movimientos artísticos de la época, lo cual le dejó más libre para explorar y desarrollar su forma distinta de arte.

Comparado con el otro gran artista surrealista español, Salvador Dalí, se puede describir el mundo artístico de Miró como un mundo de fantasía. Mientras el surrealismo expresado por Dalí fue de una realidad deformada donde se pueden reconocer las figuras, en el surrealismo desarrollado por Miró vemos un mundo puramente fantástico con formas orgánicas, líneas agudas, figuras geométricas y colores brillantes, sobre todo azul, rojo, amarillo, verde y negro. Una de sus obras más famosas, *Carnaval del arlequín* es una colección de líneas onduladas, líneas rectas, esferas y lo que parece ser unos animalitos raros en el primer plano. Hay también una figura que parece ser dibujo de niño con un cuerpo triángulo y una cabeza redonda y grande. En otra, *Paisaje catalán* se ve una tierra surrealista de color anaranjado con un cielo amarillo. El sol es como un ojo de que salen tres rayos y hay líneas rectas y onduladas con esferas y figuras cónicas. André Breton, el fundador del movimiento surrealista, dijo que Miró era «el más surrealista de todos nosotros.»

Joan Miró murió el 25 de diciembre de 1983 en la isla de Mallorca, España.

Question 7:
Simón Bolívar, un sueño sin realizar

Simón José Antonio de la Santísima Trinidad Bolívar nació el 24 de julio, 1783, en Caracas. Su familia era una familia aristócrata pero, como Simón nació en Caracas, en el Nuevo Mundo, fue considerado criollo y aunque era aristócrata por nacimiento, bajo la ley española de entonces, no gozaba de los mismos derechos de los que nacieron en la península, como sus padres. Algunos creen que este hecho puede haber creado en él el deseo de ver su país natal libre. Cuando tenía nueve años sus padres murieron y Simón fue a vivir con un tío, quien le mandó a estudiar en España cuando tenía quince años. En 1807 Bolívar volvió a Caracas.

Inspirado por los ideales republicanos de las revoluciones francesa y americana y de sus estudios del Siglo de las Luces, Simón Bolívar se juntó con la Junta de Caracas para luchar por la independencia de Venezuela. Bolívar continuó a luchar con la ayuda de sus compatriotas de Nueva Granada, lo que hoy es Colombia. Luego él consiguió la ayuda del presidente de Haití también. Después de conseguir la libertad de Venezuela, Bolívar continuó a luchar para liberar a Ecuador, Perú y Bolivia.

El gran sueño de Bolívar era establecer una república como habían hecho las antiguas colonias británicas en la América del Norte. En 1819 Bolívar creó la República de Gran Colombia que consistía en los países actuales de Venezuela, Colombia, Panamá y Ecuador y él sirvió como su primer presidente. Desgraciadamente su sueño nunca se realizó por completo. En el año 1827, gracias a rivalidades entre generales de la revolución, estallaron varias guerras civiles y se disolvió la República de Gran Colombia. Simón Bolívar murió el 17 de diciembre, 1830, enfermo con tuberculosis y desilusionado al ver su sueño de unidad sudamericana destruido.

Simón Bolívar es venerado como uno de los grandes libertadores de la América del Sur como los norteamericanos veneran a su Jorge Washington. Hasta uno de los países que liberó, Bolivia, lleva su nombre en memoria de sus hazañas.

Question 8:
Dos caballos famosos de la literatura española: Babieca y Rocinante

En la vida real, la leyenda y la literatura ha habido caballos muy importantes y legendarios. Dos de la literatura española son Babieca y Rocinante.

Babieca era el caballo de Rodrigo Díaz de Vivar, conocido por su apodo árabe <<el Cid>> que quiere decir «el Señor». Siendo caballero y guerrero ilustre de la Reconquista española, el Cid y su caballo, que existían en la realidad, a través de la historia llegaron a ser legendarios y casi mitológicos. *El Poema del Mío Cid* fue escrito hacia 1140 y basado en historias que circulaban sobre el Cid, quien murió en Valencia en 1099. Por su fama legendaria y su importancia histórica el Cid, y todo lo que tenía que ver con él, se convirtió en cosas mitológicas: su persona (el Cid), su espada (la Tizona) y su caballo (Babieca). Según la leyenda, el Cid fue herido gravemente en Valencia pero en la última batalla por la ciudad sus soldados ataron su cuerpo a Babieca y la Tizona, su espada, en su mano y lo pusieron enfrente de sus tropas al salir de la ciudad. Los enemigos, pensando que se había vuelto de la muerte, corrieron en retirada. Tan unidos en vida fueron que el Cid quiso que Babieca fuera enterrado con él y su mujer, Ximena, unidos en la muerte como en la vida. Actualmente se puede ver las tumbas del Cid y Ximena en la catedral de Burgos, España; Babieca fue enterrado por los partidarios del Cid frente a la puerta del monasterio de Valencia.

Otro caballo famosísimo en la literatura española es el leal compañero de Don Quijote de la Mancha en la novela *El ingenioso hidalgo Don Quijote de la Mancha*, escrita por Miguel de Cervantes Saavedra. La novela, una obra de ficción, cuenta la historia de Alonso Quijano, un hombre que leía tantos libros de caballería que se acabó por pensar que podría llevar la vida de un caballero andante ayudando a los menos afortunados, luchando por la justicia y protegiendo a las damas en peligro. Como en todos los libros de caballería que él había leído, él necesitaba ciertas cosas entre las cuales figuraba un caballo. Alonso tenía un caballo algo viejo y débil, lo que se llamaría «rocín», que quiere decir «caballo de mala traza, basto y de poca alzada o caballo de trabajo, a distinción del de regalo» (*Diccionario de la Real Academia de la Lengua Española*, http://buscon.rae.es/dreal). A este caballo después de mucho pensar le puso el nombre «Rocinante»: «… y así, después de muchos nombres que formó, borró y quitó, añadió, deshizo y tornó a hacer en su memoria e imaginación, al fin le vino a llamar Rocinante, nombre a su parecer alto, sonoro y significativo de lo que había más cuando fue rocín, antes de lo que ahora era, que era antes y primero de todos los rocines del mundo.» (http://www.elmundo.es/quijote/capitulo.html?cual-l) Así es como le nombró a su caballo antes de que se pusiera un nombre a sí mismo.

Un caballo real e histórico convertido en leyenda es Babieca del Cid. Otro caballo, pero de ficción, es Rocinante de Don Quijote de la Mancha, pero ambos muestran la importancia simbólica y práctica del caballo para su caballero. Dos caballos héroes de la literatura española.

Question 9:
El flamenco, un mestizaje cultural

Una expresión artística española reconocida por todo el mundo es el flamenco. Cuando se dice «flamenco» no sólo se habla de un baile sino también de la música instrumental y vocal que lo acompaña. También se puede bailarlo sin música; se puede tocarlo sin baile; se puede cantarlo sin instrumentos o con ellos.

El flamenco originó entre los gitanos españoles que llegaron al sur de España, a la provincia de Andalucía en el siglo XV de la era común. Los gitanos se vieron obligados a mudarse de la India a Egipto, luego a Checoslovaquia y la región de los Balcanes, y por fin se dispersaron a otros países incluso España. El hecho de haber pasado por muchos países y culturas impactó el desarrollo del flamenco gitano. Como nos dice Daniel Muñoz en su artículo «Historia del flamenco,» «La tradición nómada les lleva a ser una cultura acostumbrada a tomar prestadas las formas musicales de allí donde llegaran para reinterpretarlas a su manera.» De haber pasado por tantos lugares estaban en contacto con varias culturas como la india, la árabe y la cristiana del este de Europa. Al llegar a Andalucía los gitanos conocieron la cultura, la música y el baile árabe del norte de África y los cantos judíos. Andalucía permanecía bajo el control árabe por un período de tiempo más largo y gracias a la convivencia, cuando árabes, cristianos y judíos vivían en paz, ellos compartieron sus tradiciones y costumbres. Los gitanos aportaron nuevos elementos con ellos con el resultado de la creación del flamenco.

Como pasa muchas veces, lo de la cultura minoritaria muchas veces es adoptado por la cultura mayoritaria; éste ha sido el caso con el flamenco. Por casi toda España se puede ver espectáculos flamencos, o sea tablao flamenco. El flamenco formaba parte importante de unas colaboraciones que hicieron Carlos Saura, un director de cine español, y Antonio Gadés, quien fue el primer bailarín flamenco español contemporáneo, en que usaron el flamenco para contar la historia en las películas ≪Bodas de Sangre≫, ≪Carmen≫ y ≪El amor brujo≫. También hay guitarristas de renombre mundial que han llevado el flamenco a todo el mundo como Paco de Lucía y hasta existe un rock flamenco del grupo ≪Azúcar Moreno≫.

Como se puede ver, el flamenco nació de la interacción de muchas culturas y sigue vivo adoptándose y cambiándose según los gustos no soló de los gitanos sino de todos que gozan de él.

Question 10:
La banana, cultivo y alimento gracias al intercambio colombino

Mientras el encuentro entre el viejo mundo y el nuevo produjo un choque a veces violento y desastroso para los indígenas, también enriqueció en ciertas maneras a los dos, sobre todo en la agricultura. Del Nuevo Mundo los conquistadores llevaron a Europa el aguacate, el chicle, el algodón, el tomate, la papa, el maíz, el chocolate y muchos otros productos. Los europeos también llevaron cultivos nuevos al Nuevo Mundo y eso también ha tenido un impacto grande en la cocina latinoamericana y en su economía. Tales products son las naranjas, el café, la caña de azúcar, el trigo, la lechuga y la banana. Muchos de estos productos no sólo entraron en la dieta latinoamericana sino que también crearon industrias importantes en muchos países: el café colombiano, el azúcar cubano y puertorriqueño, las naranjas de la Florida y California, y también las bananas de Centroamérica y del Ecuador.

Según lo que se ha podido deducir, la banana tiene su origen en Asia, quizá en India o en Corea. Gracias al comercio entre Europa y Asia el cultivo de la banana se extendió. En el siglo XVI exploradores españoles llevaron plantas para cultivar en el Nuevo Mundo en áreas que tenían las mismas características climáticas que en sus países de origen. Los españoles establecieron plantaciones para la crianza de la banana. Después de la independencia, muchos países de Centroamérica se encontraron con la banana como su producto principal. En los siglos XIX y XX compañías norteamericanas comenzaron a controlar estas plantaciones, como la United Fruit Company. Desgraciadamente estas compañías continuaron el sistema de la plantación y a muchos países los llamaron Repúblicas Bananas. Ese control extranjero sería condenado más tarde por, entre otros, el poeta chileno Pablo Neruda.

A pesar de su historia complicada y triste, la banana ha contribuido y sigue contribuyendo a la cocina y a la economía de muchos países. Sólo hace falta ver el menú de un restaurante como La Carreta en Miami, o en otros restaurantes en la Florida, para ver las diferentes maneras en que se sirve. Existen platos típicos como plátanos fritos del Caribe, estofado o cocido de lentejas y plátanos de Centroamérica y rondón de Costa Rica. En muchos platos el plátano o la banana sirve en vez de una papa.

Es fácil ver que mientras el encuentro fue una época triste que vivió la humanidad, también enriqueció nuestras culturas con la adición de comidas y conocimientos diferentes.

PRESENTATIONAL SPEAKING RUBRIC: BASED ON THE DRAFT RUBRIC FROM HTTP://APCENTRAL.COLLEGEBOARD.COM

	Description	Task Completion	Topic Development	Language Use
5 high	• excellent presentational speaking*	• complete, all points covered • cites both sources • sources well used • task completed appropriately	• relevant • complete and well organized • correct or mostly correct information • compares and contrasts information, not just a summary • accurate social and cultural references	• few errors • no pattern of errors • rich vocabulary • excellent pronunciation • appropriate register for the presentation • highly fluent
4 mid-range	• presentation demonstrates command of the language in presentational speaking*	• cites both sources • includes information from both sources • task completed appropriately	• relevant • well developed • good organization and cohesive • compares and contrasts rather than quotes • social and cultural references generally correct	• complex structures used but contain more than a few errors • vocabulary well used • very fluent • very good pronunciation • register is correct for type of presentation
3 mid-range	• presentation is competent in presentational speaking*	• cites and includes at least one source with only a mention of the other • completes task appropriately	• answer is developed in a relevant way • organized and flows adequately • tends to summarize or quote sources rather than compare and contrast information • social and cultural references are more or less appropriate to the task	• simple structures are handled well but not complex ones • good use of vocabulary with some interference from first language • good pronunciation • register generally correct for type of presentation

2 mid-low	• presentation is barely competent in presentational speaking*	• only one of the sources is used in the presentation • the subject and task are only completed in part	• presentation of the topic might be irrelevant • organization is inadequate in part • information from the sources is limited or incorrect • comparison and contrasting of ideas is limited • social and cultural references may be inaccurate to the task	• simple structures are not handled well • limited vocabulary • not fluent, choppy • pronunciation may cause problems with comprehension of the message • register is not totally appropriate
1 low	• presentation is not competent in presentational speaking*	• only one of the sources is used, and poorly, in the presentation • the task is not completed	• presentation of the topic is irrelevant • presentation is disorganized • information from the sources is limited and mostly incorrect • comparison and contrasting of ideas may be non-existent • social and cultural references are inaccurate to the task	• numerous errors in grammatical structures • very limited vocabulary • frequent interference from first language • barely fluent • pronunciation causes problems with comprehension of the message • register is not appropriate to task
0	• a zero may be given to a task when the student has failed to speak, the response is totally off task or irrelevant, the student's response is in a language other than Spanish, or the student just restates the topic and source information		

*Presentational speaking is when you prepare an oral report, speech, or presentation in which you cite information from various sources, synthesizing them for the report. This is usually formal and is meant to inform.

STEP 5

Build Your Test-Taking Confidence

AP Spanish Language Practice Exam 1
AP Spanish Language Practice Exam 2

AP Spanish Language Practice Exam 1

- Take this examination, following all instructions carefully.
- For the listening comprehension and the directed-response questions, you will find the listening prompts on the accompanying recording.
- Write your answers on scrap paper to do this examination so that later, if you wish, you can retest yourself to check your progress.
- Remember to use the strategies presented in Step 3 when taking the examination.
- Correct your work using the keys provided at the end of the test along with the listening and speaking scripts.
- When you have corrected the exam, you might want to look up any words you did not know to add to your personal vocabulary list.
- Keep track of the type of question(s) that you are missing and focus your review on practicing more of these types.

¡Buena suerte!

SECTION I
LISTENING COMPREHENSION AND READING

For this section of the practice examination, you are given approximately 75 minutes (30 minutes for listening and 45 minutes for reading). Section I counts for 50 percent of your grade (20 percent for listening and 30 percent for reading).

Section I, Part A
Listening Comprehension

In this part of the examination, you will hear a short dialogue, a short narrative, and then a longer dialogue and a longer narrative each lasting about 5 minutes. You will be asked questions about each listening passage. For the short dialogue and the short narrative, the questions will be read to you, but they will not appear in your test booklet. You will see only the answer choices for each question. For the longer dialogue and longer narrative, both the questions and the answer choices will be printed in your test booklet. The total time allowed for this part of the examination is approximately 30 minutes. Listening comprehension will count for 20 percent of your total grade.

For this part of the examination practice, you will find the listening tracks on the accompanying recording. Scripts for the passages and questions can be found on pages 219–224. Mark your answers by circling the letter of your choice.

- In the moments before the speaker starts, try to glance at the possible *answers* for the short dialogue or short narrative to get an idea of what you should listen for.
- While the narrator is speaking, give your full attention to what is being said.
- Listen carefully as the narrator reads the *questions* about the short dialogue and short narrative; remember that the *questions* for these are not printed in your test booklet. (The questions for the longer dialogue and longer narrative are, however, printed in your booklet.)
- As with any multiple-choice test, if the answer does not come to you, try to eliminate some of the others. This increases your chances of choosing the right answer.
- Remember that on Section I you should not make random guesses. If you have no idea, leave the question blank. An additional 33 percent is taken off for incorrect answers as a penalty for guessing.

- Once you have completed the practice exam, you may wish to read over the scripts and make a list of words that you did not know. Look these up, make flash cards for them, and review them during the months leading up to the examination.
- You may wish to use scrap paper; that way, you can later come back to this test and do it again to check your progress.
- If you have a particularly difficult time with this part of the exam, you should be sure to practice Chapter 5 very carefully, taking notes from the scripts after each practice.

Section I, Part A
Short Dialogue

1. (A) contentos
   (B) furiosos
   (C) indiferentes
   (D) nerviosos

2. (A) Tuvo un accidente.
   (B) Tuvo una enfermedad.
   (C) Fue de viaje.
   (D) Faltó sin permiso a las clases.

3. (A) Tuvo la gripe.
   (B) Tuvo la influenza.
   (C) No saben.
   (D) Tuvo una infección.

4. (A) Le dieron antibióticos.
   (B) Le dieron un jarabe.
   (C) Le dieron dinero.
   (D) Le recomendaron que descansara.

5. (A) no estar con sus amigos
   (B) su tarea
   (C) ponerse enferma otra vez
   (D) tener problemas en su próximo viaje

6. (A) ayudarle
   (B) llevarla al hospital
   (C) comprarle el almuerzo
   (D) devolver sus libros a la biblioteca

Section I, Part A
Short Narrative

1. (A) una guerra civil
   (B) la muerte de un líder demócrata
   (C) la muerte de Carrero Blanco
   (D) la muerte del último dictador fascista

2. (A) Fue matado por terroristas.
   (B) Fue el hijo del último rey español.
   (C) Fue republicano.
   (D) Fue héroe de la Segunda Guerra Mundial.

3. (A) Sirvió en las fuerzas áreas.
   (B) Estudió en el extranjero.
   (C) Estudió bajo Franco directamente.
   (D) Se quedó en España para estudiar.

4. (A) Siguió el camino de Franco.
   (B) Rehusó ser rey a favor de su padre Juan de Borbón.
   (C) Se hizo monarca absoluto.
   (D) Emprendió el camino a la democracia.

5. (A) Apoyó la constitución.
   (B) Apoyó la rebelión.
   (C) Abdicó.
   (D) Salió al extranjero.

6. (A) Nombró a Felipe González primer ministro.
   (B) Apoya a las fuerzas armadas.
   (C) Apoya a la Guardia Civil.
   (D) Le da a su hijo las mismas experiencias que él mismo tuvo.

Section I, Part A
Longer Dialogue

TRACK 43 In this next section, you will hear a longer dialogue that will be about 5 minutes in length. In the space below, you may take notes in English or Spanish; these will not be graded. Take 2 minutes to read over the questions and answers.

Notes on Longer Dialogue:

Longer Dialogue

1. Marcos quiere que el club de español…
   - (A) no haga nada diferente este año.
   - (B) celebre una fiesta mexicana.
   - (C) celebre una fiesta española.
   - (D) celebre en Puebla, México, este año.

2. El Cinco de Mayo recuerda…
   - (A) la victoria mexicana sobre los tejanos en el Álamo.
   - (B) la independencia mexicana de España.
   - (C) la victoria de Cortés en contra de Moctezuma.
   - (D) la victoria mexicana en contra de los franceses.

3. En los Estados Unidos esta celebración…
   - (A) recuerda la victoria en Puebla.
   - (B) no se celebra tanto como en México.
   - (C) se ha convertido en una celebración de la herencia mexicana.
   - (D) es una celebración de poca importancia para los mexicanoamericanos.

4. Va a ser difícil convencer…
   - (A) a Elena.
   - (B) al señor Santana.
   - (C) a la señorita Morales.
   - (D) al señor Díaz.

5. La actividad del club de español será…
   - (A) mostrar proyectos estudiantiles sobre la cultura mexicana.
   - (B) servir comida mexicana en la cafetería.
   - (C) hacer anuncios cada día sobre España en el Nuevo Mundo.
   - (D) tocar música latina en la cafetería.

6. Ese día, ellos piensan tener…
   - (A) bailes y música.
   - (B) bailes, comida, cuentos y música.
   - (C) comida y bailes.
   - (D) cuentos y música.

LISTEN

TRACK 43

Section I, Part A
Longer Narrative

In this next section, you will hear a longer narrative that will be about 5 minutes in length. In the space below, you may take notes in English or Spanish; these will not be graded. Take 2 minutes to read over the questions and answers.

Notes on Longer Narrative:

Longer Narrative

1. Las leyendas...
   - (A) pasaban de boca en boca.
   - (B) eran escritas.
   - (C) sólo son fantásticas.
   - (D) sólo se tratan de hechos reales.

2. Una cosa curiosa es que las leyendas...
   - (A) llegaron a nuestros días.
   - (B) explican fenómenos naturales.
   - (C) de diferentes culturas son diferentes.
   - (D) de distintas culturas lejanas son a veces semejantes.

3. Para los mayas, los dioses hicieron al hombre...
   - (A) de maíz.
   - (B) de la tierra.
   - (C) de lodo.
   - (D) de piedra.

4. En el *Popol Vuh* y en la *Biblia* hay una historia sobre...
   - (A) un fuego.
   - (B) la destrucción de la tierra.
   - (C) una inundación.
   - (D) la creación de la mujer.

5. Un cuento parecido a la historia de Jesús se encuentra en las leyendas...
   - (A) mayas.
   - (B) aztecas.
   - (C) incaicas.
   - (D) quechuas.

6. La leyenda del quetzal explica...
   - (A) una hierba.
   - (B) una conquista.
   - (C) la creación del hombre.
   - (D) el color de un pájaro.

7. Como regalo por salvarles la vida a unas diosas, el cazador y sus descendientes...
   - (A) se libraron de una bestia feroz.
   - (B) recibieron un pájaro bonito.
   - (C) recibieron una hierba.
   - (D) recibieron unas mujeres.

8. El valor de las leyendas es que...
   - (A) nos explican fenómenos naturales.
   - (B) nos enseñan algo sobre nuestros antepasados.
   - (C) nos explican cómo será el futuro.
   - (D) nos entretienen sin otro valor.

Section I, Part B
Reading Comprehension

In this section of the test you will need to read some passages and answer some multiple-choice questions about their content. Give yourself 45 minutes.

- Set a timer for 45 minutes.
- Look at the questions first.
- Read through once and underline or star with your pen or pencil where you think the answers are found.
- Reread the questions.
- Reread the passage and answer the questions.

Paquito D'Rivera presenta en el festival Swing 'n Jazz de Rochester

Por Horacio Martínez, Prensa ConXion, May, 2007, el periódico bilingüe mensual del Rochester *Democrat and Chronicle*, Rochester, New York. Used with permission.

El músico cubano Paquito D'Rivera, quien es mejor conocido por sus diversos talentos musicales incluyendo el saxofón y el clarinete, participará en el Hochstein School of Music a las 7:30 p.m. el sábado 2 de junio. El evento forma parte del décimo festival anual Swing 'n Jazz, patrocinado por el Commission Project, una organización no lucrativa dedicada a las artes.

El festival, el cual se realizará del 1 al 3 de junio, incluirá conciertos y clínicas gratis de jazz, incluyendo un taller de dos horas impartido por D'Rivera y el trompetista Marvin Stamm de las 9 a las 11 de la mañana el domingo 2 de junio en la escuela School of the Arts, 45 Prince St.

≪Cada año a través del Commission Project traemos alrededor de 30 músicos profesionales al salón de clases, para darles a los estudiantes experiencias reales≫, mencionó Alan Tirré, coordinador de instrucción de las artes en SOTA (por sus siglas en inglés School of the Arts). ≪Es una oportunidad para los músicos para dar algo a cambio, y para que los estudiantes se conecten con inspiraciones reales≫. Las clínicas son gratis y abiertas al público, mencionó Tirré.

D'Rivera, quien fue representado por José Zuñiga en la película *For Love or Country: The Arturo Sandoval Story*, no es un desconocido en el área de Rochester. Él menciona que es gracias a los esfuerzos del educador y fundador del Commission Project Ned Corman, de ≪desarrollar las artes y a aquéllos que quieran participar≫.

≪Ned es una de las personas más positivas que conozco≫, mencionó D'Rivera, ≪su entusiasmo es contagioso... ésa parece ser su misión más importante. Me gusta asociarme con gente como Ned≫.

En 1973, D'Rivera se convirtió en un miembro fundador del grupo Cubano Irakere, grupo percusionista ganador de un Grammy. Otros miembros son el pianista Chucho Valdés y el trompetista Arturo Sandoval.

D'Rivera ha ganado numerosos Grammys entre otros premios. En 2005, recibió el premio National Medal for the Arts, presentado en la Casa Blanca por el presidente George Bush. En marzo fue honrado con el premio Living Jazz Legend.

Para más información acerca del festival Swing 'n Jazz de Rochester y para el horario de eventos, visita la página de Internet del Commission Project tcp-music.org.

1. ¿Qué anuncia este artículo?
   (A) Un músico cubano presentará en un festival de música.
   (B) Un músico cubano dará talleres en un colegio de las artes.
   (C) Un músico cubano presentará en un festival de música y dará talleres a estudiantes.
   (D) Un músico cubano rodará una película en Rochester.

2. Este festival celebra…años este año.
   (A) 25
   (B) 5
   (C) 20
   (D) 10

3. Durante el festival, habrá…
   (A) clínicas a coste bajo.
   (B) clínicas subvencionadas por Paquito D'Rivera.
   (C) clínicas subvencionadas por una organización lucrativa.
   (D) clínicas subvencionadas por una organización que no gana dinero con ellas.

4. Lo bueno del Commission Project es que cada año pone a la disposición de las comunidades…
   (A) músicos profesionales para darles talleres a estudiantes de secundaria.
   (B) músicos profesionales para darles a las comunidades conciertos gratis.
   (C) músicos profesionales para darles a las comunidades clínicas de jazz a buen precio.
   (D) músicos profesionales para darles a las comunidades acceso a músicos con quienes las comunidades puedan conectarse.

5. Paquito D'Rivera…
   (A) ya ha participado varias veces en el festival.
   (B) enseñará a jóvenes músicos durante el festival.
   (C) es el organizador del festival este año.
   (D) ya es conocido por su actuación en la película sobre Arturo Sandoval.

6. Según D'Rivera, lo mejor del Commission Project es de…
   (A) patrocinar festivales en comunidades como Rochester.
   (B) educar a las personas sobre las artes.
   (C) adelantar las artes y a las personas que participan en ellas.
   (D) ser gratis a las comunidades en que participa.

7. Podemos decir que la vida profesional de Paquito D'Rivera…
   (A) ha sido muy exitosa.
   (B) sólo ha comenzado.
   (C) no ha sido tan reconocida.
   (D) es conocida por su papel en la fundación del Commission Project.

«¡Esfuérzate para conseguir becas! Puedes pagar por tu educación superior si dedicas tiempo y esfuerzo a buscar ayuda» por María Neels, *The Next Step Magazine*, **latino edition 2007, used with permission, Next Step Publishing, Inc., 86 W. Main Street, Victor, New York, 14564, page 11.**

Nunca dudaba que yo iría a una institución de educación superior, pero siempre existía la pregunta tácita de cómo nos arreglaríamos para pagarla.

Cuando la familia de mi padre vino a este país, ya hace tres generaciones, mi bisabuelo sólo había llegado al tercer grado. Trabajó muy duro para tener éxito, pero por lo general trabajaba hasta tarde en empleos muy exigentes físicamente. Su mayor deseo era que sus hijos al menos pudieran completar la etapa de la educación superior, porque creía que la educación era la clave para una vida mejor.

Entonces, mi abuela y sus cuatro hermanos se esforzaron por alcanzar la educación superior y luego también lucharon por obtener sus maestrías. Mi padre y sus tres hermanos también obtuvieron títulos avanzados. Pero cuando me llegó el momento de pensar en la vida después de la escuela secundaria, sabía que la educación superior no era una opción.

Durante la secundaria, mi familia tenía muy poco dinero. Mi padre era un empresario y yo era la menor de ocho hermanos. Si bien nos sentíamos bendecidos por tener una familia maravillosa y por poder contar con las cosas que realmente necesitábamos, como comida y una casa, teníamos muy poco dinero para extras.

Trabajé cerca de 30 horas por semana y sabía que la mejor manera de llegar a la educación superior sin acumular deudas enormes era obtener buenas calificaciones, participar y solicitar becas.

Me volví muy activa durante la secundaria y tomé muchos roles de liderazgo. También practicaba tres deportes, lo que me ayudaba a equilibrar todo lo demás.

Cuando llegó el momento de mi último año, tuve que tomar una decisión muy difícil. Se aproximaba la temporada de básquet y era mi último año. Sin embargo, si bien sabía que no podría acceder a una institución muy buena por medio del básquet, creía que sí podría lograrlo con mis calificaciones y mi participación. Entonces tomé la decisión de dejar el básquet justo cuando descubrí que había llegado a mi último año. Fue muy difícil en ese momento, pero sentí que me ayudó para enviar las solicitudes para acceder a la educación superior y para las becas, y también para resolver de qué manera financiaría mi educación.

1. La autora no dudaba que iría a la universidad, pero no sabía…
   (A) si tendría las notas necesarias.
   (B) si tendría el dinero.
   (C) si tendría el apoyo de sus padres.
   (D) si tendría la preparación necesaria.

2. Podemos decir que la familia de esta señorita… los Estados Unidos.
   (A) lleva poco tiempo en
   (B) está recién llegada a
   (C) es indocumentada en
   (D) lleva bastante tiempo en

3. Para el bisabuelo de la autora, la educación…
   (A) valía la pena.
   (B) le valía poco.
   (C) no le valía tanto como el trabajo.
   (D) le valía sólo hasta la educación primaria.

4. El padre y los tíos de la autora…
   (A) no pudieron obtener una educación universitaria.
   (B) obtuvieron una educación universitaria.
   (C) obtuvieron una educación hasta el tercer grado.
   (D) creían que no era una opción para ellos.

5. La única manera que la autora podría conseguir una educación universitaria era…
   (A) trabajar 30 horas por semana y ahorrar el dinero.
   (B) pedirle dinero a su familia.
   (C) acumular préstamos enormes.
   (D) trabajar duro en los estudios para llegar a ser becaria.

6. En la secundaria, la autora…
   (A) sólo se esforzó en los estudios.
   (B) se esforzó en los estudios, los deportes y en ser un líder.
   (C) se esforzó en los deportes.
   (D) se esforzó en ser un líder.

7. ¿Cuál fue la decisión difícil que tuvo que tomar la autora en su último año?
   (A) Se esforzaría en el baloncesto.
   (B) Podría participar en un deporte y mantener su nota.
   (C) Dejaría un deporte a favor de estudiar.
   (D) Podría ir a una mejor universidad con una beca conseguida por los deportes.

8. Gracias a su decisión, la autora…
   (A) pudo recibir una beca deportiva.
   (B) pudo recibir una beca.
   (C) no pudo recibir una beca deportiva.
   (D) no pudo recibir ningún tipo de beca.

«Lucha por tu educación; Concéntrate y lograrás cumplir tus metas» por Juan Díaz, *The Next Step Magazine*, latino edition 2007, used with permission, Next Step Publishing, Inc., 86 W. Main Street, Victor, New York, 14564, pages 38–39.

Estoy viviendo mi sueño. Pude acceder a la educación superior y también puedes hacerlo tú. Los estudiantes de secundaria se enfrentan con muchos desafíos al considerar la educación superior. En la actualidad, "llegar al nivel deseado" puede resultar tan desalentador como intentar reunir todo el dinero necesario para ir a la universidad. Tan sólo para comprar los libros debes romper la chanchita. Yo lo sé bien. Vengo de una familia de muy bajos recursos. Mis padres, ambos de México, tienen que mantenerme a mí y a José, mi hermano menor.

Si bien mis padres iban a tomar trabajos extras, sentía que iba a ser imposible para ellos solventar el valor de una carrera de cuatro años. Por lo tanto, decidí empezar a buscar de inmediato becas y subvenciones disponibles. Lo más importante fue que decidí esforzarme sobre lo que podía controlar: mis calificaciones. Aunque no sabía exactamente qué carrera seguir, esperaba que la educación me permitiera hacer grandes contribuciones a la sociedad y enorgullecer a papá y mamá. Nadie en mi familia había llegado nunca a la etapa de la educación superior.

Mantuve un promedio general (GPA) de 3.8 en la secundaria. Además, gané un concurso de ensayos y me ofrecieron una subvención para minorías al presentar las solicitudes. Sin embargo, eso equivalía a sólo un año de instrucción. De todas maneras, estaba sorprendido de ver cómo mis esfuerzos iban a darme resultados.

Pero la historia continúa…

Cuando tenía 5 años de edad, mi familia se trasladó de una villa rural en México a Houston, Texas. Mi padre siempre quiso ser boxeador profesional, y para iniciarme en el deporte, me llevó al Willie Savannah's Boxing Club. Pasé la mayor parte de mi niñez y adolescencia formándome en la escuela y en el gimnasio. Fue una bendición que Savannah me tomara bajo sus alas. Se convirtió en un segundo padre para mí, un mentor. La pasión natural y el instinto que tenía por el deporte no sólo llenaron de felicidad a Savannah y a mi padre, sino que además me permitieron aprender lecciones de la vida muy valiosas. El amor y el apoyo que siempre tuve a mi alrededor me ayudaron a aprender la importancia de la esperanza, el respeto y el esfuerzo. Éstas son las cualidades que representa mi apodo "Baby Bull".

En el año 2000, durante mi último año de escuela secundaria, me convertí en boxeador profesional y los ingresos que empecé a tener rápidamente me descalificaron para cualquier tipo de asistencia financiera. Afortunadamente, planifiqué y me organicé. La combinación de subvenciones, becas e ingresos me permitió acceder a la educación superior.

Hoy estoy en mi primer año de esta nueva etapa y soy Campeón Mundial de Peso Liviano de la WBA (Asociación Mundial de Boxeo).

Aliento a los estudiantes de escuela secundaria para que no pierdan las esperanzas. Si yo pude hacerlo, tu también puedes.

Planifica y persevera… vale la pena.

1. En el primer párrafo, el autor indica que una educación universitaria…
   (A) no está al alcance de todos.
   (B) está al alcance de todos.
   (C) es fácil de alcanzar.
   (D) es sólo una cuestión de dinero.

2. Para el autor, la ayuda financiera de sus padres…
   (A) era posible.
   (B) era gracias por tomar trabajos extras.
   (C) valía el costo de una carrera de cuatro años.
   (D) era imposible.

3. Lo más importante para el autor era…
   (A) seguir la carrera universitaria que había escogido.
   (B) conseguir el dinero necesario.
   (C) poder contribuir a la renta de su familia.
   (D) poder hacer que sus padres estén orgullosos de él.

4. Aunque mantenía notas altas, ganó un concurso y una subvención para minorías…
   (A) no tenía suficiente dinero para un año.
   (B) tenía sólo suficiente dinero para un año.
   (C) estaba sorprendido que podía pagarlo todo.
   (D) no era suficiente en absoluto para ir a la universidad.

5. ¿Cuál era un deseo que tenía el padre del autor?
   (A) participar profesionalmente en un deporte
   (B) conseguir un mejor trabajo
   (C) trasladar a la familia a Houston
   (D) ofrecerles una mejor educación a sus niños

6. La inclusión del boxeo en la vida del autor…
   (A) le hizo fuerte.
   (B) le ayudó a decidir dejar los estudios.
   (C) le enorgulleció a su padre.
   (D) le enseñó cosas útiles sobre la vida.

7. El autor atribuye su éxito…
   (A) a Willie Savannah.
   (B) al boxeo.
   (C) al respaldo que recibió.
   (D) a su mentor.

8. Al convertirse en boxeador profesional, el autor ganaba más dinero, …
   (A) pero por eso no podía recibir ayuda financiera.
   (B) y decidió abandonar la idea de los estudios universitarios.
   (C) pero todavía podía conseguir asistencia financiera.
   (D) pero no había planificado lo suficiente para reunir el dinero necesario.

9. Cuando el autor dice a los estudiantes que «no pierdan las esperanzas», él se refiere…
   (A) a una educación universitaria.
   (B) a una vida en los deportes profesionales.
   (C) a una educación secundaria.
   (D) al boxeo.

«Una medalla de bronce» por Álvaro de Laiglesia. *Galería Hispánica,* **Copyright © McGraw-Hill, 1979. Used with permission.**

Una noche, después de avanzar durante todo el día sin encontrar resistencia, mi pelotón se refugió en una casucha abandonada. Éramos seis hombres al mando de un cabo. Estábamos cansadísimos y nos quedamos profundamente dormidos. Tan profundamente, que al amanecer nuestra compañía recibió la orden de retirarse y nosotros no nos enteramos. A la mañana siguiente, nos despertó un tiroteo: estábamos aislados del resto de nuestras fuerzas y el enemigo había rodeado la casucha. Nos defendimos disparando desde las ventanas durante todo el día. Por fortuna, los atacantes eran escasos y malos tiradores. Al anochecer una patrulla llegó a liberarnos y el capitán nos echó una bronca por habernos dormido. Pero como luego resultó que aquella casucha era un punto estratégico, el propio capitán no tuvo más remedio que condecorarnos por haberla defendido.

1. El escenario que se presenta en este trozo es…
   (A) de una guerra.
   (B) de un crimen.
   (C) de un misterio
   (D) de un secuestro.

2. ¿Por qué no recibieron el mensaje para retirarse?
   (A) No se despertaron.
   (B) El receptor del radio no funcionaba.
   (C) El mensajero fue matado.
   (D) El mensajero no llegó.

3. ¿Qué les ocurrió la mañana siguiente?
   (A) Se juntaron con los suyos.
   (B) Fueron sorprendidos por la banda opuesta.
   (C) Se encontraban separados de los suyos.
   (D) Fueron tomados presos.

4. ¿Por qué tenían suerte los hombres?
   (A) Los atacantes no apuntaban muy bien.
   (B) Muchos no fueron matados.
   (C) Los atacantes eran sus compañeros.
   (D) Los atacantes se rindieron.

5. Parece que el capitán…
   (A) estaba furioso con ellos.
   (B) estaba alegre que no hubieran muerto.
   (C) estaba alegre que hubieran capturado a los atacantes.
   (D) estaba aliviado que ellos hubieran recibido la orden de retirarse.

6. ¿Por qué recibieron una medalla de bronce?
   (A) por sus heridas en combate
   (B) por su cobardía
   (C) por su defensa de un lugar importante
   (D) por su heroísmo

«Manuel» por Pedro Villa Fernández. *Galería Hispánica,* Copyright © McGraw-Hill, 1979. Used with permission.

Manuel era el indio más popular de un pequeño pueblo que se hallaba entre las montañas a unas cien millas al sur de Ciudad Bolívar. Allí vivía con un pequeño grupo de seres humanos inconscientes todos de su pobreza, rodeados de relativa libertad y abundancia de miseria, hablando una mezcla de español e indio, medio desnudos, con el pelo y las uñas largas, los pies grandes y duros como piedras, los labios secos, la inteligencia atrofiada y el instinto tan despierto como el de un animal de la selva.

Todos se parecían, física y psicológicamente, todos menos Manuel, quien tenía algo diferente. Había una luz en sus ojos y en su mente. Parecía menos indio que los demás. Su piel era más blanca. Era más alto. Hablaba español mucho mejor. Tenía una imaginación viva. Manuel tocaba una pequeña guitarra que siempre llevaba consigo, y cantaba canciones que los demás indios jamás habían oído. Había venido al pequeño pueblo cuando tenía unos catorce años. ¿De dónde? <<De allá>>, era todo, lo que les decía que muy lejos. ¿Quiénes eran sus padres? No lo sabía. Así fue que el chico vino a formar parte del pequeño grupo de indios que lo recibieron con gusto, pues traía una guitarra y cantaba como un ángel.

1. Los indios con quienes vivía Manuel…
   (A) tenían una abundancia de lo mejor.
   (B) no se daban cuenta de su estado.
   (C) estaban asimilados a la cultura de la ciudad.
   (D) se parecían a Manuel.

2. La inteligencia de estos indios era…
   (A) despierta.
   (B) estancada.
   (C) como de los animales.
   (D) grande.

3. ¿Qué tenía Manuel que no tenían los otros?
   (A) una inteligencia viva
   (B) una torpeza intelectual
   (C) una inteligencia atrofiada
   (D) una inteligencia como la de los otros indios

4. Parece que Manuel probablemente procedía de…
   (A) este pueblo.
   (B) otro pueblo indígena.
   (C) un pueblo de ascendencia europea.
   (D) un pueblo de otro habla.

5. La mejor palabra para describir el origen de Manuel sería…
   (A) desconocido.
   (B) extranjero.
   (C) boliviano.
   (D) indígena.

6. El encanto de Manuel para los indios era…
   (A) la manera en que hablaba.
   (B) su talento musical.
   (C) su apariencia.
   (D) su extrañeza.

SECTION II
FREE RESPONSE
WRITTEN EXPRESSION AND SPEAKING

You are given approximately a total of 1 hour and 25 minutes to do Section II of the examination (10 minutes for the interpersonal writing, approximately 55 minutes for the presentational writing, approximately 10 minutes for the interpersonal speaking—simulated conversation, and finally approximately 10 minutes for the presentational speaking).

Section II, Part A
Written Expression: Interpersonal Writing

In this part of the examination, you will need to write an e-mail message, a letter, a journal entry, or a postcard. You are given 10 minutes to read the prompt and write your response.

- Read the prompt carefully to see what type of message you need to write (e-mail, letter, journal entry, postcard).
- Decide in what tense to write the passage (present, past, future, and so on).
- Determine to whom the communication is directed; is it familiar (*tú, ustedes, vosotros*) or formal (*usted, ustedes*)?
- Keep in mind the TYPE of communication (a letter is different from an e-mail, a postcard is different from a journal entry).
- Do not forget the salutation (*Querido[a], Muy amigo[a] mío[a], Estimado[a] señor[a]*).
- Do not forget an appropriate closing (*Un abrazo de, Un abrazo fuerte de, Recibe un abrazo fuerte de, Con cariño, Atentamente*).
- Be sure to look over the rubric at the end of Chapter 7, pages 115–116, to see how you will be graded.

Escribe una nota. Imagina que el club español ha ganado el dinero necesario para su fiesta del fin del año. Y hay más dinero del que se necesita. Escribe una nota a tu profesor/a y…

- ofrécele unas ideas sobre cómo el club podría usar el dinero que sobra
- explícale por qué cada una de tus ideas sería buena
- recomienda que todos los socios hablen de las ideas
- despídete

Section II, Part A
Written Expression: Presentational Writing

In this part of the examination, you will need to write an essay based on three prompts, two printed and one audio. You will have 7 minutes to read the printed material. Then you will have 3 minutes to listen to the audio material, on which you should take notes. After you have heard the audio source, you will have 5 minutes to organize your thoughts. Then you will have 40 minutes to write your essay.

- Read the prompt carefully to see what your essay topic will be about.
- Decide in what tense to write the passage (present, past, future, and so on).
- While reading the two printed sources you may wish to underline key ideas.
- Be sure to take notes while you listen to the audio source.
- You must CITE all three sources appropriately in your essay.
- Higher scores are awarded to essays in which you compare and contrast the information provided. Lower scores are awarded for just simply restating or summarizing the sources.
- Be sure to look over the rubric at the end of Chapter 8, pages 150–151, to see how you will be rated.

Voces del pasado: el arte prehistórico y su mensaje

Fuente Nº 1

Fuente: Ésta se informó en parte de la página Web Prehistoric Art (Virtual Museum), http://vm.kemsu.ru/en/palaeolith/altamira.html y Altamira (cave) - Wikipedia, the free encyclopedia, http://en.wikipedia.org/siki/Altamira_(cave)

Altamira

En 1879 la hija de Marcelino Sanz de Sautuola, un arqueólogo aficionado, le dirigió a un descubrimiento increíble de dibujos prehistóricos en una cueva en Altamira, en la región española de Cantabria. Con la ayuda del arqueólogo Juan Vilanova y Piera, de la Universidad de Madrid, excavaron las cuevas y en 1880 publicaron un documento en que postularon que las pinturas se realizaron durante la edad paleolítica. Al principio, los arqueólogos franceses rechazaron el descubrimiento. Hasta acusaron a de Sautuola de haber comisionado a un artista local a pintarlas. No fue hasta 1902 que, junto con el descubrimiento de otras pinturas prehistóricas, por fin el descubrimiento de Sautuola fue reconocido.

Las pinturas en la cueva representan bisontes, caballos, una gama y un jabalí. Aquellos artistas prehistóricos usaron el carbón, la sangre, el ocre y la hematites para crear sus imágenes. A veces rasgaron las imágenes o diluyeron los colores para hacer dibujos que parecen ser de tres dimensiones.

Se cree que las pinturas en lugares como Altamira pueden haber sido hechas por razones religiosas o supersticiosas. Por ejemplo, algunos creen que los animales fueron hechos para que los hombres tuvieran suerte en la caza de ellos.

Cualquiera que sea la razón, estas pinturas muestran la necesidad milenaria del hombre de dejar sus huellas sobre la tierra para expresar sus deseos, miedos y creencias con el arte.

Fuente Nº 2

Fuente: Ésta se informó en parte de la página Web Patagonia.com.ar, Cueva de las Manos, Un Patrimonio Cultural de la Humanidad, http://www.patagonia.com.ar/santacruz/cuevamanos.php

De una tierra desolada, rasgos de vida

En el cañadón del río Pinturas, en sus altas paredes, se puede ver el arte prehistórico de la Cueva de las Manos. Estas pinturas representan el contorno en negativo de las manos de sus creadores. También representan un guanaco (un animal parecido a la llama), formas geométricas, líneas, puntas, escenas de la caza, aves y figuras del sol. Estas cuevas fueron decubiertas en 1972, y en 1999 UNESCO reconoció la Cueva de las Manos como Patrimonio Cultural de la Humanidad siendo la expresión más antigua de civilizaciones sudamericanas que se ha encontrado. Gracias al clima de la Patagonia y la falta de grandes centros de población, estas pinturas se han conservado casi intactas.

Los creadores de estas pinturas usaron la hematites para el color rojo, la caliza para el color blanco, el carbón o manganeso para el color negro y la limonita o el ocre amarillo para el color amarillo. Para crear estas pinturas, se cree que el artista puso la mano en la roca y con un hueso de gallina u otra cosa hueca sopló los colores sobre la mano para crear la imagen en negativo.

En estas cuevas se pueden ver tres niveles culturales comenzando alrededor de 7.370 a.C. hasta 1.000 d.C. En las cuevas del río Pinturas también se han encontrado artefactos de los indios Tehuelches.

Como en muchos casos, nadie está completamente seguro de su importancia. En el caso de los guanacos, puede ser que los representaron porque les fueron importantes. Otros animales podrían haber sido pintados para tener éxito en la caza de ellos. Algunos piensan que las manos pueden indicar una lengua muda como había en África porque a algunas de las manos les falta un dedo o parte de un dedo o faltan unos dedos, mientras hay los que piensan que la falta de dedos o parte de ellos puede atribuirse a accidentes. Las líneas, formas geométricas y soles pueden indicar la importancia del sol y sus rayos o posición. Por el tamaño de las manos, hay los que piensan que eran de chicos que tenían como 13 años de edad y puede ser que fue como un rito de paso a la madurez. La verdad es que nunca lo sabremos. ¿Pueden tener una importancia religiosa? De verdad, su importancia como en otros sitios así es en que tenemos muestras de nuestros antepasados, y como ellos, seguimos dejando nuestras huellas al pasar por esta vida.

Fuente Nº 3

Fuente: Este anuncio sobre la Isla de Pascua se informó en http://www.sacredsites.com/americas/chile/easter_island.html y Wikipedia the free encyclopedia, http://en.wikipedia.org/wiki/Easter_Island#Moai

The listening track is on the accompanying recording. The script appears on page 223.

Section II, Part B
Speaking: Interpersonal Speaking: Simulated Conversation

In this part of the examination, you will need to participate in a simulated conversation. The situation will be a role-playing simulated telephone conversation. You will have 30 seconds to read the outline of the conversation. Then you will listen to a telephone message after which you will have 1 minute to read the outline of the conversation again. Then the telephone call will begin following the outline. Each time it is your turn to speak, you will have 20 seconds in which to respond. You should participate as fully and appropriately as possible. You will find the listening prompt on the accompanying recording. The script appears on pages 223–224.

- Read the prompt line and conversation outline carefully to see what the conversation will be about.
- Decide in what tenses you might need to respond (present, past, future, and so on).
- While reading the prompt and conversation outline you may wish to jot down some verbs, nouns, and other words that you may wish to use.
- While you listen to each line of the dialogue, try to pick out words, expressions or phrases that might be able to be used. (BE CAREFUL, though, to not just restate what you have heard!)
- Higher scores are awarded for conversations where complex structures and rich vocabulary are used.
- Be sure to look over the rubric at the end of Chapter 9, pages 179–180, to see how you will be rated.

Imagina que recibes un mensaje telefónico de la compañía de autobuses.

(A) El mensaje [*You will hear the message on the recording.* Escucharás el mensaje en la grabación.]
(B) La conversación [*The shaded lines reflect what you will hear on the recording.* Las líneas en gris reflejan lo que escucharás en la grabación.]

Sr. López:	• *[El teléfono suena.] Contesta el teléfono.*

Tú:	• *Salúdalo.*
	• *Pregunta por el Sr. López.*

| Sr. López: | • *Te explica por qué te había llamado.* |
| | • *Te hace una pregunta.* |

| Tú: | • *Expresa tu reacción.* |
| | • *Responde a la pregunta.* |

| Sr. López: | • *Continúa la conversación.* |
| | • *Te hace otra pregunta.* |

| Tú: | • *Expresa tu reacción.* |
| | • *Responde a la pregunta.* |

| Sr. López: | • *Continúa la conversación.* |
| | • *Te hace otra pregunta.* |

| Tú: | • *Expresa tu reacción.* |
| | • *Responde a la pregunta.* |

| Sr. López: | • *Continúa la conversación.* |

| Tú: | • *Dale las gracias.* |
| | • *Despídete de él.* |

Section II, Part B
Speaking: Presentational Speaking / Integrated Skills

In this part of the examination, you will need to make a 2-minute formal presentation to your class. You will be given a question that will be the topic of your presentation. This question is based on the accompanying printed article and radio report. You will have 5 minutes to read the printed article. Then you will listen to a radio report. You should take notes on the radio report as you listen. After hearing the radio report, you will have 2 minutes to plan your answer and 2 minutes to record it. Your presentation should be as complete and appropriate to the topic as possible. You will find the listening track on the accompanying recording. The script appears on page 224.

- Read the question and article carefully.
- Underline key ideas/information in the printed article.
- Take notes on the radio report.
- Decide what tenses you might need to use (present, past, future, etc.).
- While you listen, try to pick out words, expressions, or phrases that might be able to be used. (BE CAREFUL, though, to not just restate what you have heard!)
- Higher scores are awarded for presentations where complex structures and rich vocabulary are used.
- Higher scores are awarded also for presentations in which information is compared and contrasted as opposed to just a mere restatement or synthesis of the information.
- Be sure to look over the rubric at the end of Chapter 10, pages 198–199, to see how you will be rated.

KEY IDEA

Imagina que tienes que hacer una presentación formal ante una clase de español.

El artículo impreso describe la celebración llamada la quinceañera. En una presentación formal, vas a hablar de dos celebraciones que conmemoran la mayoría de edad de una chica, una hispana y la otra estadounidense, sus orígenes y como son similares y diferentes.

Fuente N° 1

Fuente: ≪Quinceañeras, Tradición centenaria se combina con la cultura estadounidense≫, por Diana Chapoy-Callahan, ConXion, May 2007, el periódico bilingüe mensual del *Rochester Democrat and Chronicle*, Rochester, New York. Used with permission.

Quinceañeras Tradición centenaria se combina con la cultura estadounidense

Para las jóvenes latinas, el cumplir los quince años significa, entre otras cosas, que las jóvenes latinas comienzan noviazgos formales, empiezan a manejar, se les permite salir por largas horas y, más importante aun, es la oportunidad de reforzar su compromiso con Dios y la iglesia Católica.

La tradición

Esta celebración tradicional se remonta al año 500 a. C., cuando jóvenes mayas y aztecas le daban gracias a sus dioses por el inicio de su juventud con una ceremonia religiosa.

En nuestros días, la tradición ha adoptado nuevas tendencias. Quinceañeras a lo largo de Latinoamérica celebran este día tan importante de diferentes maneras. En México y Centroamérica, la celebración tiene un significado religioso muy profundo. En la mayoría de los casos, la celebración comienza con una misa, que es seguida de una recepción.

Los símbolos
Ramos de flores:
Durante la misa, las quinceañeras suben al altar, rezan una oración especial y le ofrecen a la Virgen María un ramo de flores. Recuerdan el momento en que la Virgen María, a los 15 años, dedicó su vida a Dios al concebir a Jesús, y como ella, las quinceañeras le piden a Dios que las guíe y les dé fuerza en el inicio de su nueva vida.
Muñeca:
La muñeca simboliza la niñez que la quinceañera está dejando atrás; en muchos casos, las quinceañeras le ofrecen la muñeca a alguna hermana o prima menor, y hablan acerca de los momentos preferidos de su niñez.

En algunos lugares como Puerto Rico y la República Dominicana, la quinceañera les agradece a sus invitados por haberla acompañado con el obsequio de una cápia, una cinta que lleva su nombre y sirve de recuerdo.
Zapatos de tacón alto:
Antes de que la quinceañera baile el vals tradicional con su padre, él le quita los zapatos bajos y se los cambia por un par de zapatos de tacón alto, reconociendo a su hija como una adulta y guiándola en su nuevo camino. Después ella baila con su padre. Para muchas quinceañeras, ésta es la parte más importante de la celebración.
Acompañantes de la quinceañera:
Normalmente los amigos más cercanos de la quinceañera la acompañan durante la celebración—similar a los acompañantes de los novios durante una boda.

Manteniendo las tradiciones

En la mayoría de los países latinoamericanos, esta tradición se conserva como parte importante de su cultura. Según quincegirl.com, muchas hispanas de segunda o tercera generación eligen celebrar sus Dulce Dieciséis (*Sweet Sixteen*), mezclando algunas tradiciones de los quince años.

Según una quinceañera, ≪Sweet Sixteen consiste en compartir la celebración principalmente con tus amigos, pero yo quería compartirlo con mi familia también, por lo que decidí incorporar la tradición de los quince años.≫

No importa si decides incluir un número de salsa o sólo un vals tradicional, lo importante es mantenerte apegada a tus raíces hispanas, lo cual te ayudará a honrar y compartir lo mejor de la tradición, porque es parte de quien eres y de tu identidad.

TRACK 46

Fuente Nº 2
Sweet 16

Fuente: Ésta se informó de la página Web ≪Sweet sixteen (birthday)≫, from Wikipedia, the free encyclopedia, http://www.en.wikipedia.org/wiki/Sweet_sixteen_(birthday) y ≪The History of the Debutante Season≫, http://www-rcf.usc.edu/~clingerm/history.html

Listening Scripts, Answers, and Explanations for Practice Exam 1

Section I, Part A
Listening Comprehension

TRACK 43

Script for Short Dialogue

En una escuela

Juan: Pero Marta, ¿dónde has estado? Todos (#1) **estábamos muy preocupados** por ti.

Marta: Es que (#2) **he estado bastante enferma.** El médico me dijo que guardara cama por lo menos dos semanas y que no podía salir.

Juan: ¿Qué te pasó?

Marta: (#3) **El médico no está seguro.** Tuvieron que mandarme al hospital para pasar una noche. Allí me hicieron muchas pruebas.

Juan: ¿Y no encontraron nada?

Marta: Nada. Ahora piensan que sería un virus.

Juan: ¿No te dieron nada para ayudarte?

Marta: No. Como no sabían lo que me pasaba, (#4) **sólo pude guardar cama, dormir** y tomar muchos líquidos y aspirina. Te digo, eso era lo único que podía hacer ya que me sentía tan mal.

Juan: Pero ahora estás con nosotros otra vez, gracias a Dios.

Marta: Sí, pero (#5) **he perdido tantas clases que no sé cómo voy a alcanzarlos a ustedes** y estar preparada para los exámenes finales.

Juan: No te preocupes, (#6) **nosotros tus amigos podemos ayudarte.** Esta tarde, te encuentro en la biblioteca para hacer un esquema de lo que te hace falta hacer.

Marta: Gracias Juan, eres un amigo formidable.

Questions and Answers

1. ¿Cómo estaban los amigos de Marta?
   (D) nerviosos

2. ¿Qué le pasó a Marta?
   (B) Tuvo una enfermedad.

3. ¿Qué tuvo Marta?
   (C) No saben.

4. ¿Qué hicieron para ayudarle a Marta?
   (D) Le recomendaron que descansara.

5. ¿Qué le preocupa ahora a Marta?
   (B) su tarea

6. ¿Qué le ofreció Juan a Marta?
   (A) ayudarle

LISTEN
TRACK 43

Script for Short Narrative

La vuelta a la democracia

En noviembre del año mil novecientos setenta y cinco (#1) **el General Francisco Franco murió** dejando a su gobierno sin un líder. Él había gobernado a España casi cuarenta años como dictador, el último dictador fascista de la época de la Segunda Guerra Mundial.

Al morir Franco ya era muy viejo y en muy mala salud. El mundo que conocía había cambiado aunque él había tratado de no permitirlo en su España. Para tratar de preservar su legado, Franco (#2) **pensaba nombrar a Luis Carrero Blanco, otro general, para gobernar después de su muerte, pero Carrero Blanco murió asesinado por el grupo terrorista ETA.** Entonces, al final de su vida, él dejó el gobierno en manos del nieto del último rey, Alfonso XIII.

(#3) **Franco había cultivado a Juan Carlos de Borbón mandándolo al extranjero para estudiar** (él hablaba ocho lenguas) y haciéndole servir en todas las fuerzas armadas españolas para aprender a servir. Nadie sabía qué esperar del nuevo rey. Juan Carlos I iba a chocar a todos.

(#4) **En vez de seguir el camino de Franco, Juan Carlos facilitó el camino a la democracia.** Una nueva constitución moderna fue escrita y había elecciones libres por vez primera en más de cuarenta años. Hasta en 1980 un socialista, Felipe González, fue elegido primer ministro. Poco después, cuando unos guardias civiles trataron de derrocar el nuevo gobierno, el rey salió en la televisión en su uniforme de líder de las fuerzas armadas españolas y ordenó que todos volvieran a sus campos, que (#5) **él defendía la constitución y la democracia.**

Ahora España ha gozado de más de treinta años de democracia con su monarca constitucional, Juan Carlos I, que sigue sorprendiéndole a su pueblo con su honestidad y el cariño que siente por su pueblo. Todos esperan que su hijo, Felipe de Borbón, el príncipe de Asturias, siga a los pasos de su padre. Por lo menos, (#6) **Juan Carlos le ha dado las mismas oportunidades de estudiar en el extranjero y servir en las fuerzas armadas.** Sólo el futuro nos dirá cómo será este próximo rey.

Questions and Answers

1. ¿Qué ocurrió en noviembre del año 1975?
   (D) la muerte del último dictador fascista

2. ¿Qué le pasó al hombre que iba a gobernar después de Franco?
   (A) Fue matado por terroristas.

3. ¿Cómo se preparó Juan Carlos para gobernar a España?
   (B) Estudió en el extranjero.

4. ¿Cómo sorprendió el rey Juan Carlos al pueblo español?
   (D) Emprendió el camino a la democracia.

5. ¿Qué hizo Juan Carlos cuando unos guardias civiles intentaron tomar el control del gobierno español?
   (A) Apoyó la constitución.

6. ¿Cómo trata Juan Carlos de continuar su legado?
   (D) Le da a su hijo las mismas experiencias que él mismo tuvo.

Script for Longer Dialogue

TRACK 43

En una reunión donde se planea un evento

Marcos: (#1) **Este año el Círculo Español necesita hacer algo especial para celebrar el Cinco de Mayo.**

Pati: ¿Por qué propones que celebremos esta fiesta? No se la celebra tanto en México como aquí. ¿No habrá otra cosa más que hacer?

Marcos: Ya lo sé, pero aquí es más que la celebración de (#2) **la victoria de las tropas mexicanas en contra de los franceses en Puebla.** Aquí (#3) **es una oportunidad de celebrar nuestra herencia** y compartirla con los que no son de ascendencia mexicana. Ésta es la importancia que tiene el Cinco de Mayo para nosotros que vivimos aquí al norte del río Bravo.

Pati: Sí, de verdad tienes razón. Entonces, ¿qué vamos a proponerles a los otros miembros del club y al señor Santana? Tenemos que tener nuestras ideas bien preparadas porque tú sabes que (#4) **a Elena siempre le gusta llevar la contraria con todos.**

Marcos: Sí, ya lo sé. Pero estoy seguro que podemos convencer aun a Elena. Pensaba que podríamos tener un anuncio cada mañana de la semana en que cae el Cinco de Mayo. El anuncio podría ser algo histórico o cultural que tiene que ver con México. Además (#5) **podríamos tener proyectos de todas las clases de español en la cafetería y en los pasillos** para mostrarles a todos cosas de importancia cultural e histórica.

Pati: Me parece muy buena idea. Estoy segura que el director, el señor Díaz, nos permitirá tener los anuncios y las exhibiciones. Los proyectos ya están hechos, sólo tendríamos que escribir los anuncios.

Marcos: Por supuesto. Además creo que debemos tener algo muy especial el día actual, pero no sé qué hacer.

Pati: ¿Por qué no tener una fiesta en el gimnasio o en la cafetería? Podemos invitar a unos grupos de la escuela que (#6) **tocan canciones mexicanas.**

Marcos: También (#6) **la señorita Morales puede darnos lecciones de baile.** Ella ha estudiado los bailes regionales de México.

Pati: Sí, sí. (#6) Y **los miembros del club podrían preparar comidas típicas** de diferentes zonas de México para compartir.

Marcos: (#6) **Y podríamos invitar a nuestros parientes mayores, como mi abuela, a venir y participar. A ella le encanta contar la historia de cuando ella era joven.**

Pati: ¡Qué divertido! ¿Cuándo vamos a proponer tu idea al club?

Marcos: ¿Por qué no lo hacemos mañana?

Questions and Answers

1. Marcos quiere que el club de español...
   (B) celebre una fiesta mexicana.

2. El Cinco de Mayo recuerda...
   (D) la victoria mexicana en contra de los franceses.

3. En los Estados Unidos esta celebración...
   (C) se ha convertido en una celebración de la herencia mexicana.

4. Va a ser difícil convencer...
   (A) a Elena.

5. La actividad del club español será...
   (A) mostrar proyectos estudiantiles sobre la cultura mexicana.

6. Ese día, ellos piensan tener...
   (B) bailes, comida, cuentos y música.

TRACK 43

Script for Longer Narrative

Las leyendas

Las leyendas originalmente (#1) **eran historias orales contadas de generación en generación.** Estas historias contaban eventos importantes, históricos y fantásticos, de la cultura de su origen. También las leyendas trataban de dar explicaciones para las cosas que las personas de aquel entonces no podían explicar de otra manera. A veces (#2) **es sorprendente comparar las leyendas de una cultura a otra ya que algunas de éstas cuentan una historia muy parecida aunque las culturas estaban muy separadas las unas de las otras.**

Por ejemplo, veamos la historia de la creación del hombre maya-quiché del libro sagrado de los mayas, el *Popol Vuh*; se nota que aunque (#3) **los dioses decidieron por fin hacer al hombre del maíz,** los dioses habían tratado antes de formar al hombre de la tierra, como es la historia contada en la tradición judeocristiana.

Otra historia del *Popol Vah* tiene que ver con la inundación que los dioses hicieron para destruir a los hombres de madera que habían hecho por no tener corazones y no poder hablar con los dioses. En la historia bíblica Dios manda la inundación por las malas acciones del hombre. Lo interesante es ver que (#4) **dos tradiciones, separadas por un mundo entero, contienen una historia de una inundación.** ¿Puede ser que había tal inundación tan desastrosa?

(#5) **Otro paralelo existe con la historia bíblica de Jesús. Existe una leyenda azteca muy parecida a la historia bíblica** donde un hombre muy bueno, con una barba, es traicionado por sus seguidores. Antes de dejar a la tribu él promete volver un día. Es difícil decir qué quiere decir esta leyenda de Quetzalcoatl. Ahora los antropólogos piensan que esta leyenda fue inventada para explicar la conquista de México por Hernán Cortés en 1521. Los aztecas tenían un concepto circular de la vida, no linear como los europeos; entonces se piensa que la invención de esta leyenda fue una manera, a su modo de ver el mundo, de explicar por qué fueron conquistados.

Esta última idea, la de explicar un fenómeno sin explicación alguna, es la razón para muchas leyendas. Por ejemplo, en la leyenda del quetzal, un loro tropical de Centroamérica, Quetzal fue un príncipe amado de su pueblo que fue asesinado por un tío que le tenía envidia. (#6) **El tío lo mató con una flecha en el pecho, y de hecho este pájaro tiene el pecho bien rojo.**

De Sudamérica viene la leyenda del mate, una infusión, o té, que se hace de la hierba mate. Se dice que (#7) **esta hierba fue un regalo de unas diosas agradecidas por ser salvadas por un cazador.** Las diosas habían tomado la forma de mujeres para bajar a la Tierra y jugar. Mientras jugaban, no notaban que un animal feroz estaba a punto de comerlas. De repente el cazador mató la bestia y las diosas desaparecieron dejándole al cazador y sus descendientes esta hierba milagrosa, el mate.

El estudio de las leyendas es muy entretenido, pero también (#8) **puede enseñarnos mucho sobre nuestro ancestros.** En esta edad moderna todavía tenemos nuestras leyendas, basadas muchas veces en la verdad, pero una verdad que se hace más grande que la persona o evento sobre el que se crea. Sería interesante ver cómo generaciones futuras interpretarán nuestras leyendas.

Questions and Answers

1. Las leyendas...
(A) pasaban de boca en boca.

2. Una cosa curiosa es que las leyendas...
(D) de distintas culturas lejanas son a veces semejantes.

3. Para los mayas, los dioses hicieron al hombre...
(A) de maíz.

4. En el *Popol Vuh* y en *la Biblia* hay una historia sobre...
(C) una inundación.

5. Un cuento parecido a la historia de Jesús se encuentra en las leyendas...
(B) aztecas.

6. La leyenda del quetzal explica...
(D) el color de un pájaro.

7. Como regalo por salvarles la vida a unas diosas, el cazador y sus descendientes...
(C) recibieron una hierba.

8. El valor de las leyendas es que...
(B) nos enseñan algo sobre nuestros antepasados.

TRACK 44

Script for Presentational Writing
Fuente Nº 3
La isla de Pascua

¿Es usted aventurero? ¿Le gustan las cosas exóticas y diferentes? ¿Menosprecia usted el turismo típico con todo comprendido? Pues hay otro tipo de tour que se ofrece. Este verano Exóticotur le ofrece una visita única a la Isla de Pascua. Situada a 2.000 millas de Chile, esta isla misteriosa le ofrecerá unas vacaciones interesantes y educativas.

La isla fue descubierta el Domingo de la Resurrección por el almirante Roggeveen, quien la nombró por la celebración de la Pascua.

En esta isla misteriosa usted va a ver rasgos de una civilización antigua que incluyen estatuas, que se llaman Moai, petroglifos, y una lengua escrita, la única que había en la Oceanía.

Hay algunos que han sugerido que los habitantes eran de la región actual del Perú porque hay semejanzas en cómo trabajaron la piedra. También hay personas que creen que la isla era parte de un continente perdido como Atlántida. Pero los arqueólogos piensan que la isla fue descubierta por polinesios alrededor de 400 d.C. Lo que nadie sabe a ciencia cierta es qué se les ocurrió a los habitantes. La teoría es que gracias a una combinación de la sobrepoblación y la destrucción de sus ecosistemas la civilización decayó. Todo esto la hará aún más misteriosa e interesante su visita.

Lo cierto es que para turistas como usted esta isla chilena les ofrecerá monumentos impresionantes, cráteres volcánicos, playas y aguas azules. Para recibir más información y un folleto sobre éste y otros viajes, llame al 1-800-210-5678 hoy.

TRACK 45

Script for Interpersonal Speaking

(Narrador) Ahora tienes treinta segundos para leer el bosquejo de la conversación.
(30 seconds)

(Narrador) Imagina que recibes un mensaje telefónico de la compañía de autobuses. Escucha el mensaje.

(Sr. López) [Answering machine] [Beep] Buenos días. Usted había rellenado un formulario el otro día porque perdió una mochila en el autobús interurbano número 26. Por favor, llámenos cuando sea conveniente al 234-5678 y pregunte por el Sr. López, gracias.

(Narrador) Ahora tienes un minuto para leer de nuevo el bosquejo de la conversación.
(1 minute)

Ahora empezará tu llamada.
[Telephone] [Rings twice and picks up]

(Sr. López) Buenas tardes, Compañía Municipal de Autobuses, ¿en qué puedo servirle?
TONE (20 Seconds) TONE

(Sr. López) Éste es el señor López. Usted es la persona que perdió su mochila, ¿no? Hemos encontrado una mochila pero necesito que la identifique. ¿Puede usted describírmela?
TONE (20 Seconds) TONE

(Sr. López) Muy bien. Ahora, ¿podría usted decirme lo que contenía su mochila?
TONE (20 Seconds) TONE

(Sr. López) Bueno, parece que ésta es la suya. ¿Cuándo podría usted pasar por la terminal para recogerla?
TONE (20 Seconds) TONE

(Sr. López) Muy bien. Nos veremos entonces. Y no olvide de llevar identificación con usted, por favor.
TONE (20 Seconds) TONE

TRACK 46

Script for Presentational Speaking
Fuente Nº 2

Cada cultura tiene sus costumbres y ritos asociadas con la madurez o la mayoría de edad de sus niños y niñas. Aunque en muchas partes de los Estados Unidos no se practique tanto, existe la tradición del Sweet Sixteen que celebra la entrada de la chica en la sociedad. El año dieciséis lleva consigo algunos privilegios según el estado. Por ejemplo, en muchos estados dieciséis es el año en que se puede conseguir la licencia de conducir. En algunos estados, dieciséis marca el año en que un adolescente puede casarse legalmente.

La celebración de los dieciséis años tiene sus raíces tradicionales. En la cultura judía las niñas celebran el bat mitzvah a la edad de doce años que se considera la edad de la madurez espiritual y los chicos celebran el bar mitzvah a los trece años. Mientras la celebración del bar mitzvah para los chicos es una celebración pública, el bat mitvah muchas veces no lo era. En la rama judía reformada ellos reconocen la importancia para ambos, chicos y chicas, con una ceremonia de confirmación para los dieciséis.

También hay raíces de la celebración que remontan a la aristocracia europea y sus bailes de "debutante." La palabra "debutante" viene del verbo francés "débuter" que quiere decir "comenzar" o "hacer su presentación en la sociedad." Era el momento en que una chica, llegada a su edad de mayoridad, necesitaba ser presentada a la sociedad con motivo de encontrarle un marido apropiado según su rango social.

En los Estados Unidos la tradición comenzó en Filadelfia, Pensilvania, en 1749 cuando unas familias tenían bailes que son los antecedentes del Gran Baile Debutante. En los Estados Unidos estos bailes tienen lugar generalmente entre noviembre y enero.

Sean lo que sean sus motivos originales, el concepto del "Sweet Sixteen" continúa con mayor o menor importancia según la región de los Estados Unidos, no tanto como para emparejar a las jóvenes con un chico, sino para celebrar el comienzo de una nueva etapa en la vida de la chica.

› Answers and Explanations

Section I, Part B
Reading Comprehension

Por Horacio Martínez, Prensa ConXion, May, 2007, el periódico bilingüe mensual del Rochester *Democrat and Chronicle*, Rochester, New York. Used with permission.

(1) El músico cubano Paquito D'Rivera, quien es mejor conocido por sus diversos talentos musicales incluyendo el saxofón y el clarinete, participará en el Hochstein School of Music a las 7:30 p.m. el sábado 2 de junio. El evento forma parte (2) del décimo festival anual Swing 'n Jazz, patrocinado por el Commission Project, (3) una organización no lucrativa dedicada a las artes.

El festival, el cual se realizará del 1 al 3 de junio, incluirá conciertos y clínicas gratis de jazz, (5) incluyendo un taller de dos horas impartido por D'Rivera y el trompetista Marvin Stamm de las 9 a las 11 de la mañana el domingo 2 de junio en la escuela School of the Arts, 45 Prince St.

(4) «Cada año a través del Commission Project traemos alrededor de 30 músicos profesionales al salón de clases, para darles a los estudiantes experiencias reales», mencionó Alan Tirré, coordinador de instrucción de las artes en SOTA (por sus siglas en inglés School of the Arts). «Es una oportunidad para los músicos para dar algo a cambio, y para que los estudiantes se conecten con inspiraciones reales». Las clínicas son gratis y abiertas al público, mencionó Tirré.

D'Rivera, quien fue representado por José Zuñiga en la película *For Love or Country: The Arturo Sandoval Story*, no es un desconocido en el área de Rochester. Él menciona que es gracias a los esfuerzos del educador y fundador del Commission Project Ned Corman, de (6) «desarrollar las artes y a aquéllos que quieran participar».

«Ned es una de las personas más positivas que conozco», mencionó D'Rivera, «su entusiasmo es contagioso... ésa parece ser su misión más importante. Me gusta asociarme con gente como Ned».

En 1973, D'Rivera se convirtió en un miembro fundador del grupo Cubano Irakere, grupo percusionista ganador de un Grammy. Otros miembros son el pianista Chucho Valdés y el trompetista Arturo Sandoval.

(7) D'Rivera ha ganado numerosos Grammys entre otros premios. En 2005, recibió el premio National Medal for the Arts, presentado en la Casa Blanca por el presidente George Bush. En marzo fue honrado con el premio Living Jazz Legend.

Para más información acerca del festival Swing 'n Jazz de Rochester y para el horario de eventos, visita la página de Internet del Commission Project tcp-music.org.

1. ¿Qué anuncia este artículo?
   (C) Un músico cubano presentará en un festival de música y dará talleres a estudiantes.

2. Este festival celebra____años este año.
   (D) 10

3. Durante el festival, habrá…
   (D) clínicas subvencionadas por una organización que no gana dinero con ellas.

4. Lo bueno del Commission Project es que cada año pone a la disposición de las comunidades…
   (A) músicos profesionales para darles talleres a estudiantes de secundaria.

5. Paquito D'Rivera…
   (B) enseñará a jóvenes músicos durante el festival.

6. Según D'Rivera, lo mejor del Commission Project es de…
   (C) adelantar las artes y a las personas que participan en ellas.

7. Podemos decir que la vida profesional de Paquito D'Rivera…
   (A) ha sido muy exitosa.

«¡Esfuérzate para conseguir becas! Puedes pagar por tu educación superior si dedicas tiempo y esfuerzo a buscar ayuda» por María Neels, *The Next Step Magazine*, latino edition 2007, used with permission, Next Step Publishing, Inc., 86 W. Main Street, Victor, New York, 14564, page 11.

Nunca dudaba que yo iría a una institución de educación superior, pero siempre existía la pregunta tácita de #1 **cómo nos arreglaríamos para pagarla.**

Cuando (#2) **la familia de mi padre vino a este país, ya hace tres generaciones**, mi bisabuelo sólo había llegado al tercer grado. Trabajó muy duro para tener éxito, pero por lo general trabajaba hasta tarde en empleos muy exigentes físicamente. Su mayor deseo era que sus hijos al menos pudieran completar la etapa de la educación superior, porque (#3) **creía que la educación era la clave para una vida mejor.**

Entonces, mi abuela y sus cuatro hermanos se esforzaron por alcanzar la educación superior y luego también lucharon por obtener sus maestrías. (#4) **Mi padre y sus tres hermanos también obtuvieron títulos avanzados.** Pero cuando me llegó el momento de pensar en la vida después de la escuela secundaria, sabía que la educación superior no era una opción.

Durante la secundaria, mi familia tenía muy poco dinero. Mi padre era un empresario y yo era la menor de ocho hermanos. Si bien nos sentíamos bendecidos por tener una familia maravillosa y por poder contar con las cosas que realmente necesitábamos, como comida y una casa, teníamos muy poco dinero para extras.

Trabajé cerca de 30 horas por semana y (#5 + #6) **sabía que la mejor manera de llegar a la educación superior sin acumular deudas enormes era obtener buenas calificaciones, participar y solicitar becas.**

(#6) **Me volví muy activa durante la secundaria y tomé muchos roles de liderazgo. También practicaba tres deportes**, lo que me ayudaba a equilibrar todo lo demás.

Cuando llegó el momento de mi último año, tuve que tomar una decisión muy difícil. Se aproximaba la temporada de básquet y era mi último año. Sin embargo, si bien sabía que no podría acceder a una institución muy buena por medio del básquet, creía que sí podría lograrlo con mis calificaciones y mi participación. (#7) **Entonces tomé la decisión de dejar el básquet justo cuando descubrí que había llegado a mi último año. Fue muy difícil en ese momento**, pero sentí que me (#8) **ayudó para enviar las solicitudes para acceder a la educación superior y para las becas**, y también para resolver de qué manera financiaría mi educación.

1. La autora no dudaba que iría a la universidad, pero no sabía...
   (B) si tendría el dinero.

2. Podemos decir que la familia de esta señorita... los Estados Unidos.
   (D) lleva bastante tiempo en

3. Para el bisabuelo de la autora, la educación...
   (A) valía la pena.

4. El padre y los tíos de la autora...
   (B) obtuvieron una educación universitaria.

5. La única manera que la autora podría conseguir una educación universitaria era...
   (D) trabajar duro en los estudios para llegar a ser becaria.

6. En la secundaria, la autora...
   (B) se esforzó en los estudios, los deportes y en ser un líder.

7. ¿Cuál fue la decisión difícil que tuvo que tomar la autora en su último año?
   (C) Dejaría un deporte a favor de estudiar.

8. Gracias a su decisión, la autora...
   (B) pudo recibir una beca.

«Lucha por tu educación; Concéntrate y lograrás cumplir tus metas» por Juan Díaz, *The Next Step Magazine*, latino edition 2007, used with permission, Next Step Publishing, Inc., 86 W. Main Street, Victor, New York, 14564, pages 38–39.

Estoy viviendo mi sueño. (#1) **Pude acceder a la educación superior y también puedes hacerlo tú.** Los estudiantes de secundaria se enfrentan con muchos desafíos al considerar la educación superior. En la actualidad, "llegar al nivel deseado" puede resultar tan desalentador como intentar reunir todo el dinero necesario para ir a la universidad. Tan sólo para comprar los libros debes romper la chanchita. Yo lo sé bien. Vengo de una familia de muy bajos recursos. Mis padres, ambos de México, tienen que mantenerme a mí y a José, mi hermano menor.

Si bien mis padres iban a tomar trabajos extras, (#2) **sentía que iba a ser imposible para ellos solventar el valor de una carrera de cuatro años.** (#3) **Por lo tanto, decidí empezar a buscar de inmediato becas y subvenciones disponibles.** Lo más importante fue que decidí esforzarme sobre lo que podía controlar: mis calificaciones. Aunque no sabía exactamente qué carrera seguir, esperaba que la educación me permitiera hacer grandes contribuciones a la sociedad y enorgullecer a papá y mamá. Nadie en mi familia había llegado nunca a la etapa de la educación superior.

Mantuve un promedio general (GPA) de 3.8 en la secundaria. Además, gané un concurso de ensayos y me ofrecieron una subvención para minorías al presentar las solicitudes. (#4) **Sin embargo, eso equivalía a sólo un año de instrucción.** De todas maneras, estaba sorprendido de ver cómo mis esfuerzos iban a darme resultados.

Pero la historia continúa…

Cuando tenía 5 años de edad, mi familia se trasladó de una villa rural en México a Houston, Texas. (#5) **Mi padre siempre quiso ser boxeador profesional,** y para iniciarme en el deporte, me llevó al Willie Savannah's Boxing Club. Pasé la mayor parte de mi niñez y adolescencia formándome en la escuela y en el gimnasio. Fue una bendición que Savannah me tomara bajo sus alas. Se convirtió en un segundo padre para mí, un mentor. (#6) **La pasión natural y el instinto que tenía por el deporte no sólo llenaron de felicidad a Savannah y a mi padre, sino que además me permitieron aprender lecciones de la vida muy valiosas.** (#7) **El amor y el apoyo que siempre tuve a mi alrededor me ayudaron a aprender la importancia de la esperanza, el respeto y el esfuerzo.** Éstas son las cualidades que representa mi apodo "Baby Bull".

En el año 2000, durante mi último año de escuela secundaria, me convertí en boxeador profesional y (8) **los ingresos que empecé a tener rápidamente me descalificaron para cualquier tipo de asistencia financiera.** Afortunadamente, planifiqué y me organicé. La combinación de subvenciones, becas e ingresos me permitió acceder a la educación superior.

Hoy estoy en mi primer año de esta nueva etapa y soy Campeón Mundial de Peso Liviano de la WBA (Asociación Mundial de Boxeo).

(#9) **Aliento a los estudiantes de escuela secundaria para que no pierdan las esperanzas. Si yo pude hacerlo, tú también puedes.**

Planifica y persevera… vale la pena.

1. En el primer párrafo, el autor indica que una educación universitaria…
   (B) está al alcance de todos.

2. Para el autor, la ayuda financiera de sus padres…
   (D) era imposible.

3. Lo más importante para el autor era…
   (B) conseguir el dinero necesario.

4. Aunque mantenía notas altas, ganó un concurso y una subvención para minorías…
   (B) tenía sólo suficiente dinero para un año.

5. ¿Cuál era un deseo que tenía el padre del autor?
(A) participar profesionalmente en un deporte

6. La inclusión del boxeo en la vida del autor…
(D) le enseñó cosas útiles sobre la vida.

7. El autor atribuye su éxito…
(C) al respaldo que recibió.

8. Al convertirse en boxeador profesional, el autor ganaba más dinero, …
(A) pero por eso no podía recibir ayuda financiera.

9. Cuando el autor dice a los estudiantes que «no pierdan las esperanzas», él se refiere…
(A) a una educación universitaria. (If he could do it, so could you… get his university education.)

«Una medalla de bronce» por Álvaro de Laiglesia. *Galería Hispánica,* **Copyright © McGraw-Hill, 1979. Used with permission.**

(#1) **Una noche, después de avanzar durante todo el día sin encontrar resistencia, mi pelotón se refugió en una casucha abandonada.** Éramos seis hombres al mando de un cabo. (#2) **Estábamos cansadísimos y nos quedamos profundamente dormidos. Tan profundamente, que al amanecer nuestra compañía recibió la orden de retirarse y nosotros no nos enteramos.** A la mañana siguiente, nos despertó un tiroteo: (#3) **estábamos aislados del resto de nuestras fuerzas** y el enemigo había rodeado la casucha. Nos defendimos disparando desde las ventanas durante todo el día. (#4) **Por fortuna, los atacantes eran escasos y malos tiradores.** Al anochecer una patrulla llegó a liberarnos y (#5) **el capitán nos echó una bronca por habernos dormido.** Pero como luego (#6) **resultó que aquella casucha era un punto estratégico, el propio capitán no tuvo más remedio que condecorarnos por haberla defendido.**

1. El escenario que se presenta en este trozo es…
(A) de una guerra.

2. ¿Por qué no recibieron el mensaje para retirarse?
(A) No se despertaron.

3. ¿Qué les ocurrió la mañana siguiente?
(C) Se encontraban separados de los suyos.

4. ¿Por qué tenían suerte los hombres?
(A) Los atacantes no apuntaban muy bien.

5. Parece que el capitán…
(A) estaba furioso con ellos.

6. ¿Por qué recibieron una medalla de bronce?
(D) por su defensa de un lugar importante

«Manuel» por Pedro Villa Fernández. *Galería Hispánica,* **Copyright © McGraw-Hill, 1979. Used with permission.**

Manuel era el indio más popular de un pequeño pueblo que se hallaba entre las montañas a unas cien millas al sur de Ciudad Bolívar. Allí vivía con un pequeño grupo de seres humanos (#1) **inconscientes todos de su pobreza,** rodeados de relativa libertad y abundancia de miseria, hablando una mezcla de español e indio, medio desnudos, con el pelo y las uñas largas, los pies grandes y duros como piedras, los labios secos, (#2) **la inteligencia atrofiada** y el instinto tan despierto como el de un animal de la selva.

Todos se parecían, física y psicológicamente, todos menos Manuel, quien tenía algo diferente. (#3) **Había una luz en sus ojos y en su mente.** (#4) **Parecía menos indio que los demás. Su piel era más blanca. Era más alto. Hablaba español mucho mejor. Tenía una imaginación viva.** Manuel tocaba una pequeña guitarra que siempre llevaba consigo, y cantaba canciones que los demás indios jamás habían oído. Había venido al pequeño pueblo cuando tenía unos catorce años. (#5) **¿De dónde? <<De allá>>, era todo, lo que les decía que muy lejos.** ¿Quiénes eran sus padres? No lo sabía. Así fue que el chico vino a formar parte del pequeño grupo de indios que (#6) **lo recibieron con gusto, pues traía una guitarra y cantaba como un ángel.**

1. Los indios con quienes vivía Manuel…
   (B) no se daban cuenta de su estado.

2. La inteligencia de estos indios era…
   (B) estancada.

3. ¿Qué tenía Manuel que no tenían los otros?
   (A) una inteligencia viva

4. Parece que Manuel probablemente procedía de…
   (C) un pueblo de ascendencia europea.

5. La mejor palabra para describir el origen de Manuel sería…
   (A) desconocido.

6. El encanto de Manuel para los indios era…
   (B) su talento musical.

Scoring and Interpreting Your Results

Once you have taken the Practice Exam, look to see what sections were more difficult for you.

- If you found a certain section to be more difficult, do extra practice on those types of questions:

  Section I
  ○ Part A: Chapter 5 (Listening Comprehension)
  ○ Part B: Chapter 6 (Reading Comprehension)

  Section II
  ○ Part A: Chapter 7 (Interpersonal Writing)
  ○ Part A: Chapter 8 (Presentational Writing/Integrated Skills)
  ○ Part B: Chapter 9 (Interpersonal Speaking: Simulated Conversation)
  ○ Part B: Chapter 10 (Presentational Speaking/Integrated Skills)

Here is a way you can see how you might have done if this had been the actual examination. This is *not* scientific and the results *do not* guarantee that you will do similarly on the actual examination.

Section I

Part A: Listening _____ (number correct) × .20 = _____
                          26*

(*Take the number correct out of 26 and subtract .33 × the number of wrong answers, then divide by 26, and finally multiply by .20. An extra 33 percent is taken off to account for random guessing; therefore, unless you have some idea as to the correct answer, it is better to leave it blank than to guess!)

Part B: Reading _____ (number correct) × .30 = _____
                        36*

(*Take the number correct out of 36 and subtract .33 × the number of wrong answers, then divide by 36, and finally multiply by .30. An extra 33 percent is taken off to account for random guessing; therefore, unless you have some idea as to the correct answer, it is better to leave it blank than to guess!)

Section II

Part A: Writing _____ (rubric score) × .10 = _____
                        5

Part A: Writing _____ (rubric score) × .20 = _____
                        5

Part B: Speaking _____ (rubric score) × .10 = _____
                        5

Part B: Speaking _____ (rubric score) × .10 = _____
                        5

Total score for Sections I and II = _____

Total score for Sections I and II × 180 = _____

Score		Rubric Score		Letter Grade
135–180	=	5	=	A
115–134	=	4	=	B
85–114	=	3	=	C
63–84	=	2	=	D
0–62	=	1	=	no recommendation

AP Spanish Language Practice Exam 2

- Take this examination, following all instructions carefully.
- For the listening comprehension and the directed-response questions, you will find the listening prompts on the accompanying recording.
- Use scrap paper to do this examination so that later, if you wish, you can retest yourself to check your progress.
- Remember to use the strategies presented in Step 3 when taking the examination.
- Correct your work using the keys provided at the end of the test along with the listening and speaking scripts.
- When you have corrected the exam, you might want to look up any words you did not know to add to your personal vocabulary list.
- Keep track of the type of question(s) that you are missing and focus your review on practicing more of these types.

¡Buena suerte!

SECTION I
LISTENING COMPREHENSION AND READING

For this section of this practice examination, you will have approximately 75 minutes (30 minutes for listening and 45 minutes for reading). Section I counts for 50 percent of your grade (20 percent for listening and 30 percent for reading).

Section I, Part A
Listening Comprehension

In this part of the examination, you will hear a short dialogue, a short narrative, and then a longer dialogue and a longer narrative each lasting about 5 minutes. You will be asked questions about each listening passage. For the short dialogue and the short narrative, the questions will be read to you, but they will not appear in your test booklet. You will see only the answer choices for each question. For the longer dialogue and longer narrative, both the questions and the answer choices will be printed in your test booklet. The total time allowed for this part of the examination is approximately 30 minutes. Listening comprehension will count for 20 percent of your total grade.

For this part of the examination, you will find the listening tracks on the accompanying recording. Scripts for the passages and questions can be found on pages 247–252. Mark your answers by circling the letter of your choice.

- In the moments before the speaker starts, try to glance at the possible answers for the short dialogue or short narrative to get an idea of what you should listen for.
- While the narrator is speaking, give your full attention to what is being said.
- Listen carefully as the narrator reads the questions about the short dialogue and short narrative; remember that the questions for these are not printed in your test booklet. (The questions for the longer dialogue and longer narrative are, however, printed in your booklet.)
- As with any multiple-choice test, if the answer does not come to you, try to eliminate some of the choices. This increases your chances of choosing the right answer.
- Remember that on Section I you should not make random guesses. If you have no idea, leave the question blank. An additional 33 percent is taken off for incorrect answers as a penalty for guessing.

KEY IDEA

- Once you have completed the practice exam, you may wish to read over the scripts and make a list of words that you did not know. Look these up, make flash cards for them, and review them during the months leading up to the examination.
- You may wish to use scrap paper; that way, you can later come back to this test and redo it to check your progress.
- If you have a particularly difficult time with this part of the exam, you should be sure to practice Chapter 5 very carefully, taking notes from the scripts after each practice.

Section I, Part A
Short Dialogue

1. (A) su bolsillo.
   (B) su bolso.
   (C) su maletín.
   (D) su maleta.

2. (A) su bolso.
   (B) su maleta.
   (C) su maletín.
   (D) su bolsillo.

3. (A) los billetes
   (B) el maletín
   (C) los cheques de viajero
   (D) la tarjeta de crédito

4. (A) para sacar dinero de cajeros automáticos
   (B) para pagar todos los gastos
   (C) para comprar cheques de viajero
   (D) por la seguridad que la tarjeta de crédito ofrece

5. (A) recibirán la mejor tasa de cambio.
   (B) es más fácil que cobrar un cheque de viajero.
   (C) es más seguro.
   (D) no tendrán que pagar extra por cobrar los cheques de viajero en las tiendas y los bancos.

Section I, Part A
Short Narrative

1. (A) la ignorancia.
   (B) la falta de necesidad.
   (C) que no había muchos extranjeros.
   (D) que el inglés es nuestro idioma oficial.

2. (A) mejores oportunidades.
   (B) la falta de comida.
   (C) problemas en sus países.
   (D) una mejor educación.

3. (A) muchas compañías quieren vender a este nuevo mercado.
   (B) el español es nuestro segundo idioma oficial.
   (C) hay una crisis económica.
   (D) hay una crisis política.

4. (A) hay más actores hispanos.
   (B) hay más artistas hispanos.
   (C) hay más cantantes hispanos.
   (D) hay más cantantes hispanos que quieren cantar en las dos lenguas.

5. (A) hay más publicidad en español.
   (B) los hispanohablantes forman la minoría más grande ahora.
   (C) la mayoría de los estudiantes que estudian una lengua extranjera estudian el español.
   (D) es nuestra segunda lengua oficial.

TRACK 47

Section I, Part A
Longer Dialogue

In this next section, you will hear a longer dialogue that will be about 5 minutes in length. In the space provided, you may take notes in English or Spanish; these will not be graded. You will now have 2 minutes to look at the questions and possible answers.

Notes on Longer Dialogue:

Longer Dialogue

1. ¿Cuál es el problema?
   (A) Compró un producto que no quiere.
   (B) Quiere devolver algo.
   (C) Quiere cambiar algo.
   (D) Lo que compró no funciona como se debe.

2. ¿Con qué tiene problema?
   (A) con la recepción
   (B) con el color
   (C) con la marca
   (D) con la música que toca

3. ¿Por qué no puede ayudarle a la cliente el dependiente?
   (A) El chico lo rompió.
   (B) No se vende este modelo en la tienda.
   (C) No hacen las reparaciones allí.
   (D) Costará más repararlo que comprar otro.

4. ¿Cuál es el problema si la muchacha quiere que la tienda lo repare?
   (A) No tiene suficiente dinero para pagarlo.
   (B) No puede esperar tanto tiempo para las reparaciones.
   (C) No será posible repararlo.
   (D) No hacen reparaciones ni ofrecen este servicio.

5. ¿Por qué no puede prestarle el dependiente otro a la muchacha?
   (A) El artículo prestado puede ser dañado donde él quiere llevarlo.
   (B) Lo necesita para una fiesta.
   (C) No hay electricidad donde él va a estar.
   (D) Vuelve a su país este fin de semana.

6. ¿Cómo se resuelve la situación?
   (A) El chico compra otro.
   (B) El dependiente le devuelve el dinero.
   (C) El dependiente lo arregla.
   (D) Con el recibo el dependiente puede cambiar el uno por el otro.

7. ¿Qué va a hacer la tienda con el producto defectuoso?
   (A) repararlo
   (B) devolverlo a la compañía
   (C) echarlo a la basura
   (D) mandarlo a un taller de reparaciones

LISTEN

TRACK 47

Section I, Part A
Longer Narrative

In this next section, you will hear a longer narrative that will be about 5 minutes in length. In the space provided, you may take notes in English or Spanish; these will not be graded. You will now have 2 minutes to look at the questions and possible answers.

Notes on Longer Narrative:

Longer Narrative

1. ¿Cuál fue el gran empuje para el desarrollo del cine español?
   (A) la inversión de dinero de Hollywood
   (B) la dirección de la dictadura
   (C) la restauración de la democracia
   (D) el gran número de actores de talento

2. ¿Quién era Antonio Gades?
   (A) el primer bailarín clásico español
   (B) el primer bailarín flamenco español
   (C) un director de cine español
   (D) un escritor de cine español

3. ¿Qué historia cuenta en parte la película *Bodas de sangre*?
   (A) la historia de la vida de Gades
   (B) la historia de la vida de Saura
   (C) la historia de la vida de un autor francés
   (D) la historia de la vida de Manuel de Falla

4. ¿Cuál es la historia contada por medio de música y baile sin diálogo?
   (A) *El amor brujo*
   (B) *Carmen*
   (C) *Bodas de sangre*
   (D) *Tango*

5. ¿Cuál es una historia psicológica donde la vida de los actores paralela la vida de los protagonistas?
   (A) *El amor brujo*
   (B) *Tango*
   (C) *Bodas de sangre*
   (D) *Carmen*

6. ¿Qué es lo que pasa al final de *Carmen*?
   (A) Gades mata a la bailarina Carmen de verdad.
   (B) No sabemos si el asesinato de Carmen es real o parte del ensayo.
   (C) Don José mata a la protagonista Carmen como parte del ensayo.
   (D) Nadie se muere.

7. ¿En qué película transcurre la acción en el mundo de los gitanos?
   (A) *El amor brujo*
   (B) *Bodas de sangre*
   (C) *Tango*
   (D) *Carmen*

8. ¿Qué es lo genial de la obra de Carlos Saura?
   (A) Superó a la censura española.
   (B) Ha trabajado en España y en la Argentina.
   (C) Ha ganado un Premio Óscar.
   (D) Cuenta una historia por medio de música y baile.

9. ¿Cuáles son las dos
   películas en que la
   vida amorosa de los
   protagonistas se mez-
   cla con la obra?
   (A) *Tango* y *Carmen*
   (B) *Carmen* y *Bodas
       de sangre*
   (C) *Bodas de sangre* y
       Tango
   (D) *El amor brujo* y
       Carmen

Section I, Part B
Reading Comprehension

In this section of the test you will need to read some passages and answer some multiple-choice questions about their content. Give yourself 45 minutes.

- Set a timer for 45 minutes.
- Look at the questions first.
- Read through once and underline or star with your pen or pencil where you think the answers are found.
- Reread the questions.
- Reread the passage and answer the questions.

Fuente: *The Next Step Magazine*, latino edition 2007 por Rachel Sokol, Next Step Publishing, Inc., Victor, New York, www.nextstepmag.com. Used with permission.

Es difícil pasar de la escuela secundaria, donde tienes un grupo sólido de amigos que te apoyan, a una institución de educación superior donde eres un extraño rodeado de extraños. Extrañarás a tus amigos y a tu familia. Extrañarás las salidas con la gente de tu escuela secundaria local. Sin embargo, conocerás a un montón de gente nueva en esta etapa.

Estudiantes y asesores de los recintos universitarios, o sea campus, de todas partes de los Estados Unidos dieron su opinión a *Next Step* sobre cómo adaptarse a este nuevo escenario. Aquí podrás ver lo que nos contaron.

Involúcrate

≪Conocer a los diferentes administradores y profesores del campus puede abrir las puertas para oportunidades laborales, es un gran recurso y permite generar maravillosas amistades,≫ afirma Iris Michelle Delgado, estudiante de la Universidad de Cornell. ≪Nunca tengas miedo de reconocer que no sabes algo. Tu experiencia en esta etapa se va a ver muy debilitada si piensas que hacer preguntas puede hacerte ver incompetente.≫

Aprovecha de los profesores

Debra Castillo, miembro del cuerpo de profesores de la Universidad de Cornell, aconseja aprovechar de los profesores y miembros del personal de la institución. ≪Hay gente maravillosa y comprensiva entre los miembros del personal. Tienen una amplia base de conocimientos y una gran sensibilidad cultural y, por lo general, pueden ser la fuente de consultas esencial de los estudiantes. Los miembros del profesorado nos dedicamos a formar y acompañar a gente joven, por lo tanto, deberían recurrir a nosotros más frecuentemente.≫

Escúchate a ti mismo

Durante toda la experiencia de la educación superior, los amigos y la familia seguramente te brindarán muchos consejos sobre las clases, el dinero, los amigos y las relaciones.

≪Escucha los consejos de tu familia, pero no olvides que serás tú quien deberás vivir con las decisiones que tomes,≫ afirma Delgado.

Mantente en contacto

≪Mantente en contacto con tu familia y amigos por todos los medios que te parezcan necesarios, pero también debes darle una oportunidad a tu nueva vida en el campus,≫ sostiene Lourdes Laguna, estudiante de la Universidad de Tufts.

Debes estar abierto a probar cosas nuevas y manejar nuevas experiencias. Después de todo, es parte de tu crecimiento.

Piensa en la profundidad de tus decisiones

Ferry Ortiz, estudiante del Hamilton College comenta que es necesario pensar muy bien las decisiones que uno toma. No te precipites cuando estás enojado. ≪Debes pensar antes de actuar, porque tus decisiones pueden volverse contra ti y perjudicarte,≫ recomienda el estudiante.

Aprende cómo actuar en situaciones sociales

El poder desarrollar buenas habilidades sociales en esta etapa tendrá muchas ventajas en el mundo real. Por ejemplo, si quieres ser abogado o trabajar en relaciones públicas, conocerás y trabajarás con toda clase de personas.

¿Te está resultando difícil generar vínculos con la gente nueva en tu entorno ?No temas recurrir a otros para que te ayuden.

≪Conoce los recursos disponibles y aprende dónde y cuándo buscar ayuda. Muchos de nosotros provenimos de entornos en los que pedir ayuda o reconocer que te sientes estresado y sobrepasado se interpreta como debilidad o no se ve bien,≫ afirma Benjamín Ortiz, miembro del profesorado y asesor de la Universidad de Cornell.

Participa

Los amigos no caen del cielo. ≪No te aísles. Trabaja mucho para hacer amigos y generar una comunidad, una familia. La transición será más fácil una vez que sientes tus raíces y comiences a sentir que perteneces a este nuevo lugar,≫ comenta Ruben Stern, miembro del profesorado de la Universidad de Tufts.

1. Según este artículo, quizá la cosa más difícil en cuanto a la transición a la universidad sea…
   (A) acostumbrarse al nivel de los cursos.
   (B) acostumbrarse a la vida en las residencias estudiantiles.
   (C) acostumbrarse a la falta de apoyo de los familiares.
   (D) acostumbrarse a la comida y las horas.

2. La mejor manera de responder a esta dificultad es…
   (A) participar para mejor conocer a la gente allí.
   (B) tratar de ponerse en contacto con tu compañero de cuarto antes de ir a la universidad.
   (C) averiguar si hay distintos niveles de programas para la comida.
   (D) pedirles a los profesores que te ayuden cuando tengas dificultades.

3. Es importante conocer a los profesores y otros que trabajan en la universidad porque…
   (A) si te conocen, te irá mejor para ti.
   (B) son ellos que te ponen las notas.
   (C) sus padres no estarán al alcance.
   (D) pueden ser recursos para los estudiantes.

4. El conocer bien a la administración y los profesores también puede ser útil en…
   (A) facilitar el encuentro de trabajo.
   (B) abrir las puertas para mejores notas.
   (C) hacer amigos.
   (D) superar la nostalgia que muchos se sienten al ir a la universidad.

5. Según el artículo, es mejor…
   (A) no hacerles preguntas porque van a pensar que eres débil e incompetente.
   (B) hacer preguntas para poder madurar y avanzar.
   (C) mantener un contacto regular con tu familia y tus antiguos amigos.
   (D) no mantener un contacto regular con tu familia y tus antiguos amigos.

6. Los padres, amigos y profesores pueden darte consejos, pero siempre es importante…
   (A) tener en cuenta lo que te dice tu asesor.
   (B) tener en cuenta lo que tú mismo piensas.
   (C) tener en cuenta quienes te dan el dinero para ir a la universidad.
   (D) tener en cuenta la profesión que sigues.

7. Una cosa esencial para tener éxito en el futuro después de la universidad es…
   (A) desarrollar las destrezas profesionales necesarias.
   (B) establecer vínculos con la gente nueva.
   (C) aprender cómo comportarte en una variedad de situaciones.
   (D) controlar el estrés.

8. Un buen título para este artículo sería…
   (A) Cómo separarse de la familia.
   (B) Cómo buscar ayuda.
   (C) Cómo pensar antes de actuar.
   (D) Cómo adaptarse.

Romance de lobos por Ramón del Valle-Inclán, pages 113–114.

El Caballero —¡Mar, tus olas no se abrieron para tragarme!… ¡Quisiste aquellas vidas y no quisiste la mía! ¡Si me tragases, mar, y no arrojases mi cuerpo a ninguna playa!

¡Si me sepultases en tu fondo y me guardases para ti!… ¡No me quisiste aquella noche, y soy más náufrago que esos cuerpos desnudos que bailan en tus olas!… ¡Tengo la pobreza y la desnudez y el frío de un náufrago! ¡No sé adónde ir!… ¡Si la muerte trata, pediré limosna por los caminos!… ¡Y el mar, aquella noche, pudo caer sobre mi cuerpo, como la tierra de la sepultura, y no me quiso!… ¡Ya soy pobre! ¡Todo lo he dado a los monstruos! ¡Mi alma en otra vida, aquella vida de que huyo, también fue un mar, y tuvo tormentas, y noches negras, y monstruos que habían nacido de mí! ¡Ya no soy más que un mendigo viejo y miserable! ¡Todo lo he repartido entre mis hijos, y mientras ellos se calientan ante el fuego encendido por mí, yo voy por los caminos del mundo, y un día, si tú no me quieres, mar, moriré de frío al pie de un árbol tan viejo como yo! ¡Las encinas que plantó mi mano no me negarían su sombra, como me niegan su amor los monstruos de mi sangre!…

1. El protagonista de esta selección…
   (A) sobrevivió un naufragio.
   (B) sobrevivió un robo.
   (C) sobrevivió un accidente de caballo.
   (D) sobrevivió un ataque.

2. ¿Por qué preferiría él morir a sobrevivir?
   (A) No tenía nada.
   (B) Los compañeros se le habían muerto.
   (C) Estaba tan mal herido.
   (D) Perdió todo que tenía en el incidente.

3. «Los monstruos» a que se refiere el protagonista eran…
   (A) sus amigos.
   (B) las olas del mar.
   (C) los caminos.
   (D) sus hijos.

4. ¿Por qué se encontraba el protagonista en tal estado de pobreza?
   (A) Había perdido todo en el mar.
   (B) Les había dado todo a sus niños.
   (C) Había perdido el único trabajo que tenía.
   (D) Se había quedado lastimado.

5. ¿Quiénes serían más fieles al protagonista?
   (A) unos árboles que había plantado
   (B) sus propios hijos que le habían cuidado
   (C) las olas del mar que le habían salvado la vida
   (D) los monstruos que no le habían matado

Los pazos de Ulloa por Emilia Pardo Bazán

Y en efecto, le fueron enseñadas al marqués de Ulloa multitud de cosas que no le importaban mayormente. Nada le agradó, y experimentó mil decepciones, como suele acontecer a las gentes habituadas a vivir en el campo, que se forman del pueblo una idea exagerada. Pareciéronle, y con razón, estrechas, torcidas y mal empedradas las paredes, viejos y ennegrecidos los edificios, pequeño de circuito de la ciudad, postrado su comercio y solitarios casi siempre sus sitios públicos; y en cuanto a lo que de un pueblo antiguo puede enamorar a un espíritu culto, los grandes recuerdos, la eterna vida del arte conservada en monumentos y ruinas, de eso entendía don Pedro lo mismo que de griego o latín. ¡Piedras mohosas! Ya le bastaban las de los pazos. Nótese cómo un hidalgo campesino, de muy rancio criterio, se hallaba al nivel de los demócratas más vandálicos y demoledores. A pesar de conocer Orense y haber estado en Santiago cuando niño, discurría y fantaseaba a su modo lo que debe ser una ciudad moderna: calles anchas, mucha regularidad en las construcciones, todo nuevo y flamante, gran Policía, ¿qué menos puede ofrecer la civilización a sus esclavos?

1. El marqués de Ulloa se quedó…
   (A) muy impresionado con todo lo que veía.
   (B) no muy impresionado con todo lo que veía.
   (C) fastidiado con todo lo que veía.
   (D) muy emocionado con todo lo que veía.

2. El marqués era un señor…
   (A) del campo.
   (B) de la ciudad.
   (C) de la capital.
   (D) del pueblo.

3. Para él, la ciudad parecía…
   (A) noble.
   (B) comercial.
   (C) histórica.
   (D) pobre.

4. La autora indica que el marqués era un hombre…
   (A) instruido.
   (B) torpe.
   (C) curioso.
   (D) refinado.

5. Para el marqués, su ideal de lo que debía ser una ciudad era…
   (A) antigua e histórica.
   (B) nueva.
   (C) como Orense y Santiago.
   (D) tal como la que visitaba.

Doña Perfecta por Benito Pérez Galdós

Después de media hora de camino, durante la cual el señor don José no se mostró muy comunicativo, ni el señor Licurgo tampoco, apareció a los ojos de entrambos apiñado y viejo caserío asentado en una loma, del cual se destacaban algunas negras torres y la ruinosa fábrica de un despedazado castillo en lo más alto. Un amasijo de paredes deformes, de casuchas de tierra pardas y polvorosas como el suelo, formaba la base, con algunos fragmentos de almenadas murallas, a cuyo amparo mil chozas humildes alzaban sus miserables frontispicios de adobes, semejantes a caras anémicas y hambrientas que pedían una limosna al pasajero. Pobrísimo río ceñía, como un cinturón al pasar algunas huertas, única frondosidad que alegraba la vista. Entraba y salía la gente en caballerías o a pie, y el movimiento humano, aunque escaso, daba cierta apariencia vital a aquella gran morada, cuyo aspecto arquitectónico era más bien de ruina y muerte que de prosperidad y vida. Los repugnantes mendigos que se arrastraban a un lado y otro del camino pidiendo el óbolo del pasajero, ofrecían lastimoso espectáculo. No podían verse existencias que mejor encajaran en las grietas de aquel sepulcro donde una ciudad estaba, no sólo enterrada, sino también podrida. Cuando nuestros viajeros se acercaban, algunas campanas, tocando desacordemente, indicaron con su expresivo son que aquella momia tenía un alma.

1. Durante la primera parte del viaje, los dos viajeros…
   (A) se hablaban mucho.
   (B) el señor Licurgo hablaba mucho.
   (C) don José hablaba mucho.
   (D) no se hablaban el uno al otro.

2. El pueblo que apareció a sus ojos…
   (A) tenía un aspecto pintoresco.
   (B) tenía un aspecto vivo.
   (C) tenía un aspecto pobre.
   (D) tenía un aspecto real.

3. Lo que daba vida a este poblado era…
   (A) las huertas.
   (B) el río.
   (C) su aspecto de prosperidad.
   (D) las personas que salían y venían.

4. La gente de este pueblo parecía ser…
   (A) pobre.
   (B) rica.
   (C) adinerada.
   (D) contenta.

5. El latido del corazón de este pueblo venía…
   (A) de las campanadas de las iglesias.
   (B) del ir y venir de la gente.
   (C) del sonido del río.
   (D) de los caballos.

6. «La momia» que se menciona al final es…
   (A) el campo.
   (B) la ciudad.
   (C) el camino.
   (D) el señor Licurgo.

7. Se puede decir que la escena descrita es…
   (A) alegre.
   (B) deprimida.
   (C) rica.
   (D) noble.

«¿Te molesta esto? Entonces di algo» por Julio Sáenz, editor y gerente de ConXion, la edición mensual en español del *Democrat and Chronicle*, Rochester, New York. Used with permission.

¿Te molesta que muchos jóvenes hispanos de nuestra ciudad abandonen la escuela?

¿Te molesta que tus propios hijos sean estudiantes con honores pero aún así son clasificados junto con la mayoría como estudiantes de bajo rendimiento cuando no lo son?

¿Te molesta ser nombrado hispano cuando las raíces y cultura de tus antepasados tienen nombres específicos?

¿Crees que necesitamos líderes jóvenes o liderazgo veterano?

Si una persona más asume que eres experto en salsa sólo porque tu apellido es Rodríguez, ¿gritarías?

Si alguno de estos temas origina alguna opinión en tu mente, entonces compártela. Nuestra edición de enero marca la llegada de nuestra nueva sección de conversaciones comunitarias llamada "Tu voz", y todos en la comunidad pueden enviar sus cartas al editor.

El debate de inmigración y las elecciones del 2006 mostraron a la nación que nuestra opinión cuenta. El número de temas depende de ti porque todos los asuntos son asuntos latinos.

1. Este anuncio tiene que ver con…
   (A) suposiciones erróneas.
   (B) los estudiantes que dejan sus estudios.
   (C) estudiantes con problemas académicos.
   (D) el seguimiento académico.

2. El tercer párrafo refiere al hecho de que la denominación «hispana»…
   (A) es adecuada.
   (B) es inadecuada.
   (C) es precisa.
   (D) es útil.

3. Este anuncio anima a la gente a expresar su opinión en…
   (A) un programa de radio.
   (B) un programa de televisión.
   (C) una revista.
   (D) un foro.

4. En el último párrafo, cuando dice «nuestra opinión cuenta», ¿a qué se refiere?
   (A) a la comunidad hispana
   (B) a la opinión del editor
   (C) a la comunidad en general
   (D) a la opinión de «Tu voz»

5. La voz de la comunidad se ha mostrado importante en…
   (A) los debates nacionales.
   (B) los debates de la comunidad.
   (C) el voto del 2006.
   (D) los asuntos latinos.

6. El número de temas que se tratarán depende…
   (A) de las cuestiones más importantes del momento.
   (B) de las cuestiones propuestas por la comunidad.
   (C) de las cuestiones que tienen que ver con la inmigración.
   (D) del tiempo y espacio disponibles.

Adoptado del artículo «La salud de los hispanos, mezcla de tradiciones y genética» por Diana Chapoy-Callahan, prensa, ConXion, la edición mensual en español del *Democrat and Chronicle*, Rochester, New York. Used with permission.

Es difícil hablar de la comunidad hispana como un ente en general cuando se trata de términos médicos. Existen numerosas características que hacen a sus miembros diferentes de acuerdo al país de procedencia.

Cada país hispanohablante tiene sus propias características y necesidades dependiendo del área geográfica y de su historia, por lo que nos hace diferentes e incomparables en muchos aspectos.

"Todos (hispanos) somos diferentes, y lo único que nos mantiene unidos es el idioma, con todas sus variaciones", menciona Carlos Jiménez-Rueda médico general quien vino de Paraguay en 1957. "Nosotros (hispanos) no somos una comunidad monolítica, es lo más heterogéneo que puedes encontrar".

1. En cuanto a la medicina, la comunidad hispana es…
   (A) homogénea.
   (B) heterogénea.
   (C) igual en todos los aspectos.
   (D) muy parecida en todos los aspectos.

2. Lo que puede influir en las condiciones médicas de la gente tiene mucho que ver con…
   (A) su origen.
   (B) su dieta.
   (C) su origen y su historia médica.
   (D) su origen y su nacionalidad.

3. Lo que sí une a la comunidad hispana es…
   (A) su origen.
   (B) su raza.
   (C) su historia.
   (D) su lengua.

4. La comunidad hispana en los EE.UU.…
   (A) no es muy diversa.
   (B) es muy diversa.
   (C) es más semejante que diferente.
   (D) es mayormente del Caribe.

SECTION II
FREE RESPONSE
WRITTEN EXPRESSION AND SPEAKING

You are given approximately a total of 1 hour and 25 minutes to do Section II of the examination (10 minutes for the interpersonal writing, approximately 55 minutes for the presentational writing, and approximately 20 minutes for the interpersonal and presentational speaking portions). Section II is worth 50 percent of the examination (30 percent writing and 20 percent speaking).

Section II, Part A
Written Expression: Interpersonal Writing

In this part of the examination, you will need to write an e-mail message, a letter, a journal entry, or a postcard. You are given 10 minutes to read the prompt and write your response.

- Read the prompt carefully to see what type of message you need to write (e-mail, letter, journal entry, postcard).
- Decide in what tense to write the passage (present, past, future, and so on).
- Determine to whom the communication is directed; is it familiar (*tú, ustedes, vosotros*) or formal (*usted, ustedes*)?
- Keep in mind the TYPE of communication (a letter is different from an e-mail, a postcard is different from a journal entry).

- Do not forget the salutation (*Querido[a], Muy amigo[a] mío[a], Estimado[a] Señor[a]*).
- Do not forget an appropriate closing (*Un abrazo de, Un abrazo fuerte de, Recibe un abrazo fuerte de, Con cariño, Atentamente*).
- Be sure to look over the rubric at the end of Chapter 7, pages 115–116, to see how you will be graded.

Escribe una carta breve. Imagina que un/a amigo/a tuyo/a te ha pedido ayuda con un problema. Escribe una carta breve y…

- salúdalo/la
- identifica el problema que fue mencionado
- dale unas opciones para resolverlo
- dile lo que tú harías
- despídete

Section II, Part A
Written Expression: Presentational Writing

In this part of the examination, you will need to write an essay based on three sources, two printed and one audio. You will have 7 minutes to read the printed material. Then you will have 3 minutes to listen to the audio material, on which you should take notes. After you have heard the audio source, you will have 5 minutes to organize your thoughts. Then you will have 40 minutes to write your essay.

- Read the prompt carefully to see what your essay topic will be about.
- Decide in what tense to write the passage (present, past, future, and so on).
- While reading the two printed prompts you may wish to underline key ideas.
- Be sure to take notes while you listen to the audio source.
- You must CITE all three sources appropriately in your essay.
- Higher scores are awarded to essays in which you compare and contrast the information provided. Lower scores are awarded for just simply restating or summarizing the sources.
- Be sure to look over the rubric at the end of Chapter 8, pages 150–151, to see how you will be rated.

Fuente: Ésta se informó de ≪El grito de Dolores Hidalgo≫, http://www.ensubasta.com/ mx/el_grito_de_dolores_hidalgo.htm

Fuente Nº 1
El grito de Dolores Hidalgo

Casi a lo largo de la historia del ser humano hemos tenido varias fiestas y festivales para celebrar una variedad de cosas. Originalmente éstos tenían que ver con el hombre y su relación con la naturaleza y el universo. Los antiguos celebraban los equinoccios que tenían que ver con el cambio de las estaciones y el movimiento del sol y de los astros. Luego los griegos y los romanos continuaron estas celebraciones ampliándolas y asociándolas con varios dioses que representaban elementos esenciales de la naturaleza y el deseo de explicar el origen del ser humano. Al llegar a la época cristiana, la iglesia, para facilitar la conversión de los ≪paganos≫ a la nueva fe, adoptaron ciertas celebraciones paganas que celebraban la naturaleza y las convirtieron en celebraciones de aspecto religioso. Con el advenimiento de reinos y naciones, algunas fiestas se establecieron con motivos políticos, como para celebrar la independencia, los héroes nacionales y las victorias en la guerra. Una de este índole es ≪El grito de Dolores Hidalgo≫.

En el año 1810, cuando el territorio mexicano todavía se llamaba ≪Nueva España≫, un cura católico en el poblado de Dolores hizo tocar las campanas para llamar a la gente a la iglesia. En vez de ser para la misa de la mañana, la había llamado para declarar la independencia de México con gritos de ≪¡Viva México!≫ y ≪¡Viva la Virgen de Guadalupe!≫. Y así es cómo comenzó la guerra de independencia mexicana.

Desgraciadamente el sueño de Hidalgo y otros no se realizó hasta después de su muerte. Hidalgo y sus seguidores fueron fusilados el 30 de julio de 1811 pero con ellos se plantó la semilla que iba a dar el fruto de una nación nueva e independiente. En memoria de Hidalgo y sus partidarios, cada 16 de septiembre la República Mexicana comienza su celebración de la independencia en el Zócalo de la Ciudad de México, enfrente del Palacio Nacional, cuando el presidente sale al balcón y da el grito que dio Miguel Hidalgo aquella madrugada de 1810 … ¡Viva México! Y todos en el Zócalo lo repitan. En honor de Miguel de Hidalgo, el poblado de Dolores se llamó Dolores Hidalgo para recordar y reconocer su hazaña.

Fuente Nº 2

Fuente: Ésta se informó en parte de la página Web latomatina.es, http://www.latomatina.es

La tomatina, fiesta de Buñol

Quizás una de las fiestas españolas más extrañas sea la Tomatina que se celebra el último miércoles de agosto en el pueblo valenciano de Buñol. Esta fiesta nació en 1945 de un evento inverosímil.

Durante un desfile de ≪gigantes y cabezudos≫ un grupo de jóvenes que querían participar comenzó a empujar a los manifestantes en disfraz, uno de los cuales se cayó. Al levantarse ése comenzó a dar golpes a los cerca de él. Por casualidad había cajas de vegetales que un vendedor iba a vender, entre las cuales había cajas de tomates. Durante la ≪batalla≫ que siguió, la gente comenzó a tirarse los tomates. Las autoridades intervinieron e hicieron que los causantes pagaran. El año próximo los jóvenes vinieron otra vez pero con sus propios tomates. Otra vez las autoridades tuvieron que poner fin a la batalla. Pero, sin autorización oficial, esta repetición de la batalla con tomates continuaba año tras año convirtiéndose en una celebración popular.

Al comenzar la década de los 50 el Ayuntamiento de Buñol prohibió la celebración. Los que trataron de continuar la ≪tradición≫ se encontraron encarcelados por las autoridades. No importaba, cada año más gente acudía a la celebración con sus tomates y la desobediencia civil continuaba. En 1955, en plan de protesta, los participantes tuvieron «el entierro del tomate» con una procesión fúnebre con música y un ataúd que llevaba un tomate grande adentro.

Por fin, en el año 1957 las autoridades permitieron la celebración. Comenzando en 1980 el Ayuntamiento de Buñol comenzó a proveer los tomates y en 2002 la Secretaría General de Turismo le dio al festival el título de «Fiesta de Interés Turístico».

Y así es cómo nació la Tomatina, no de una celebración religiosa, ni de una patriótica, ni de una tradicional, sino de una pelea callejera que se convirtió en protesta popular en contra de las autoridades del Ayuntamiento de Buñol y su intento de represar esta fiesta popular.

Fuente N° 3

Fuente: Este anuncio sobre las doce uvas de la Nochevieja se informó en http://www.enforex.com/culture/nochevieja.html

The listening track is on the accompanying recording. The script appears on page 251.

Section II, Part B
Speaking: Interpersonal Speaking—Simulated Conversation

In this part of the examination, you will need to participate in a simulated conversation. The situation will be a role-playing simulated telephone conversation. You will have 30 seconds to read the outline of the conversation. Then you will listen to a telephone message after which you will have 1 minute to read the outline of the conversation again. Then the telephone call will begin, following the outline. Each time it is your turn to speak, you will have 20 seconds in which to respond. You should participate as fully and appropriately as possible. You will find the listening prompt on the accompanying recording. The script appears on page 252.

- Read the prompt line and conversation outline carefully to see what the conversation will be about.
- Decide in what tense(s) you might need to respond (present, past, future, and so on).
- While reading the prompt and conversation outline you may wish to jot down some verbs, nouns, and other words that you may wish to use.
- While you listen to each line of the dialogue, try to pick out words, expressions, or phrases that might be able to be used. (BE CAREFUL, though, to not just restate what you have heard!)
- Higher scores are awarded for conversations where complex structures and rich vocabulary are used.
- Be sure to look over the rubric at the end of Chapter 9, pages 179–180 to see how you will be rated.

Imagina que recibes un mensaje telefónico de tu amigo Juan.

(A) El mensaje [*You will hear the message on the recording.* Escucharás el mensaje en la grabación.]

(B) La conversación [*The shaded lines reflect what you will hear on the rcording.* Las líneas en gris reflejan lo que escucharás en la grabación.]

> Juan: • *[El teléfono suena.] Contesta el teléfono.*

Tú: • *Salúdalo.*
  • *Pregúntale el por qué de su mensaje.*

Juan:	• *Te explica por qué te había llamado.*

Tú:	• *Expresa tu reacción.*

Juan:	• *Te hace una pregunta.*

Tú:	• *Responde a la pregunta.*

Juan:	• *Continúa la conversación y te hace otra pregunta.*

Tú:	• *Dale consejos.*

Juan:	• *Continúa la conversación.*

Tú:	• *Expresa tu reacción.*

Juan:	• *Continúa la conversación.*

| Tú: | • *Expresa tu reacción.* |
| | • *Despídete de él.* |

Section II, Part B
Speaking: Presentational Speaking/Integrated Skills

In this part of the examination, you will need to make a 2-minute formal presentation to your class. You will be given a question that will be the topic of your presentation. This question is based on the accompanying printed article and radio report. You will have 5 minutes to read the printed article. Then you will listen to a radio report. You should take notes on the radio report as you listen. After hearing the radio report, you will have 2 minutes to plan your answer and 2 minutes to record it. Your presentation should be as complete and appropriate to the topic as possible. You will find the listening track on the accompanying recording. The script appears on page 252.

- Read the question and article carefully.
- Underline key ideas/information in the printed article.
- Take notes on the radio report.
- Decide in what tense(s) you might need to use (present, past, future, and so on).
- While you listen, try to pick out words, expressions, or phrases that might be able to be used. (BE CAREFUL, though, to not just restate what you have heard!)
- Higher scores are awarded for presentations where complex structures and rich vocabulary are used.

- Higher scores are awarded also for presentations in which information is compared and contrasted as opposed to just a mere restatement or synthesis of the information.
- Be sure to look over the rubric at the end of Chapter 10, pages 198–199 to see how you will be rated.

Imagina que tienes que hacer una presentación formal ante una clase de español.

El artículo impreso describe la escuela de Traductores de Toledo; el informe de radio describe la nueva Escuela de Traductores de Toledo. En una presentación formal, compara las dos escuelas.

Fuente Nº 1

Fuente: Este artículo se informó de «The Toledo school – translators in Toledo, Spain under Moorish rule – Al-Andalus: where three worlds met», UNESCO Courier, http://findarticles.com/p/articles/mi_m110/9s_1991_Dec/ai_11864007/print

La escuela de Traductores de Toledo, fuente de entendimiento y comprensión

Al leer los periódicos y revistas, y oír el noticiero de televisión y radio, muchos desesperan por la violencia en nuestro mundo. A veces parece que la paz es algo verdaderamente inalcanzable. Pero, ¿de verdad lo es? Para los que no lo crean, sólo hace falta ver la historia para ver lo que sí puede ser.

En 711 los árabes del norte de África invadieron la Península Ibérica derrotando a los reyes visigodos. Para el año 718 habían conquistado toda la península. Pero, en vez de la destrucción total de las comunidades judías y cristianas, en la península reinaba un período denominado «la convivencia» en que coexistían los árabes, cristianos y judíos. Aquella época produjo filósofos como Maimónides, un filósofo judío, y Averroes, un filósofo árabe, universidades y bibliotecas. También produjo en el siglo XII una escuela de traductores en la ciudad de Toledo. Esta escuela fue fundada por Don Raimundo, el arzobispo cristiano de Toledo. Don Raimundo fue convencido de la importancia de traducir los textos de los filósofos árabes para comprender a los clásicos como Aristóteles. Él reunió en Toledo a un grupo de sabios árabes, cristianos y judíos para traducir del árabe y hebreo al castellano y latín la sabiduría del mundo antiguo.

Gracias al trabajo hecho por los traductores, los conocimientos del mundo oriental, griego y latín fueron conservados y transmitidos al resto de Europa.

Aquel período puede servir de ejemplo al mundo moderno de cómo tres culturas y religiones pueden vivir en paz, y como esta «convivencia» puede servir a alzar la raza humana. Gracias a esta escuela de traductores, conocemos hoy las obras de los grandes filósofos, matemáticos, doctores y astrónomos del mundo antiguo y del oriente. Aquel intercambio de información ayudó a esclarecer las tinieblas de la Edad Media. ¿Podría algo así esclarecer hoy día nuestras tinieblas de guerra y terrorismo?

Fuente Nº 2
Hacia la comprensión

Fuente: Ésta se informó de la página Web Al-Ahram, «Spirit of Toledo» por Serene Assir, http://www.weekly.ahram.org.eg/2006/782/cu6.htm

Listening Scripts, Answers, and Explanations for Practice Exam 2

Section I, Part A
Listening Comprehension

TRACK 47 *Script for Short Dialogue*

En el coche rumbo al aeropuerto

Esposo: Elena, ¿dónde has puesto los pasaportes?

Esposa: (#1) **Están aquí en mi bolso.**

Esposo: ¿Y los billetes para el vuelo? ¿Dónde están ellos?

Esposa: No lo sé. (#2) **Tú ibas a ponerlos en tu maletín** para llevar abordo del avión.

Esposo: Umm, ¿puedes buscar en mi maletín si están allí? Está en el asiento de atrás.

Esposa: Sí, están aquí. Pero (#3) **no veo los cheques de viajero.** ¿No los compraste?

Esposo: No, te dije que en este viaje (#4) **iba a usar mi tarjeta de crédito para pagar el hotel, las comidas y las excursiones.**

Esposa: Pero, ¿si queremos tomar un taxi, o comprar algo en la calle?

Esposo: No te preocupes. Podemos usar la tarjeta de crédito en el cajero automático de cualquier banco para sacar dinero.

Esposa: ¿Y es una buena idea hacer eso?

Esposo: Sí, porque recibimos la tasa de cambio al porcentaje para el día que sacamos el dinero. (#5) **Pero lo más importante es que evitamos las tarifas que cobran los bancos y las tiendas por cobrar cheques de viajero.**

Esposa: Me parece una idea genial entonces.

Questions and Answers

1. Los pasaportes están en...
   (B) su bolso.

2. Los billetes para el avión están en...
   (C) su maletín.

3. ¿Qué es lo que la mujer no puede encontrar?
   (C) los cheques de viajero

4. ¿Para qué decidió el hombre usar la tarjeta de crédito?
   (B) para pagar todos los gastos

5. La ventaja principal de usar la tarjeta de crédito para todo es que...
   (D) no tendrán que pagar extra por cobrar los cheques de viajero en las tiendas y los bancos.

Script for Short Narrative

El estudio de lenguas extranjeras

Antes en los Estados Unidos no se veía la importancia de estudiar idiomas extranjeros. Siendo un país tan grande, (#1) **no había la necesidad, ni la oportunidad, de estudiar otro idioma.** Todo eso ha cambiado mucho durante los últimos años.

El idioma español, o castellano, está convirtiéndose en el segundo idioma no oficial de los Estados Unidos. (#2) **Con el gran número de inmigrantes de Hispanoamérica en los años ochenta y noventa por las crisis económicas y políticas,** la población hispanohablante de los Estados Unidos forma la minoría más grande ahora (#3). **Muchas compañías están tratando de aprovecharse de este nuevo mercado** con campañas publicitarias y productos dirigidos a los hispanos.

También en las artes se ve la creciente importancia de este mercado. (#4) **Cantantes, como Selena había hecho y Cristina Aguilera está haciendo ahora, están aprendiendo el español, lengua de sus padres, para poder cantar en español y alcanzar este mercado tanto como el mercado de habla inglesa. Otros cantantes hispanos como Shakira están aprendiendo el inglés para poder alcanzar el mercado inglés tanto como el mercado hispanohablante.**

Parece que todo el mundo está muy consciente de este fenómeno. Hasta en la educación se lo ve. En los años cincuenta y sesenta fue de moda aprender el francés. (#5) **Ahora la mayoría de estudiantes que estudian una lengua escogen el español** por la posible importancia que podrá tener en su futuro.

Questions and Answers

1. La razón tradicional por la falta de estudiar idiomas en los Estados Unidos es...
    (B) la falta de necesidad.

2. Muchos hispanos han venido a los Estados Unidos en los ochenta y noventa por...
    (C) problemas en sus países.

3. Como resultado de esta ola de inmigración...
    (A) muchas compañías quieren vender a este nuevo mercado.

4. Un fenómeno que se ve en las artes es que...
    (D) hay más cantantes hispanos que quieren cantar en las dos lenguas.

5. Se ve la importancia que el español ha adquirido en el hecho de que...
    (C) la mayoría de los estudiantes que estudian una lengua extranjera estudian el español.

If you had difficulty doing this section of the test, be sure to review and do more practice in Chapter 5.

Script for Longer Dialogue
TRACK 47

En la tienda de aparatos eléctricos

Cliente: Buenos días, señor.

Dependiente: Buenos días, ¿en qué puedo servirle?

Cliente: Compré este radio aquí la semana pasada y (#1) **no funciona muy bien.** Espero que Ud. pueda repararlo o reemplazarlo.

Dependiente: Bueno, ¿cuál es el problema con él?

Cliente: (#2) **Es que cuando lo pongo hay interferencias,** tantas que no oigo bien ni la música ni el comentario de los locutores.

Dependiente: Me parece que habrá un problema con la antena interna. (#3) **Lo que pasa es que no hacemos reparaciones aquí en esta tienda. Tenemos que mandarlo a un taller de reparaciones** y normalmente tardan dos semanas en devolverlo.

Cliente: Eso es imposible. (#4) **Me voy de vacaciones este fin de semana. Quería llevarlo conmigo a la playa para poder escuchar música mientras tomo el sol.** ¿No hay algo más que Uds. puedan hacer?

Dependiente: Podría prestarle otro radio mientras que se reparara el suyo si no lo llevara a la playa. (#5) **En la playa sería posible que el radio prestado fuera dañado por la arena, el agua o el sol.**

Cliente: ¡Qué problema! Parece que no podré tener mi radio para estas vacaciones.

Dependiente: ¿Tendría Ud. el recibo para el radio?

Cliente: Sí, está en casa. ¿Por qué?

Dependiente: (#6) **Si Ud. me trae el recibo, podré darle otro radio nuevo por el radio que no funciona.** Entonces (#7) **puedo devolverle el que no funciona a la compañía** y Ud. tendrá un radio para las vacaciones.

Cliente: Excelente idea. Bueno, vuelvo a casa ahora por el recibo y volveré en media hora.

Dependiente: Muy bien. Cuando Ud. vuelva, pregunte por mí y podremos cambiar los radios.

Cliente: Mil gracias, señor. Ud. ha sido muy amable.

Questions and Answers

1. ¿Cuál es el problema?
   (D) Lo que compró no funciona como se debe.

2. ¿Con qué tiene problema?
   (A) con la recepción

3. ¿Por qué no puede ayudarle a la cliente el dependiente?
   (C) No hacen las reparaciones allí.

4. ¿Cuál es el problema si la muchacha quiere que la tienda lo repare?
   (B) No puede esperar tanto tiempo para las reparaciones.

5. ¿Por qué no puede prestarle el dependiente otro a la muchacha?
   (A) El artículo prestado puede ser dañado donde él quiere llevarlo.

6. ¿Cómo se resuelve la situación?
   (D) Con el recibo el dependiente puede cambiar el uno por el otro.

7. ¿Qué va a hacer la tienda con el producto defectuoso?
   (B) devolverlo a la compañía

If you had difficulty doing this section of the test, be sure to review and do more practice in Chapter 5.

Script for
Longer Narrative

El cine español contemporáneo

En los años ochenta (#1) **el cine español gozó de una producción fenomenal con la restauración de la democracia española.** Los directores españoles, con nuevos derechos y la eliminación de la censura, pudieron desarrollar su arte. Uno de éstos es Carlos Saura. Durante los ochenta Carlos Saura en colaboración con (#2) **Antonio Gades, el primer bailarín flamenco español de esa época,** hizo tres películas que recibieron aclamación internacional y hasta nominaciones para el Premio Óscar: *Bodas de sangre* (1981), *Carmen* (1983) y *El amor brujo* (1987).

Bodas de sangre es una adaptación del drama del mismo nombre escrito por Federico García Lorca en 1933. (#3) **En esta película, en parte autobiográfica, Antonio Gades habla de cómo se hizo bailarín, cómo y por qué comenzó a bailar y su contacto con el famosísimo bailarín Escudero.** La acción pasa en el estudio de baile en un ensayo para una producción del drama *Bodas de sangre,* escrito por Federico García Lorca. Al comienzo los actores llegan, se maquillan, se visten y se hablan de sus proyectos. Mientras se pone su maquillaje Gades nos habla de su formación y vida profesional. Después vemos a los bailarines ensayando su adaptación flamenca del drama. (#4) **No hay diálogo. La historia se cuenta por medio de la música y el baile.**

Carmen se hizo después, en 1983, y es la historia famosa de Mérimée y la ópera de Bizet. Otra vez Gades monta una representación de esta historia por medio del baile y la música flamenca. Esta vez Saura juega con la realidad. (#5) **La historia de *Carmen* se mezcla con la de Gades y la bailarina principal que se llama Carmen, el mismo nombre que el de la protagonista. La historia de Carmen y don José, el soldado español que se enamora de Carmen, y la de Gades y Carmen la bailarina se convierten en la misma, un hombre enamorado de una mujer que lo traiciona y decepciona.** ¿Es que al final Gades mata a la bailarina Carmen, o es que es sólo la parte del ensayo en que don José mata a Carmen el personaje de la obra? (#6) **Es el espectador el que tiene que decidir.**

El amor brujo se basa en una obra clásica española del mismo nombre por el gran compositor español Manuel de Falla. Al comienzo vemos los portones de un estudio en el momento en que se cierran. Adentro vemos las luces y el escenario en el estudio pero pronto (#7) **Saura nos lleva al mundo gitano donde transcurre la acción.** Estamos ahora en un pueblo pequeño de gitanos y los vemos en su vida diaria y vemos también sus viejas tradiciones. Esta historia cuenta el poder del amor, de la honra y hasta la cuestión de la honra y el amor después de la muerte. De las tres películas de Saura y Gades ésta es la más tradicional en cuanto a la trama de la historia. La historia se basa en los modales, las creencias y las tradiciones de los gitanos españoles, un grupo que vive fuera de la sociedad. Cuenta la historia también del amor verdadero que puede superarlo todo y triunfa al final.

Estas tres colaboraciones de Saura el director y Gades el bailarín han llevado a la pantalla historias, música, baile y tradiciones españoles y han ayudado a lograr mucha atención y prestigio para la industria cinematográfica de España.

(#8) **Carlos Saura ha continuado con su visión de contar la historia de un pueblo por medio de su música y baile con la película *Tango*,** que él realizó en la Argentina. En esta película, (#9) **algo parecida a *Carmen*, él combina la vida amorosa del bailarín principal con la de su bailarina principal, novia de un hombre peligroso,** quienes montan una producción que usa el baile y la música del tango para contar la historia de la Argentina desde su independencia hasta la Guerra Sucia de los años setenta y ochenta. El uso de la música y del baile nacionales por Saura para contar la historia continúa a ser genial y a captar la atención del mundo entero.

Questions and Answers

1. ¿Cuál fue el gran empuje para el desarrollo del cine español?
   (C) la restauración de la democracia

2. ¿Quién era Antonio Gades?
   (B) el primer bailarín flamenco español

3. ¿Qué historia cuenta en parte la película *Bodas de sangre*?
   (A) la historia de la vida de Gades

4. ¿Cuál es la historia contada por medio de música y baile sin diálogo?
   (C) *Bodas de sangre*

5. ¿Cuál es una historia psicológica donde la vida de los actores paralela la vida de los protagonistas?
   (D) *Carmen*

6. ¿Qué es lo que pasa al final de *Carmen*?
   (B) No sabemos si el asesinato de Carmen es real o parte del ensayo.

7. ¿En qué película transcurre la acción en el mundo de los gitanos?
   (A) *El amor brujo*

8. ¿Qué es lo genial de la obra de Carlos Saura?
   (D) Cuenta una historia por medio de música y baile.

9. ¿Cuáles son las dos películas en que la vida amorosa de los protagonistas se mezcla con la obra?
   (A) *Tango* y *Carmen*

LISTEN

TRACK 48

Script for Presentational Writing
Fuente N° 3
Las doce uvas de la Nochevieja

En España, como en muchas partes del mundo, la Nochevieja se celebra con la familia y los amigos. Normalmente hay una cena después de la cual o deciden ver la celebración en la televisión o salen de sus casas para celebrarla. Para celebrar hay también las botellas de champaña para brindar el Año Nuevo después del toque de la medianoche. Pero en España hay otra costumbre que parezca un poco extraña.

En muchas ciudades españolas la Nochevieja la gente se congrega en las plazas y al comenzar a tocar las doce ellos se empeñan en comer una uva por cada toque hasta comer las doce. La tradición dice que los que pueden comer las doce uvas con los toques del reloj tendrán suerte en el Año Nuevo.

¿Cómo nació esta celebración que se ha hecho tan española? Lo curioso es que no tiene nada que ver con las razones por las cuales la gente normalmente celebra la Nochevieja, tales como para despedirse del año pasado y sus problemas y dar la bienvenida al Año Nuevo con la esperanza de mejorar sus vidas. La razón por la existencia de esta celebración no tenía que ver con las razones tradicionales que ahora se asocian con el comer las doce uvas. Tenía que ver con la economía y el comercio. En el año 1909 hubo una cosecha enorme de uvas y los agricultores de Alicante se encontraron en la posición de tener una sobreabundancia de ellas. Los productores necesitaban una manera de vender sus uvas y así es como nació lo que se ha convertido en una parte esencial de la celebración de la Nochevieja y el Año Nuevo.

Script for Interpersonal Speaking

(Narrador) Ahora tienes treinta segundos para leer el bosquejo de la conversación.
(30 seconds)

(Narrador) Imagina que recibes un mensaje telefónico de un amigo que quiere hablarte sobre una invitación que ha recibido.

(Juan) [Answering machine] [Beep] Hola, soy Juan. ¡Llámame cuanto antes! He recibido unas noticias muy importantes. Chao!

(Narrador) Ahora tienes un minuto para leer de nuevo el bosquejo de la conversación.
(1 minute)
Ahora empezará tu llamada.
[Telephone] [Rings twice and picks up]

(Juan) Aló, ¿quién habla?
TONE (20 Seconds) TONE

(Juan) Gracias por llamarme. ¡Tengo unas noticias fantásticas! ¡María me ha invitado a su quinceañera!
TONE (20 Seconds) TONE

(Juan) Estoy muy emocionado, pero no sé qué llevarle. ¿Tienes unas ideas?
TONE (20 Seconds) TONE

(Juan) Nunca he asistido a una quinceañera. ¿Cómo debo vestirme?
TONE (20 Seconds) TONE

(Juan) Sí, parece ser una buena idea. Creo que va a ser una fiesta muy divertida.
TONE (20 Seconds) TONE

(Juan) Pues, mil gracias por tus consejos. Yo te llamaré después para contarte todo.
TONE (20 Seconds) TONE

Script for Presentational Speaking
Fuente Nº 2

Mientras haya guerras y actos de terrorismo, existe un grupo en Toledo, España, que trata de cambiar la mente y el corazón de la gente. En 1994 se estableció de nuevo la Escuela de Traductores de Toledo en colaboración con la Fundación Cultural Europea. Esta escuela tiene sus raíces en los siglos XII y XIII en Toledo. La escuela nueva, ubicada en la Universidad de Castilla–La Mancha, tiene como misión la traducción de textos árabes al castellano y también ofrece clases y talleres en la traducción de textos hebreos. El motivo principal es la comprensión mutua entre las principales culturas de la región mediterránea para romper quizá las barreras más grandes entre estos pueblos, la de la lengua y la de la cultura.

El trabajo realizado por la escuela de traductores no se dirige a profesionales, sino a las masas para que todos puedan conocer mejor la cultura árabe por el arte de su literatura y no entrar en discusiones sobre la religión. No se empeñan tanto en hacer traducciones exactas, sino que tratan de captar lo artístico del lenguaje para que la versión española sea tan rica como el texto original. El enfoque es más bien cultural.

Al momento actual, sólo se traducen unas diez obras por año, pero es un comienzo. Quizá por entenderse mejor a través del arte literario, haya una mejor oportunidad para lograr el respeto y la paz entre estos pueblos mediterráneos. La Escuela de Traductores original difundió la sabiduría del mundo antiguo y oriental a la Europa de la Edad Media, ¿puede ser que la nueva difundirá la comprensión y la paz?

› Answers and Explanations

Section I, Part B
Reading Comprehension

Fuente: *The Next Step Magazine*, latino edition 2007 por Rachel Sokol, Next Step Publishing, Inc., Victor, New York, www.nextstepmag.com. Used with permission.

(1) Es difícil pasar de la escuela secundaria, donde tienes un grupo sólido de amigos que te apoyan, a una institución de educación superior donde eres un extraño rodeado de extraños. Extrañarás a tus amigos y a tu familia. Extrañarás las salidas con la gente de tu escuela secundaria local. Sin embargo, conocerás a un montón de gente nueva en esta etapa.

Estudiantes y asesores de los recintos universitarios, o sea campus, de todas partes de los Estados Unidos dieron su opinión a *Next Step* sobre cómo adaptarse a este nuevo escenario. Aquí podrás ver lo que nos contaron.

(2) Involúcrate

(4) ≪Conocer a los diferentes administradores y profesores del campus puede abrir las puertas para oportunidades laborales, es un gran recurso y permite generar maravillosas amistades,≫ afirma Iris Michelle Delgado, estudiante de la Universidad de Cornell. **(5) ≪Nunca tengas miedo de reconocer que no sabes algo. Tu experiencia en esta etapa se va a ver muy debilitada si piensas que hacer preguntas puede hacerte ver incompetente.≫**

Aprovecha de los profesores

Debra Castillo, miembro del cuerpo de profesores de la Universidad de Cornell, **(3) aconseja aprovechar de los profesores y miembros del personal de la institución. ≪Hay gente maravillosa y comprensiva entre los miembros del personal. Tienen una amplia base de conocimientos y una gran sensibilidad cultural y, por lo general, pueden ser la fuente de consultas esencial de los estudiantes.** Los miembros del profesorado nos dedicamos a formar y acompañar a gente joven, por lo tanto, deberían recurrir a nosotros más frecuentemente.≫

(6) Escúchate a ti mismo

Durante toda la experiencia de la educación superior, los amigos y la familia seguramente te brindarán muchos consejos sobre las clases, el dinero, los amigos y las relaciones. **(6) ≪Escucha los consejos de tu familia, pero no olvides que serás tú quien deberás vivir con las decisiones que tomes,≫** afirma Delgado.

Mantente en contacto

≪Mantente en contacto con tu familia y amigos por todos los medios que te parezcan necesarios, pero también debes darle una oportunidad a tu nueva vida en el campus,≫ sostiene Lourdes Laguna, estudiante de la Universidad de Tufts.

Debes estar abierto a probar cosas nuevas y manejar nuevas experiencias. Después de todo, es parte de tu crecimiento.

Piensa en la profundidad de tus decisiones

Ferry Ortiz, estudiante del Hamilton College comenta que es necesario pensar muy bien las decisiones que uno toma. No te precipites cuando estás enojado. ≪Debes pensar antes de actuar, porque tus decisiones pueden volverse contra ti y perjudicarte,≫ recomienda el estudiante.

Aprende cómo actuar en situaciones sociales

(7) El poder desarrollar buenas habilidades sociales en esta etapa tendrá muchas ventajas en el mundo real. Por ejemplo, si quieres ser abogado o trabajar en relaciones públicas, conocerás y trabajarás y con toda clase de personas.

¿Te está resultando difícil generar vínculos con la gente nueva en tu entorno? No temas recurrir a otros para que te ayuden.

≪Conoce los recursos disponibles y aprende dónde y cuándo buscar ayuda. Muchos de nosotros provenimos de entornos en los que pedir ayuda o reconocer que te sientes estresado y sobrepasado se interpreta como debilidad o no se ve bien,≫ afirma Benjamín Ortiz, miembro del profesorado y asesor de la Universidad de Cornell.

(2) Participa

(8) Los amigos no caen del cielo.≪No te aísles. Trabaja mucho para hacer amigos y generar una comunidad, una familia. La transición será más fácil una vez que sientes tus raíces y comiences a sentir que perteneces a este nuevo lugar,≫ comenta Ruben Stern, miembro del profesorado de la Universidad de Tufts.

1. Según este artículo, quizá la cosa más difícil en cuanto a la transición a la universidad sea…
   (C) acostumbrarse a la falta de apoyo de los familiares.

2. La mejor manera de responder a esta dificultad es…
   (A) participar para mejor conocer a la gente allí.

3. Es importante conocer a los profesores y otros que trabajan en la universidad porque…
   (D) pueden ser recursos para los estudiantes.

4. El conocer bien a la administración y los profesores también puede ser útil en…
   (A) facilitar el encuentro de trabajo.

5. Según el artículo, es mejor…
   (B) hacer preguntas para poder madurar y avanzar.

6. Los padres, amigos y profesores pueden darte consejos, pero siempre es importante…
   (B) tener en cuenta lo que tú mismo piensas.

7. Una cosa esencial para tener éxito en el futuro después de la universidad es…
   (C) aprender cómo comportarte en una variedad de situaciones.

8. Un buen título para este artículo sería…
   (D) Cómo adaptarse.

Romance de lobos por Ramón del Valle-Inclán, pages 113–114.
El Caballero —(#1) **¡Mar, tus olas no se abrieron para tragarme!... ¡Quisiste aquellas vidas y no quisiste la mía! ¡Si me tragases, mar, y no arrojases mi cuerpo a ninguna playa!**

¡Si me sepultases en tu fondo y me guardases para ti!... ¡No me quisiste aquella noche, y soy más náufrago que esos cuerpos desnudos que bailan en tus olas!... ¡Tengo la pobreza y la desnudez y el frío de un náufrago! (#2) **¡No sé adónde ir!... ¡Si la muerte trata, pediré limosna por los caminos!...** ¡Y el mar, aquella noche, pudo caer sobre mi cuerpo, como la tierra de la sepultura, y no me quiso!... ¡Ya soy pobre! (#6) **¡Todo lo he dado a los monstruos!** ¡Mi alma en otra vida, aquella vida de que huyo, también fue un mar, y tuvo tormentas, y noches negras, (#3) **y monstruos que habían nacido de mí!** ¡Ya no soy más que un mendigo viejo y miserable! (#4)**¡Todo lo he repartido entre mis hijos,** y mientras ellos se calientan ante el fuego encendido por mí, yo voy por los caminos del mundo, y un día, si tú no me quieres, mar, moriré de frío al pie de un árbol tan viejo como yo! (#5) **¡Las encinas que plantó mi mano no me negarían su sombra,** como me niegan su amor los monstruos de mi sangre!...

1. El protagonista de esta selección…
   (A) sobrevivió un naufragio.

2. ¿Por qué preferiría él morir a sobrevivir?
   (A) No tenía nada.

3. «Los monstruos» a que se refiere el protagonista eran…
   (D) sus hijos.

4. ¿Por qué se encontraba el protagonista en tal estado de pobreza?
   (B) Les había dado todo a sus niños.

5. ¿Quiénes serían más fieles al protagonista?
   (A) unos árboles que había plantado

Los pazos de Ulloa por Emilia Pardo Bazón

(#1) **Y en efecto, le fueron enseñadas al marqués de Ulloa multitud de cosas que no le importaban mayormente. Nada le agradó,** y experimentó mil decepciones, como suele acontecer a (#2) **las gentes habituadas a vivir en el campo,** que se forman del pueblo una idea exagerada. (#3) **Pareciéronle, y con razón, estrechas, torcidas y mal empedradas las calles, fangoso el piso, húmedas las paredes, viejos y ennegrecidos los edificios, pequeño de circuito de la ciudad, postrado su comercio y solitarios casi siempre sus sitios públicos;** y (#4) **en cuanto a lo que de un pueblo antiguo puede enamorar a un espíritu culto, los grandes recuerdos, la eterna vida del arte conservada en monumentos y ruinas, de eso entendía don Pedro lo mismo que de griego o latín.** ¡Piedras mohosas! Ya le bastaban las de los pazos. Nótese cómo un hidalgo campesino, de muy rancio criterio, se hallaba al nivel de los demócratas más vandálicos y demoledores. A pesar de conocer Orense y haber estado en Santiago cuando niño, discurría y fantaseaba a su modo (#5) **lo que debe ser una ciudad moderna: calles anchas, mucha regularidad en las construcciones, todo nuevo y flamante,** gran Policía, ¿qué menos puede ofrecer la civilización a sus esclavos?

1. El marqués de Ulloa se quedó…
   (B) no muy impresionado con todo lo que veía.

2. El marqués era un señor…
   (A) del campo.

3. Para él, la ciudad parecía…
   (D) pobre.

4. La autora indica que el marqués era un hombre…
   (C) torpe.

5. Para el marqués, su ideal de lo que debía ser una ciudad era…
   (B) nueva.

Doña Perfecta por Benito Pérez Galdós

Después de media hora de camino, durante la cual (#1) **el señor don José no se mostró muy comunicativo, ni el señor Licurgo tampoco,** (#2) **apareció a los ojos de entrambos apiñado y viejo caserío asentado en una loma, del cual se destacaban algunas negras torres y la ruinosa fábrica de un despedazado castillo en lo más alto. Un amasijo de paredes deformes, de casuchas de tierra pardas y polvorosas como el suelo, formaba la base, con algunos fragmentos de almenadas murallas, a cuyo amparo mil chozas humildes alzaban sus miserables frontispicios de adobes, semejantes a caras anémicas y hambrientas que pedían una limosna al pasajero.** Pobrísimo río ceñía, como un cinturón al pasar algunas huertas, única frondosidad que alegraba la vista. (#3) **Entraba y salía la gente en caballerías o a pie, y el movimiento humano, aunque escaso, daba cierta apariencia vital a aquella gran morada,** cuyo aspecto arquitectónico era más bien de ruina y muerte que de prosperidad y vida. (#4) **Los repugnantes mendigos que se arrastraban a un lado y otro del camino pidiendo el óbolo del pasajero, ofrecían las-**

timoso espectáculo. **No podían verse existencias que mejor encajaran en las grietas de aquel** (#6) **sepulcro donde una ciudad estaba,** no sólo enterrada, sino también podrida. Cuando nuestros viajeros se acercaban, (#5) **algunas campanas, tocando desacordemente, indicaron con su expresivo son que** (#6) **aquella momia tenía un alma.**

1. Durante la primera parte del viaje, los dos viajeros…
   (D) no se hablaban el uno al otro.

2. El pueblo que apareció a sus ojos…
   (C) tenía un aspecto pobre.

3. Lo que daba vida a este poblado era…
   (D) las personas que salían y venían.

4. La gente de este pueblo parecía ser…
   (A) pobre.

5. El latido del corazón de este pueblo venía…
   (A) de las campanadas de las iglesias.

6. «La momia» que se menciona al final es…
   (B) la ciudad.

7. Se puede decir que la escena descrita es…
   (B) deprimida. *(given the description of the city, its buildings and surroundings)*

«¿Te molesta esto? Entonces di algo» por Julio Sáenz, editor y gerente de ConXion, la edición mensual en español del *Democrat and Chronicle*, Rochester, New York. Used with permission.

¿Te molesta que muchos jóvenes hispanos de nuestra ciudad abandonen la escuela?

¿Te molesta que tus propios hijos sean estudiantes con honores pero aún así son clasificados junto con la mayoría como estudiantes de bajo rendimiento cuando no lo son?

(#2) **¿Te molesta ser nombrado hispano cuando las raíces y cultura de tus antepasados tienen nombres específicos?**

¿Crees que necesitamos líderes jóvenes o liderazgo veterano?

Si una persona más asume que eres experto en salsa sólo porque tu apellido es Rodríguez, ¿gritarías?

Si alguno de estos temas origina alguna opinión en tu mente, entonces compártela. Nuestra edición de enero marca la llegada de nuestra nueva sección de conversaciones comunitarias llamada "Tu voz", y todos en la comunidad pueden (#3) **enviar sus cartas al editor.**

(#5) **El debate de inmigración y las elecciones del 2006 mostraron a la nación que nuestra opinión cuenta.** (#6) **El número de temas depende de ti** porque (#4) **todos los asuntos son asuntos latinos.**

1. Este anuncio tiene que ver con…
   (A) suposiciones erróneas.

2. El tercer párrafo refiere al hecho de que la denominación «hispana»…
   (B) es inadecuada.

3. Este anuncio anima a la gente a expresar su opinión en…
   (C) una revista.

4. En el último párrafo, cuando dice «nuestra opinión cuenta», ¿a qué se refiere?
   (A) a la comunidad hispana

5. La voz de la comunidad se ha mostrado importante en…
   (C) el voto del 2006.

6. El número de temas que se tratarán depende…
   (B) de las cuestiones propuestas por la comunidad.

Adoptado del artículo «La salud de los hispanos, mezcla de tradiciones y genética» por Diana Chapoy-Callahan, prensa, ConXion, la edición mensual en español del *Democrat and Chronicle*, Rochester, New York. Used with permission.

(#1) **Es difícil hablar de la comunidad hispana como un ente en general** cuando se trata de términos médicos. Existen numerosas características que hacen a sus miembros diferentes de acuerdo al país de procedencia.

   (#2) **Cada país hispanohablante tiene sus propias características y necesidades dependiendo del área geográfica y de su historia, por lo que nos hace diferentes e incomparables en muchos aspectos.**

   "Todos (hispanos) somos diferentes, y (#3) **lo único que nos mantiene unidos es el idioma, con todas sus variaciones",** menciona Carlos Jiménez-Rueda médico general quien vino del Paraguay en 1957. (#1 + #4) **"Nosotros (hispanos) no somos una comunidad monolítica, es lo más heterogéneo que puedes encontrar".**

1. En cuanto a la medicina, la comunidad hispana es…
   (B) heterogénea.

2. Lo que puede influir en las condiciones médicas de la gente tiene mucho que ver con…
   (A) su origen.

3. Lo que sí une a la comunidad hispana es…
   (D) su lengua.

4. La comunidad hispana en los EE.UU….
   (B) es muy diversa.

Scoring and Interpreting Your Results

Once you have taken the Practice Exam, look to see what sections were more difficult for you.

- If you found a certain section to be more difficult, do extra practice on those types of questions:

  Section I
  - Part A: Chapter 5 (Listening Comprehension)
  - Part B: Chapter 6 (Reading Comprehension)

  Section II
  - Part A: Chapter 7 (Interpersonal Writing)
  - Part A: Chapter 8 (Presentational Writing/Integrated Skills)
  - Part B: Chapter 9 (Interpersonal Speaking: Simulated Conversation)
  - Part B: Chapter 10 (Presentational Speaking/Integrated Skills)

Here is a way you can see how you might have done if this had been the actual examination. This is *not* scientific and the results *do not* guarantee that you will do similarly on the actual examination.

Section I

Part A: Listening _____ (number correct) × .20 = _____
26*

(*Take the number correct out of 26 and subtract .33 × the number of wrong answers, then divide by 26, and finally multiply by .20. An extra 33 percent is taken off to account for random guessing; therefore, unless you have some idea as to the correct answer, it is better to leave it blank than to guess!)

Part B: Reading _____ (number correct) × .30 = _____
36*

(*Take the number correct out of 36 and subtract .33 × the number of wrong answers, then divide by 36, and finally multiply by .30. An extra 33 percent is taken off to account for random guessing; therefore, unless you have some idea as to the correct answer, it is better to leave it blank than to guess!)

Section II

Part A: Writing _____ (rubric score) × .10 = _____
5

Part A: Writing _____ (rubric score) × .20 = _____
5

Part B: Speaking _____ (rubric score) × .10 = _____
5

Part B: Speaking _____ (rubric score) × .10 = _____
5

Total score for Sections I and II = _____

Total score for Sections I and II × 180 = _____

Score		Rubric Score		Letter Grade
135–180	=	5	=	A
115–134	=	4	=	B
85–114	=	3	=	C
63–84	=	2	=	D
0–62	=	1	=	no recommendation

Appendixes

ORDERING AND CONNECTING WORDS FOR SMOOTH WRITING

In order to make your ideas flow more fluently, you should also make a point of using connecting or ordering words. You may choose to make your own personal list of these from below and commit to using them in all essays you prepare for class or practice on your own. If you make the commitment to use these regularly, by the day of the examination you should be able to incorporate them into your writing to make the transitions between ideas and paragraphs smooth.

STRATEGY

- You may also wish to make flash cards in order to practice them.
- The best way to learn the expressions is to use them in the following ways:
  - Try to actively use the expressions in all six appendix sections in your written work.
  - Try to actively use the expressions orally.
  - Try to actively recognize them in written passages.
  - Try to actively listen for them in spoken language.

Creo que

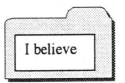

I believe

primero:	*first*
luego:	*then*
después:	*afterward* (después de + *noun / infinitive*)
antes:	*before* (antes de + *noun / infinitive*)
finalmente:	*finally*
por fin:	*finally*
entonces:	*then; therefore*
sin embargo:	*nevertheless*
no obstante:	*nevertheless*
por consiguiente:	*therefore*
pues:	*then, well, therefore*
a causa de:	*because of*
por + *noun:*	*because of* (No vengo a la fiesta **por** el trabajo que tengo.)

porque + *verb:*	*because* (No vengo a la fiesta **porque** no puedo.)
pero:	*but*
sino:	*but* (**No** es blanco **sino** negro. [**sino** = the negative *but*] = *rather*
aunque:	*even though*
mientras tanto:	*meanwhile*
mientras:	*while*
por eso:	*for that reason, because of that*
por lo tanto:	*therefore*
y:	*and* (**Y** becomes **e** before words beginning in **hi-** or **i-:** español **e** inglés.)
o:	*or* (**O** becomes **u** before words beginning in **ho-** or **o-:** siete **u** ocho. **O** may also be

written with an accent mark, **ó**, to distinguish it from the number 0 [zero] when it appears with numbers: **9, 7, 6 ó 5.**)

que:	*that, which, who*
si:	*if*
al principio:	*at first*
al fin:	*at the end*
érase una vez / había una vez:	*once upon a time*
comieron perdices y vivieron felices:	*they lived happily ever after*
colorín, colorado, este cuento se ha acabado:	*they lived happily ever after*
también:	*also, too*
tampoco:	*neither, not either*
o ... o:	*either ... or*
ni ... ni:	*neither ... nor*
en aquel entonces:	*back then*
por un lado:	*on the one hand*
por otro lado:	*on the other hand*
nunca jamás:	*never, ever*
cuando:	*when*
hasta que:	*until*
tan pronto como:	*as soon as*
así que:	*so, as soon as*
luego que:	*as soon as*
en cuanto:	*as soon as*
después de que:	*after*
mientras que:	*while*
de modo que:	*in a way that*
de manera que:	*in a manner that*

Use the subjunctive *only if the action has not yet taken place:* Te hablaré cuando tú **vengas.**

Siempre te hablo cuando tú **vienes.**

para que:	*so that, in order that*
a fin de que:	*so that, in order that*
a menos que:	*unless*
a no ser que:	*unless*
a condición de que:	*on the condition that*
con tal (de) que:	*provided that*
antes de que:	*before*
en caso de que:	*in case*
sin que:	*without*
de hecho:	*as a matter of fact*
hoy día:	*nowadays, today*
por lo general:	*generally*
además:	*furthermore*
por ejemplo:	*for example*
a pesar de:	*in spite of*
en vez de:	*instead of*
es decir:	*in other words, that is to say*
sobre todo:	*above all*
o sea:	*in other words, that is to say, that is*
o sea que:	*in other words, so, that is to say (in conclusion)*

Always use the subjunctive: Yo no voy a menos que tú **vayas.**

COMMON MISTAKES

This appendix provides a list of common errors made by English-speaking students learning Spanish.

1. *Because of* is translated in Spanish as **a causa de** or **por**: No vienen a la fiesta **a causa de / por** la nieve. Only use **porque** if followed by a conjugated verb = *because:* No vino **porque** está enfermo.

2. Many words ending in **-ma** in Spanish are masculine: **el problema, el drama, el poema**, and so on. Notable exceptions include **la trama** (*the plot*) and **la forma** (*the form*).

3. **Probar** (o → ue) means *to try on* clothing or *to taste* food. **Tratar de** means *to try to do* something: Yo quiero **probar** la sopa. Yo **traté de** hacer la tarea.

4. **Tratar de** also means *to be about, to deal with:* El programa **trata de** la Guerra Civil Española.

5. **Hablar de** means *to talk about* something or someone: Ellos **hablan de** la fiesta de anoche. María **hablaba de** su nuevo amigo Juan.

6. The verb **decir** means *to say* or *to tell;* **hablar** means *to speak:* Yo siempre **digo** la verdad. ¿Me **hablas** a mí?

7. The accent mark falls on the **o** in words that end in **-ión:** la naci**ó**n.

8. The noun **cuento** means *story* or *short story:* Me gustan los **cuentos** de García Márquez.

9. The noun **cuenta** means *bill* or *check,* such as in a restaurant: Camarero, me gustaría pagar la **cuenta,** por favor.

10. The Spanish word for *major* or *main* is **principal:** Ésta es la idea **principal.**

11. To express the idea *most of* in Spanish, use **la mayoría de** or **la parte principal de: La mayoría de** mis amigos asisten a la escuela conmigo.

12. To express the idea of *major,* as in a college major, use **concentración:** Como Juan quiere hacerse médico, tiene su **concentración** en las ciencias.

13. **Todo** and **todos** mean *all of* and therefore are not followed by **de: Todas** mis clases este año son difíciles.

14. To express the idea of *some of,* use **algunos/ algunas de: Algunos de** sus amigos lo visitaron en el hospital.

15. To express the idea of *character,* as in a story or play, use **personaje:** Don Juan es el **personaje** principal de *El Burlador de Sevilla.*

16. The word **carácter** is used to express personality traits: Ella tiene un **carácter** muy fuerte.

17. *Himself, herself, oneself* may be expressed in Spanish with **sí mismo** or **sí misma:** Él sólo piensa en **sí mismo.**

18. *Himself, herself, oneself* may also be expressed with the reflexive pronoun **se:** Él siempre **se habla.**

19. To express the idea of *each other* in Spanish, you may use the reflexive **se** as well: Los dos amigos **se** abrazaron fuertemente.

20. The idea of *each other* may also be expressed **el uno al otro, la una a la otra, el uno a la otra, los unos a los otros, las unas a las otras.**

21. To express *another* in Spanish, use **otro** or **otra:** Yo quiero **otra** limonada, por favor.

22. *To pretend* to do something is expressed in Spanish with the verb **fingir:** El chico **fingió** estar enfermo porque tenía un examen hoy.

23. In Spanish, **pretender** means *to seek, try for, be after, apply for, aspire to, to claim, to woo,* or *to want.* Él **pretende** llegar a la cima de la montaña. Juan **pretende** no saber la respuesta.

24. *To realize* something mentally, the verbal expression **darse cuenta de** is used: Al pagar la cuenta, Miguel **se dio cuenta** de que no tenía su cartera.

25. *To realize* a dream, or *to carry out* something is expressed in Spanish with the verb **realizar:** Él **realizó** todo lo que quería hacer.

26. To express parts of the day, you should use **por la mañana, por la tarde,** and **por la noche: Por la mañana** corro con mi perro.

27. When the hour is mentioned with the parts of the day, we use **de la mañana, de la tarde,** and **de la noche:** Siempre me levanto a las cinco y media **de la mañana.**

28. To express existence, use the verb **haber.** Remember that the forms of the verb **haber** used in this way are *both* singular and plural: **hay** = *there is / there are,* **había** = *there was / there were,* **hubo** = *there was / there were,* **habrá** = *there will be,* **habría** = *there would be:* **Había** cien personas en la cola para comprar entradas para el concierto.

29. To remember when to use **ser** and **estar** you may think of these two mnemonic devices: For **ser** think **C-NOTE** (**C**haracteristic, **N**ationality, **O**rigin, **T**ime, **E**vents location); for **estar,** think **TLC** (**T**emporary; **L**ocation of people, places, and things; **C**ondition): El partido de béisbol **es** en el colegio y el colegio **está** en la calle Seis.

30. Remember that with **gustar** and verbs like **gustar** the person is expressed using the indirect object pronoun: **me, te, le, nos, os, les: Me** gusta el fútbol.

31. Remember also that **gustar** and similar verbs agree with the thing liked, not with the person: Me **gustan** las hamburguesas. (The hamburgers [*they*] are pleasing to me.)

32. The adverb **encima de** means *above* (as in *hovering*) and **sobre** means *on top of:* El libro está **sobre** la mesa, y la lámpara **encima de** la mesa no funciona.

33. For a corner of the room, use **rincón;** for a street corner, use **esquina:** La chica mala tenía que sentarse en **el rincón** por media hora. La parada del autobús está en **la esquina** de la calle.

34. The word for *fact,* as in *the fact is,* is **hecho: El hecho** de que él no está aquí quiere decir que tenía que trabajar hoy.

35. A specific *fact,* as in something you looked up or discovered, is **un dato:** Ahora yo tengo todos los **datos** que necesito para escribir mi ensayo para la clase de sociología.

36. To express the idea of *to,* or *in order to,* use **para** before an infinitive: **Para** recibir buenas notas, hay que estudiar.

37. When using an adjective as a noun, use the neuter **lo** for *the* before the adjective: **Lo bueno** es que no tenemos clase hoy por el mal tiempo; **lo malo** es que perderemos un día de vacaciones.

38. **Vacaciones** is always plural in Spanish even if it is only one day: El lunes tenemos **vacaciones** por una conferencia de profesores.

39. **Pensar en** is to think *about* something or someone: **¿En qué piensas,** Miguel? No me escuchas.

40. **Pensar de** is to have an *opinion about:* ¿Qué **piensas de** María?

41. To express the idea of *to leave behind / abandon,* use **dejar.** Yo **dejé** mi tarea en casa. El inmigrante **dejó** su país natal para ir a un nuevo país.

42. To express the idea of *to let / allow,* use **dejar.** Su madre le **deja** a María usar su coche.

43. To express the idea of *to drop off,* use **dejar.** El autobús la **dejó** a la chica en la esquina.

44. To express the idea of *to stop doing something,* use **dejar de** + an infinitive. Ya **ha dejado** de llover.

45. To express the idea of *to leave / go out* use **salir.** Yo **salgo** de casa a las seis. María **sale** con Juan este fin de semana.

46. To express the idea of *to do well / do poorly* on a test, use **salir bien / mal.** El examen fue tan difícil que hasta Juan **salió mal** en él.

47. To express the idea *to know / be familiar with* a person or place, use **conocer.** Mi padre **conoce** muy bien esa ciudad.

48. To express *to meet a person* (for the first time), use **conocer.** Mi amigo **conoció** a Maricarmen en la fiesta anoche.

49. To express the idea of *to know* (a fact), use **saber.** Yo **sabía** todas las respuestas en el examen.

50. To express the idea of *to know how to,* use **saber** + an infinitive. ¿**Sabes** hacer la tarea?

51. When referring to the *outer ear,* use **la oreja.** María hizo agujeros en sus **orejas** ayer. Ahora le puedo comprar aretes.

52. When referring to the *inner ear,* use **el oído.** Ay, tengo un mal dolor de **oído** hoy.

53. When referring to something as being *broken* or *ripped,* use **roto.** La ventana está **rota.**

54. When referring to something mechanical or electrical as being *broken,* use **descompuesto.** Mi computadora está **descompuesta.**

55. **quedarle** (*to have left*): **Me quedan** dos dólares.

56. **quedar** (*to remain, to stay*): La chica decidió **quedar** en casa.

57. **quedarse** (*to stay, to remain*): Ella **queda** en el hotel central. Él **se quedó** sin hablar.

58. **quedarse** (*to go, to become*): Depués del accidente mi amigo **se quedó** cojo.

59. **quedarse con** (*to keep*): El camarero **se quedó con** las monedas.

60. **quedar con** (*to arrange to*): Ellos **quedan con** volver mañana.

61. **quedar bien / mal** (*to look good / bad on, to turn out good / bad*): La blusa te **queda** bien. Su actuación **quedó** muy mal.

62. **perder** (*to lose, to miss a plane, train, class, etc.*): **Perdí** mi libro. Llegué tarde y **perdí** el tren.

63. **perderse** (*to get lost*): Él no conocía la siudad y **se perdió**.

64. **echar de menos** (*to miss a person or place*): Cuando ella estaba en México **echaba de menos** a sus padres.

65. **equivocarse** (*to be mistaken, to make a mistake*): **Me equivoqué** en la respuesta.

COMMON VERBAL EXPRESSIONS

In this appendix, you will find common verbal expressions.

Expressions with dar

dar a:	to look out on
dar a luz:	to give birth, to have a baby
dar asco:	to disgust
dar carta blanca a:	to give free reign to
dar con:	to run into, to find, to come upon
dar de beber:	to give water to
dar de comer:	to feed
dar en:	to strike against, to hit
dar gritos:	to shout
dar la hora:	to chime the hour
dar las gracias a:	to thank
dar lata a:	to give grief to, to cause problems for
dar por + *adjective*:	to consider something (done)
dar recuerdos a:	to give regards to
dar un abrazo:	to hug
dar un paseo:	to take a walk
dar un paseo en coche:	to take a ride in the car
dar una vuelta:	to take a walk / to ride
darse cuenta de:	to realize
darse la mano:	to shake hands
darse por:	to consider oneself (+ *adjective*)
darse por vencido:	to give up
darse prisa:	to hurry

Expressions with echar

echar al correo:	to mail
echar a perder:	to spoil
echar de menos:	to miss (someone / some place)
echar la culpa:	to blame
echarse a:	to begin to

Expressions with estar

estar al tanto:	to be up-to-date / informed
estar de moda:	to be in style
estar despejado:	to be totally clear (the sky)
estar agotado:	to be worn out, exhausted
estar en la luna:	to be daydreaming
estar en las nubes:	to have one's head in the clouds / to be daydreaming
estar fuera de sí:	to be beside oneself
estar hecho polvo:	to be exhausted / worn out
estar listo:	to be ready
estar nublado:	to be cloudy

Expressions with haber

haber de:	to have to (do something)
hay + *noun* + que + *infinitive*:	there is (something) to (do)
hay que + *infinitive*:	it is necessary, one must (do something)

Forms of haber to express existence

hay:	there is / there are
había:	there was / there were
hubo:	there was / there were
habrá:	there will be
habría:	there would be
ha habido:	there has been
había habido:	there had been
habrá habido:	there will have been
habría habido:	there would have been
haya:	there is / there are
hubiera:	there was / there were
haya habido:	there has been
hubiera habido:	there had been

Expressions with *hacer*

hace + *time* + **que** + *preterit*:	*ago*
hace + *time* + **que** + *present*:	*How long something has been going on*
hacía + *time* + **que** + *imperfect*:	*How long something had been going on*
hace poco:	*a short time ago*
hacer caso a:	*to pay attention (to a person)*
hacer caso de:	*to pay attention to (something)*
hacer daño a:	*to hurt, injure, damage*
hacer de:	*to work as*
hacer el papel de:	*to play the role of*
hacer juego con:	*to match (go with)*
hacer la vista gorda:	*to turn a blind eye, to pretend not to notice*
hacer las paces:	*to make peace*
hacer pedazos de:	*to tear to pieces / shreds*
hacer una pregunta:	*to ask a question*
hacer una visita:	*to visit, make a visit*
hacer un viaje:	*to take a trip*
hacerse:	*to become (profession, religion, etc.)*
hacerse tarde:	*to grow / get late*
hacerse daño:	*to hurt / injure oneself*
hacérsele agua a la boca:	*to make one's mouth water*

Expressions with *ir*

ir al grano:	*to go straight to the point*
ir de juerga:	*to go out on the town, to paint the town*
ir sobre ruedas:	*to run smoothly*
ir tirando:	*to be getting along*

Expressions with *llevar*

llevar + *period of time*:	*to have been doing something for a certain amount of time / to have been somewhere for a certain period of time*

llevar a cabo:	*to carry out (to the end)*
llevar la contraria:	*to disagree with*
llevarse como perro y gato:	*to get along like cats and dogs*

Expressions with *meter*

meter la pata:	*to stick one's foot in one's mouth*
meter las narices:	*to stick one's nose into someone else's business*
meterse en:	*to get involved in*
meterse en un callejón sin salida:	*to have no way out*

Expressions with *poner*

poner en ridículo:	*to embarrass*
poner pleito:	*to sue*
ponerse:	*to become (+ adjective: sick, angry, etc.)*
ponerse a:	*to begin to (do something)*
ponérsele a uno la carne de gallina:	*to get goose bumps*
ponérsele los pelos de punta:	*to make one's hair stand up on end*

Expressions with *quedar*

quedar boquiabierto:	*to be shocked, to be left with your mouth open*
quedar en:	*to agree on / to*
quedarle bien:	*to look good on*
quedarse con:	*to keep, to hold on to*

Expressions with *ser*

ser de buena pasta:	*to be good-natured*
ser el colmo:	*to be the limit*
ser listo:	*to be smart*
ser para chuparse los dedos:	*to be finger-licking good*
ser todo oídos:	*to be all ears*
ser una lata:	*to be a drag / nuisance / bore*
ser una perla:	*to be a gem / a good person*
ser uña y carne:	*to be very close (like twins)*

Expresions with *tener*

tener corazón de piedra:	*to have a cold heart*
tener cuidado de:	*to be careful of*
tener dolor de:	*to have a _____ache*
tener en la punta de la lengua:	*to have (something) on the tip of one's tongue*
tener éxito:	*to be successful*
tener ganas de:	*to feel like (doing something)*
tener inconveniente:	*to mind, to object*
tener la culpa de:	*to be to blame*
tener líos:	*to have problems (with someone / something)*
tener lugar:	*to take place*
tener miedo de:	*to be afraid of*
tener por + *adjective*:	*to consider to be (+ adjective)*
tener prisa:	*to be in a hurry*
tener que ver con:	*to have to do with*
tener razón:	*to be right*
tener sueño:	*to be tired / sleepy*
tener suerte:	*to be lucky*
tener vergüenza:	*to be ashamed*
no tener arreglo:	*to have no solution*
no tener pies ni cabeza:	*to not make any sense (a composition, puzzle, etc.)*

Expressions with *tomar*

tomar a broma:	*to take as a joke*
tomar algo a bien / mal:	*to take something well / badly*
tomar a pecho:	*to take to heart*
tomar en serio:	*to take seriously*
tomar la palabra:	*to have the floor, to speak*
tomar partido por:	*to take sides with someone*
tomarle el pelo:	*to pull someone's leg*

CONVINCING/PERSUADING; GIVING/RECEIVING INFORMATION; EXPRESSING FEELINGS

Convincing and Persuading

Creo que
+ *indicative mood* = *I believe that . . .*

Pienso que
+ *indicative mood* = *I think that . . .*

No creo que
+ *subjunctive mood* = *I do not believe that . . .*

No pienso que
+ *subjunctive mood* = *I do not think that . . .*

Es verdad que
+ *indicative mood* = *It is true that . . .*

Es evidente que
+ *indicative mood* = *It is evident that . . .*

Es obvio que
+ *indicative mood* = *It is obvious that . . .*

Es cierto que
+ *indicative mood* = *It is certain that . . .*

Es seguro que
+ *indicative mood* = *It is sure that . . .*

No hay duda que
+ *indicative mood* = *There is no doubt that . . .*

No cabe duda que
+ *indicative mood* = *There is no doubt that . . .*

A mi parecer
+ *indicative mood* = *In my opinion . . .*

Es importante que
+ *subjunctive mood* = *It is important that . . .*

Es menester que
+ *subjunctive mood* = *It is important that . . .*

Es preciso que
+ *subjunctive mood* = *It is important that . . .*

Es imprescindible que
+ *subjunctive mood* = *It is imperative that . . .*

Es posible que
+ *subjunctive mood* = *It is possible that . . .*

Es imposible que
+ *subjunctive mood* = *It is impossible that . . .*

Es probable que
+ *subjunctive mood* = *It is probable that . . .*

Es improbable que
+ *subjunctive mood* = *It is improbable that . . .*

Más vale que
+ *subjunctive mood* = *It is better that . . .*

Es mejor que
+ *subjunctive mood* = *It is better that . . .*

Basta que
+ *subjunctive mood* = *It is enough that . . .*

Insistir en que
+ *subjunctive mood* = *To insist on . . .*

Suplicar que
+ *subjunctive mood* = *To beg that . . .*

Rogar que
+ *subjunctive mood* = *To beg that . . .*

Permitir que
+ *subjunctive mood* = *To allow that . . .*

Dejar que
+ *subjunctive mood* = *To allow . . .*

No permitir que
+ *subjunctive mood* = *To not allow . . .*

No dejar que
+ *subjunctive mood* = *To not allow . . .*

Negar que
+ *subjunctive mood* = *To deny that . . .*

Recomendar que
+ *subjunctive mood* = *To recommend that . . .*

Aconsejar que

+ *subjunctive mood* = *To advise that* . . .

Advertir que

+ *subjunctive mood* = *To warn that* . . .

Querer / Desear que

+ *subjunctive mood* = *To want / desire that* . . .

Ojalá que

+ *subjunctive mood* = *To hope that (God willing)* . . .

Me gustaría + *infinitive*

Querría + *infinitive*

Desearía + *infinitive*

Quisiera + *infinitive*

} *I would like to* . . .

Me gustaría que

+ *imperfect subjunctive*

Querría que

+ *imperfect subjunctive*

Desearía que

+ *imperfect subjunctive*

Quisiera que

+ *imperfect subjunctive*

} *I would like (someone) to* . . .

Si + *present indicative* + *future* = *If you study, you will do well.*

Si + *imperfect subjunctive* + *conditional* = *If you could come, you would come.*

tener que

+ *infinitive* = *to have to do something*

deber + *infinitive* = *must / should do something*

Esperar que

+ *subjunctive mood* = *to hope that* . . .

Me parece que

+ *indicative mood* = *It seems to me that* . . .

Me interesa que

+ *subjunctive mood* = *It interests me that* . . .

Me hace falta que

+ *subjunctive mood* = *I need someone to . . . it's necessary that* . . .

Giving and Receiving Information

¿Cómo?

(**¿Cómo** eras tú de niño?) = *How? / What?*

¿Dónde?

(**¿Dónde** es la conferencia?) = *Where?*

¿De dónde?

(**¿De dónde** vino Ud.?) = *From where?*

¿Cuándo?

(**¿Cuándo** piensas venir?) = *When?*

¿Cuánto?

(**¿Cuánto** cuestan los discos?) = *How much?*

¿Cuántos/as?

(**¿Cuántas** personas vienen?) = *How many?*

¿Quién?

(**¿Quién** fue el primer presidente?) = *Who?*

¿De quién?

(**¿De quién** es el directivo?) = *From whom? / Whose?*

¿A quién?

(**¿A quién** quieres mandarlo?) = *To whom?*

¿Con quién? (**¿Con quién** hablo?) = *With whom?*

¿En quién? (**¿En quién** pensabas?) = *About whom?*

¿Por qué? (**¿Por qué** lo quieres?) (reason) = *Why?*

¿Para qué?

(**¿Para qué** vienes temprano?) = *For what purpose?*

¿Cuál? (**¿Cuál** es la dirección?) = *What? / Which?*

¿Qué? (**¿Qué** es la vida?) = *What?*

¿Qué? (**¿Qué** camisa quieres?) = *Which?*

Necesito información. = *I need some information.*

Me gustaría saber (dónde vive Juan). = *I would like to know (where John lives).*

¿Puede Ud. / Puedes tú decirme (qué hora es)? = *Can you tell me (what time it is)?*

¿Podría Ud. / Podrías tú ayudarme (con la tarea)? = *Could you help me (with the homework)?*

Yo no sé (la respuesta).	= *I don't know (the answer).*
Le / Te agradezco su / tu ayuda.	= *I thank you for your help.*
Le / Te doy las gracias por su / tu ayuda.	= *I thank you for your help.*
Mándame / Mándeme tu / su respuesta.	= *Send me your answer.*
Contéstame / Contésteme cuanto antes.	= *Answer me as soon as possible.*
Espero que Ud. pueda / tú puedas ayudarme.	= *I hope you can help me.*

Expressing Feelings

Alegrarse de que + *subjunctive mood*	= *To be happy that . . .*
Sentir que + *subjunctive mood*	= *To regret that . . .*
Molestarle que + *subjunctive mood*	= *To be bothered that . . .*
Fastidiarle que + *subjunctive mood*	= *To be frustrated that . . .*
Encantarle que + *subjunctive mood*	= *To love that . . .*
Gustarle que + *subjunctive mood*	= *To like that . . .*
Importarle que + *subjunctive mood*	= *To matter that . . .*
Disgustarle que + *subjunctive mood*	= *To displease someone that . . .*
Asustarle que + *subjunctive mood*	= *To frighten someone that . . .*

Sorprenderle que + *subjunctive mood*	= *To surprise someone that . . .*
Dolerle que + *subjunctive mood*	= *To hurt someone that . . .*
Temer que + *subjunctive mood*	= *To fear that . . .*
Esperar que + *subjunctive mood*	= *To hope that . . .*
Tener miedo que + *subjunctive mood*	= *To be afraid that . . .*
Estar contento de que + *subjunctive mood*	= *To be content that . . .*
Estar alegre de que + *subjunctive mood*	= *To be happy that . . .*

Gustar *and Similar Verbs*

Me importa(n) + *noun*	= *It / They matter(s) to me*
Me gusta(n) + *noun*	= *I like it / them*
Me disgusta(n) + *noun*	= *It / They displease(s) me*
Me encanta(n) + *noun*	= *I love it / them*
Me asusta(n) + *noun*	= *It / They frighten(s) me*
Me sorprende(n) + *noun*	= *It / They surprise(s) me*
Me duele(n) + *noun*	= *It / They hurt(s) me*
Me molesta(n) + *noun*	= *It / They bother(s) me*
Me fastidia(n) + *noun*	= *It / They frustrate(s) me*

Remember that **me, te, le, nos, os,** and **les** are used to indicate the person with **gustar** and similar verbs.

VERBS AND VERBAL EXPRESSIONS REQUIRING PREPOSITIONS

In this appendix, you will find verbs that require a preposition in Spanish, verbs that require a preposition in English but not in Spanish, and some common prepositional phrases.

Verbs requiring prepositions that are *different* from English

acabar de	to have just
acordarse de	to remember
amenazar con	to threaten to
arrepentirse de	to regret
cansarse de	to get tired, fed up with
casarse con	to get married to
cesar de	to stop doing something
conformarse con	to conform to / to agree to
consentir en	to agree to
consistir en	to consist of
contar con	to count on, to rely on
convenir en	to agree to
cuidar a / de	to take care of
dar con	to come across, find
dejar de	to stop
depender de	to depend on
disfrutar de	to enjoy
dudar en	to hesitate over
enamorarse de	to fall in love with
encargarse de	to take charge of
estar por	to be in favor of
fijarse en	to settle / to take notice
gozar de	to enjoy
informarse de	to find out about
interesarse por / en	to be interested in
llegar a	to succeed in
olvidarse de	to forget to
pensar de	to think about (opinion)
pensar en	to think about

preocuparse por	to worry about
presumirse de	to boast about
quedar en	to agree to
quejarse de	to complain about
reírse de	to laugh (about)
renunciar a	to resign, renounce
soñar con	to dream about
tardar en	to delay in, to be long in
tener el derecho de	to have the right to
tener la impresión de	to have the impression
terminar de	to stop
tratar de	to try to
tropezar con	to bump into
vacilar en	to hesitate over
volver a	to return to / begin again

Verbs that *do not* use a preposition in Spanish as they do in English

buscar	to look for
deber	ought to, must
dejar	to let, allow to
desear	to wish / desire to
escuchar	to listen to
esperar	to hope, expect / to wait for
lograr	to succeed in
mirar	to look at, watch
necesitar	to need to
pensar	to intend to
poder	to be able to
preferir	to prefer to
pretender	to attempt to
prometer	to promise to
querer	to want, wish to

saber	*to know how to*
soler	*to be accustomed to*

Common prepositional expressions

a causa de	*because of*
a eso de	*about a certain time*
a fines de	*at the end of*
a fuerza de	*through the effort of*
a la	*in the style or manner*
a pie	*on foot*
a principios de	*at the beginning of*
a tiempo	*on time*
a través de	*through, across*
al + *infinitive*	*upon ....*
al aire libre	*outdoors, in the open air*
antes de	*before*
con	*with*
de cuando en cuando	*from time to time*
de hoy en adelante	*from now on*
de otro modo	*otherwise*
de pie	*standing*
de vez en cuando	*from time to time*
desde luego	*of course*
desde luego que no	*of course not*
después de	*after*
en cambio	*on the other hand*
en efecto	*in fact, yes, really, indeed*
en lugar de	*instead / in place of*
en ocho días	*in a week*
en quince días	*in two weeks*
en vez de	*instead / in place of*
hasta	*until*
sin	*without*

Expressions that use *para*

para entonces	*by that time*
para otra vez	*for another time / later*
para siempre	*forever / always*
para variar	*for a change*

Expressions that use *por*

por ahora	*for now*
por aquel entonces	*at that time (past)*
por casualidad	*by chance*
por cierto	*certainly*
por completo	*completely*
por consecuencia	*consequently*
por consiguiente	*consequently*
por culpa de	*the fault of*

por dentro y por fuera	*inside and outside*
por desgracia	*unfortunately*
por ejemplo	*for example*
por esa época	*around that time (past)*
por escrito	*in writing*
por eso	*therefore, that's why*
por excelencia	*par excellence*
por favor	*please*
por fin	*finally*
por lo común	*generally*
por lo demás	*furthermore*
por lo general	*generally*
por lo menos	*at least*
por lo visto	*apparently*
por primera vez	*for the first time*
por supuesto	*of course*

Verbs that use the *same* or *similar* prepositions in English

acercarse a	*to approach, to go close to*
acertarse a	*to succeed in, manage to*
acostumbrarse a	*to become accustomed to*
acudir a	*to come to*
alegrarse de	*to be glad about*
animar a	*to encourage to*
aprender a	*to learn to*
apresurarse a	*to hurry to*
arrepentirse de	*to repent, be sorry about, regret*
aspirarse a	*to aspire to*
atreverse a	*to dare to*
avergonzarse de	*to be ashamed of*
ayudar a	*to help to*
caber en	*to fit into*
comenzar a	*to begin to*
convertirse en	*to change into*
convidar a	*to invite to*
correr a	*to run to*
decidirse a	*to decide to*
dedicarse a	*to dedicate oneself to*
disponerse a	*to get ready to*
dudar de, sobre, acerca de	*to doubt something about*
echarse a	*to begin to*
empeñarse en	*to insist on*
empezar a	*to begin to*
encargarse de	*to take charge of*
enseñar a	*to teach to*
enseñarse a	*to learn to*
enterarse de	*to find out about*

estar para	*to be ready to*	persuadir a	*to persuade to*
insistir en	*to insist on*	ponerse a	*to begin to*
interesarse en / por	*to be interested in*	precipitarse a	*to rush to*
invitar a	*to invite to*	prepararse a	*to get ready to*
ir a	*to go to*	regresar a	*to return to / start again*
jactarse de	*to boast about*	resignarse a	*to be resigned to*
llegar a	*to get to, succeed in*	salir a	*to go out to, into*
llevar a	*to lead to*	sufrir de	*to suffer from*
meterse a	*to start to*	tener ganas de	*to want to*
meterse en	*to meddle in, get involved in*	tener miedo de	*to be afraid of*
negarse a	*to refuse to*	venir a	*to come to*
obligar a	*to force, compel to*	volver a	*to return to / start again*
oponerse a	*to be opposed to*		

MORE USEFUL EXPRESSIONS

In this appendix expressions and phrases are provided to help you better express yourself in your writing.

a beneficio de / en beneficio de	on behalf of / for the benefit of	**costarle** + *infinitive*	to take a lot / to pay dearly for
a causa de	because of	**dar / hacer un paseo**	to take a walk / ride in a car
a corto plazo	in the short term	**dar con**	to come across or to find something
a fondo	thoroughly		
a la hora en punta	punctually, on time	**dar la bienvenida**	to welcome
a largo plazo	in the long run	**dar los buenos días**	to say good day
a lo largo de	throughout / along / all through	**dar pie a**	to give cause for
		darse a conocer	to make known
a partir de	form this point forward, starting from	**darse cita**	to arrange to meet / to make a date
a paso de tortuga	at a snail's pace	**darse cuenta de**	to realize
a pesar de	in spite of	**darse por vencido**	to give up / to admit defeat
a primera vista	at first sight	**de acuerdo con /a**	in accordance with
a principios de	at the beginning of	**de buena / mala gana**	willingly / unwillingly
a través de	across / through	**de habla española**	Spanish-speaking
abrir de par en par	to open wide	**de hecho**	in fact / as a matter of fact / actually
al + *infinitive*	upon… (entering, etc.)		
al borde de	on the edge of	**de más**	extra / spare
al cabo de	at the end of / after	**de nuevo**	again
al fin y al cabo	after all / when all is said and done	**de segunda mano**	second hand
		del mismo modo	in the same way
algo de	some (in a question = any?)	**dentro de pocas horas**	within a few hours
alrededor de	around	**dentro de poco**	in a little while
asunto de / cuestión de	a question of	**echar de menos**	to miss (a person or place)
aumentar de peso	to gain weight	**echar en falta**	to miss (a person or place)
como si / cual si	as if (+ imperfect, pluperfect subj.)	**el final**	the end
		el mundo de	the world of
con brazos abiertos	with open arms	**el primer piso**	the first floor (above ground)
con disimulo / sin disimulo	furtively / plainly		
		el resto de	the rest of
con escala / sin escala	with / without a stop over (flying)	**en busca de**	in search of
		en contra de	against
con fines / para fines	with the purpose	**en cuanto**	as soon as
con una misión	on a mission	**en efecto**	in fact / as a matter of fact / really
cosa de	(it's) a matter of		

en forma de	shaped / in the shape of	oler a	to smell like
en medio de	in the middle of	otra vez	again
entrar en calor	to get warm	perder la pista	to lose the trail
entre otros	among others	poco a poco	little by little
estar a la moda	to be in style / fashion / fashionable	poner en duda	to put in doubt
estar de acuerdo	to be in agreement	poner en evidencia	to show / make obvious / demonstrate
estar de moda	to be in style / fashion / fashionable	poner en riesgo	to put at risk
		ponerse a	to begin to do something
estar molesto con	to be bothered by	ponerse de acuerdo	to come to agreement
estar seguro	to be sure	por cosa de magia / arte de magia	as if by magic / by magic
fijarse / poner los ojos en	to notice / look at	por / de / en todo el mundo	everywhere
frente a / ante	facing	por / durante un fin de semana	for / during the weekend
hace + *time* + *preterite*	ago		
hace más de + *time*	(for) more than	por eso	for that reason / therefore
hacer, dormir, echar, tomar una siesta	to take a nap	por lo visto	apparently
		por primera vez	for the first time
hacerle caso a	to pay attention to	por supuesto	of course
hasta la fecha	so far	por vía marítima	by sea
hoy día	today	primera plana	front page
hoy en día	nowadays	punto de partida	starting point
ir de compras	to go shopping	punto de vista	point of view
ir / estar de vacaciones	to go / be on vacation	recibir lo suyo	to get what s/he deserves
junto a	next to / along with	rumbo a / camino a	on the way to
la falta de	the lack of / shortage of	sacar / tomar fotos	to take pictures
la luna de miel	honeymoon	salir al mercado	to come out on the market
la primera vez	the first time		
llevar de la mano	to lead / take by the hand	salirse con la suya	to get away with it
lo antes posible	as soon as possible	salírsele / escapársele el corazón por la boca	to get a lump in one's throat
lo curioso	the curious / strange thing		
lo más raro de todo	the strangest (thing) of all	sí mismo(a)	himself / herself / itself
lo que	what (indefinite: that which)	sin duda	without a doubt
		sin duda alguna	without any doubt
los demás	the rest	sin embargo	nevertheless
luego de	after / when	sin más ni más	without further ado
manos a la obra	"Let's get down to work!"	sobre / ante todo	above all
más de + a number	more than	tener en cuenta	to take into account
mayor de edad	of age / elderly	tener éxito	to be successful
menor de edad	underage	un comunicado de prensa / radio	a news report
nada / no / nunca más	nothing / no more / never again		
		una vez más	again / once more
no caber duda / no quedar duda	there is no doubt	viajar en	to travel by (people)
no obstante	nevertheless	viajar por	to travel by (things)

WEBSITES

Here are a few websites that might be of interest to you as you prepare for the AP Spanish Language Examination. You may find additional reading material and listening practice through these sites.

http://www.collegeboard.org
This site provides information on all of the Advanced Placement Examinations and any changes in them.

http://www.radio-directory.com
This site can link you to Spanish-language radio stations.

http://www.icom.museum/vlmp
This site can link you to virtual museum tours.

http://www.mae.es/Embajadas/Washington/es/Home.org
This is the Spanish embassy site in Washington, D.C. You may find additional reading and cultural materials here as well.

http://www.wordreference.com
This is an electronic dictionary.

http://radio.un.org/es
This is a good site for listening practice as it has an extensive archive of audio clips.

http://www.geocities.com/spanishradio
This is a good site for links to Spanish-language radio, newspapers and television stations.

http://abcnews.go.com/Technology/podcasting
In the "Exclusiva" section you can listen to podcasts of headline news from the Spanish-speaking world.

http://podcast.net
At this sight you can find a directory of Spanish-language podcasts on a variety of topics.

http://www.bbc.co.uk/spanish
This is a good site for world news, along with articles on the economy, science and technology, and the arts, in Spanish from the BBC.

Newspapers in Latin America

Argentina: El Clarín: http://www.clarin.com

Bolivia: El Diario: http://www.eldiario.net

Chile: El Mercurio: http://www.elmercurio.cl and La Tercera: http://www.latercera.cl

Colombia: El Tiempo: http://www.eltiempo.com

Costa Rica: La Nación: http://www.nacion.com

Cuba: Granma: http://www.granma.cubaweb.cu

Ecuador: El Comercio: http://www.elcomercio.com

Guatemala: Prensa Libre: http://www.prensalibre.com

Honduras: La Prensa: http://www.laprensahn.com

México: El Heraldo de México: http://www.heraldo.com.mx and Reforma: http://www.reforma.com

Nicaragua: El Nuevo Diario: http://www.elnuevodiario.com.ni

Panamá: Critica: http://www.critica.com.pa

Paraguay: Diario ABC: http://www.abc.com.py

Perú: El Comerico: http://www.elcomercioperu.com.pe

Puerto Rico: El Nuevo Día: http://www.endi.com

La República Dominicana: Listín Diario: http://www.listin.com.do and Hoy: http://www.hoy.com.do

Uruguay: El Observador: http://www.observa.com.uy

Venezuela: El Universal: http://www.eluniversal.com

Grammar practice

http://www.colby.edu/~bknelson/SLC/index.php
This site offers free grammatical practice exercises. For a fee, more exercises are available.

http://www.trinity.edu/mstroud/grammar
This site offers free grammatical exercises.